Artho Stefan Wittemann

Die Intelligenz
der Psyche

Artho Stefan Wittemann

Die Intelligenz der Psyche

Wie wir ihrer verborgenen Ordnung auf die Spur kommen

Kösel

Für Veeta

ISBN 3-466-30518-7
© 2000 by Kösel-Verlag GmbH & Co., München
Printed in Germany. Alle Rechte vorbehalten
Druck und Bindung: Kösel, Kempten
Umschlag: Kaselow Design, München
Umschlagmotiv: Masterfile/Bavaria
Illustrationen: Mathias Hütter, Schwäbisch Gmünd

1 2 3 4 5 · 04 03 02 01 00

Gedruckt auf umweltfreundlich hergestelltem Werkdruckpapier
(säurefrei und chlorfrei gebleicht)

Inhalt

Im Labyrinth der Psyche

Hineingeworfen in die Welt, den Körper, die Psyche

Der Mensch lebt in einer absurden Situation. Nachts, wenn der Himmel klar ist, wir in die Unendlichkeit, Pracht und Gleichgültigkeit des Alls sehen können und wir uns bewusst machen, dass wir auf einer kleinen Kugel durch einen endlosen, unbegreiflichen Raum jagen, wird das Absurde unserer Situation ganz deutlich.

Wir sind hineingeworfen in eine Welt, die wir nicht verstehen. Jahrtausende hat es gedauert, bis der Mensch gelernt hat, die einfachsten Dinge des Lebens auf dieser lebendigen kleinen Kugel zu begreifen und zu beherrschen. Bis er verstand, Pfeil und Bogen zu benutzen, ein Feuer zu machen (und es auch wieder auszumachen), ein Haus zu bauen und ein Feld zu bestellen. Während all dieser Zeit wusste er nicht, wo er war: unter den Augen eines Sonnengottes, der sich morgens auf einer Seite der Welt erhob, abends unter dem Horizont schlafen ging und am nächsten Morgen auf der anderen Seite wieder hervorkam? Auf einer Scheibe inmitten eines Ozeans?

In unzähligen Mythen versuchte der Mensch sich die
Welt zu erklären und damit das Unbegreifliche, das Absurde
seiner Situation etwas erträglicher zu machen. Und noch weit
mehr als die Unbegreiflichkeit seines Daseins hat den Menschen sein Kampf um das pure Überleben geprägt:

*Wir sind hineingeworfen in einen Körper, der nicht in diese
Welt passt.* Anders als die Tiere, die mit ihrem Fell oder Gefie-
der fast fertig »angezogen« zur Welt kommen, finden wir uns
wieder in einem Körper, der ständig nach Behausung, Kleidung und Wärme verlangt.

Stellen Sie sich vor, Sie wären nur drei Tage ohne Unter-
kunft und ohne Kleidung der Natur ausgesetzt. Ganz sicher
wären Sie der Verzweiflung nahe, vielleicht auch dem Tode.
Ähnliches gilt für die Nahrung: Die Pflanzen, die ohne unser
Zutun wachsen, sind für uns zum größten Teil ungenießbar.
Die Gräser und Blätter, von denen die Tiere leben, sind für
uns keine Nahrung.

Haben wir es trotz allem geschafft zu überleben, indem
wir die Welt, in die wir nicht passen, so lange verändern, bis
sie einigermaßen zu uns passt, so erwarten uns unausweich-
lich Alter und Tod. Und weil wir, genau wie unsere ersten
Urahnen auch, nicht wissen, wo genau wir sind, geht die letzte
Reise wieder ins Ungewisse.

Wir finden uns also wieder in einem Weltall, das wir nicht
begreifen, und in einem Körper, dessen Überleben die Natur
tausendfach in Frage stellt. Das ist die Welt, in die wir hineingeworfen sind. Aber das ist nur die äußere Hälfte der Welt.
Die andere Hälfte ist in uns: unsere Innenwelt, unsere Psyche.

Meist nehmen wir unsere Innenwelt als etwas Selbstver-
ständliches hin. Wir vermeiden es, sie tiefer kennen zu lernen
oder gar zu versuchen, sie zu verstehen. Das äußere Leben ist

anstrengend und kompliziert genug, und wir sind froh, wenn es uns gelingt, als normale Menschen ein einigermaßen erfolgreiches Leben zu führen.

Aber manchmal geht das nicht mehr. Wir geraten in innere Unruhe, in Spannung oder Lähmung. Manchmal fühlen wir uns leer und tot. Im Außen scheint alles normal – und doch gleichzeitig sinnlos. Wir fühlen, dass da noch mehr sein muss.

Dann wieder drängt sich die Psyche auf. Sie schickt uns Träume, die uns erschrecken, tiefe Sehnsüchte, die uns nicht mehr loslassen, innere Zerrissenheit und Stimmungen, die schwer zu ertragen sind – für uns, für andere.

Wie oft hat jeder von uns schon den Vorsatz gefasst, sich zu ändern, ein besserer Mensch zu werden, geduldiger, freundlicher, liebenswerter. Oder wir waren fest entschlossen, endlich mehr Entscheidungskraft zu zeigen, klarere Grenzen zu ziehen, uns durchzusetzen. Und wie oft haben wir uns gewünscht, ein nahe stehender Mensch möge sich ändern und endlich erkennen, wie sehr uns sein Verhalten stört und verletzt. Und wie oft haben wir einsehen müssen, vielleicht nach langem Ringen und Streiten, dass es keinen Sinn hat, jemanden verändern zu wollen – nicht einmal sich selbst.

Die Resignation des Menschen über sein Ausgeliefertsein an die eigene Psyche sitzt tief. Umso mehr zögern wir, näher hinzusehen. Diese Welt im Inneren ist so ungreifbar und flüchtig, so verwirrend, vielfältig und widersprüchlich, dass es besser scheint, sich an die äußeren Ordnungen und Gewissheiten zu halten, solange es geht. Aber wo immer wir hingehen und was immer wir tun, wir nehmen unsere Innenwelt mit: *Wir sind hineingeworfen in uns selbst.*

Dieses Hineingeworfensein in uns selbst bestimmt unser Leben von Anfang bis Ende. Aber die meisten Menschen leben, ohne jemals gefragt oder verstanden zu haben, was dieses »Ich« denn eigentlich ist, wie es funktioniert und was es braucht, um zu blühen.

Die Kinder der Erde werden erwachsen

Seit die Erde den Menschen hervorgebracht hat, war ihr der Mensch – im Guten wie im Schlimmen – ausgeliefert. Die Verehrung von Blitz und Donner, von Bäumen und Bergen als Gottheiten war nicht nur Ausdruck von Liebe und Respekt, es war genauso Ausdruck von Ohnmacht im Angesicht gewaltiger, unberechenbarer Kräfte. Der Mensch war immer ein *Kind der Erde*.

Es gab im Grunde nur zwei Möglichkeiten für den Menschen, mit dieser Situation umzugehen. Es sind die gleichen Kräfte, die auch heute noch zwischen jedem Kind und seinen Eltern wirken. Die erste heißt: Liebe, Glaube und Vertrauen von den Eltern, der Erde, den Göttern nehmen und sie durch Gehorsam zur Güte verführen – daraus entstanden die Religionen. Der zweite Schritt ist dann: Mit Hilfe der empfangenen Kräfte selbst erwachsen werden, eigene Stärke entwickeln, sich unabhängig machen – daraus entstanden die Wissenschaften.

Beides ist dem Menschen gemäß. Wir werden immer Kinder von Mutter Erde bleiben und wir werden dabei erwachsen.

Unser Erwachsenwerden beginnt, wenn wir anfangen, Fragen zu stellen, und wir die gefundenen Antworten wieder hinterfragen. So finden wir neue Antworten, die weiterführen.

Im frühen Griechenland fragten sich neugierige Menschen, woraus denn die Welt bestehe. Einer meinte, die Welt bestehe aus einer wechselnden Zusammensetzung der vier Grundelemente Feuer, Luft, Wasser und Erde. Ein anderer meinte, es müsse einen Grundbaustein geben, etwas Unteilbares, das Atom.

Diese beiden Ideen enthalten Grundeinsichten der modernen Physik und Chemie und sie mündeten, nach tausenden weiteren, immer tiefer gehenden Fragen in die Erkenntnisse über den Aufbau und das Verhalten von Atomen und Molekülen. Sie haben unser Leben revolutioniert, weil sie uns ermöglichen, die Welt so zu gestalten, dass sie zu uns passt. Sie haben uns, auf der materiellen Ebene, erwachsen gemacht. Dieser Schritt liegt auf der psychischen Ebene noch vor uns.

Die Fragen aber sind die gleichen: Woraus besteht die Psyche? Was sind ihre Bausteine? Und wie gehören sie zusammen?

Wenn wir diese Fragen nur annähernd so genau beantworten könnten, wie sie die modernen Naturwissenschaften für die materielle Welt beantwortet, wenn wir unserer eigenen Psyche – im Guten wie im Schlimmen – nicht mehr so ausgeliefert wären, dann wären wir als Menschen wirklich erwachsen geworden. Und vielleicht könnten wir dann auch die Probleme lösen, die erst durch unsere Beherrschung der Natur entstanden sind – denn viele dieser Probleme sind Spiegel unserer eigenen inneren Unordnung.

Dieses Buch möchte Ihnen zeigen, wie Sie lernen können, sich in der oft so unwägbar, wild und wechselhaft erscheinen-

den Welt in Ihrem Inneren auszukennen. Es möchte zeigen,
dass es gar nicht so schwer ist, sich darin zurechtzufinden,
wenn wir nur die Bausteine kennen und wie sie sich zueinander verhalten.

Scheinbare Ordnung im Chaos

Der rationale Verstand, auf dem die Naturwissenschaften beruhen, schafft Ordnung und Struktur. Hinter den verwirrenden, tausendfältigen Erscheinungen der Welt entdeckt er Gemeinsamkeiten, Regeln und Gesetze. Wenn der rationale Verstand in die Natur blickt, ist er nicht erfüllt mit Freude wie ein Kind, und er verstummt auch nicht in Ehrfurcht, wie es der Mystiker tut, sondern er fragt: Woraus besteht das? Wie gehört das zusammen? Wie funktioniert das? Er zerlegt die Dinge, bis er ihre Bausteine kennt. So hat der rationale Verstand Feuer, Luft, Wasser und Erde zerlegt und Moleküle gefunden. Er hat die Moleküle zerlegt und Atome gefunden. Er hat die Atome zerlegt und gefunden, woraus sie bestehen. Jetzt kann er sogar Moleküle zusammensetzen, die es vorher nicht gab – weil er ihre Gesetze kennt.

Wie kommt es aber, dass ein Verstand, der auf diese Weise in die kleinsten Ordnungen der Materie vordringt und gleichzeitig die Weiten des Universums erforscht, so wenig versteht von dem, was wir am meisten *sind*: unsere Innenwelt? Wie kommt es, dass das, was uns am nähesten ist, weniger erforscht und verstanden ist als die Umlaufbahn des Uranus, die Struktur unseres Erbgutes und die Essgewohnheiten der Ureinwohner von Papua-Neuguinea?

Es ist die *Unberechenbarkeit*, die Wechselhaftigkeit und

Komplexität der menschlichen Psyche, die es dem Wissenschaftler so schwer macht, sie wirklich zu verstehen. Wie soll man etwas untersuchen, das ständigen Schwankungen und Launen unterworfen ist, das aus rein subjektiven Wahrnehmungen und Gefühlen zu bestehen scheint und das gleichzeitig so voller innerer Widersprüche und Gegensätzlichkeit ist?

Die Wissenschaftler, die sich mit äußeren Dingen beschäftigen, hatten es da schon immer viel leichter. Es ist kein Zufall, dass die Grundlagen der Wissenschaft, wie wir sie heute kennen, in der Erkundung der Umlaufbahnen von Planeten entstanden – also so weit weg von unserer Innenwelt wie überhaupt möglich.

Als Isaac Newton im 17. Jahrhundert die Bewegungsgesetze von Körpern im Raum erklärte, feierte die rationale Wissenschaft einen großen Erfolg: Newton konnte nicht nur vorhersagen, in welchen Bahnen sich die Planeten bewegen, sondern auch an welchem Punkt sie zu einem bestimmten Zeitpunkt auftauchen würden. In der Folgezeit zeigte sich, dass die gleichen Gesetze eine überwältigende Fülle von Anwendungsmöglichkeiten in der materiellen Welt finden konnten.

Die Hoffnung, dass die Absurdität und Unverständlichkeit unseres Daseins nun einer sinnvollen und erklärbaren Ordnung weichen würde und dass die Beschwerlichkeit unseres Überlebenskampfes durch die Kontrolle der Natur ein Ende haben könnte, bekam ungeheuren Auftrieb. Endlich würde unserem Hineingeworfensein in diese Existenz ein vernünftiges Verstehen und Handeln entgegengesetzt werden können.

Diese Hoffnung trägt und beflügelt uns noch heute und sie wird täglich durch die unglaublichen Entwicklungen in

Wissenschaft und Technik angefeuert. Gleichzeitig werden die Grenzen des herkömmlichen wissenschaftlichen Denkens immer deutlicher.

Linearität

Als Newton, Galilei, Descartes und viele andere begannen, die grundlegenden physikalischen Gesetze der Materie zu entdecken, erlagen sie, beflügelt von ihren großartigen Erfolgen, einem schweren Irrtum: Sie glaubten, wenn sie nur genügend Zeit und präzisere Instrumente hätten, könnten sie mit ihren Methoden die *ganze* Welt erklären. Sie waren fest davon überzeugt, dass sie das ganze Universum letztlich mit einer Reihe mathematischer Formeln, vielleicht sogar mit einer einzigen Weltformel, beschreiben könnten. In ihren Augen glich die Welt einem riesigen Uhrwerk, das man nur in seine Einzelteile zerlegen muss, um zu verstehen, wie es tickt. Sie verließen sich ganz auf das Gesetz von Ursache und Wirkung, das sie bei ihren Forschungen gefunden hatten. Dieses Gesetz lautet: *Ursache und Wirkung stehen in einem proportionalen Zusammenhang.* Kleine Ursache, kleine Wirkung – große Ursache, große Wirkung. Man nennt ein solches Verhalten auch *linear.*

Sie kennen dieses Prinzip vom Autofahren: Sie werden erwarten, dass Ihr Wagen in dem Maße schneller fährt, wie Sie das Gaspedal drücken. Oder dass Ihr Radio im gleichen Maße lauter spielt, in dem Sie am Regler für die Lautstärke drehen.

Es gibt, zugegebenermaßen, viel kompliziertere Beispiele für lineares Verhalten, es genügt aber für unsere Zwecke, das Prinzip zu verstehen. Linearität bedeutet letztendlich Berechenbarkeit: Wenn ich die Ursache kenne, kann ich die Wirkung voraussagen.

Zum Glück können wir uns in den meisten Bereichen, die wir beeinflussen wollen, um uns das Leben leichter zu machen, auf dieses Gesetz verlassen. Wäre dem nicht so, müssten Sie immer damit rechnen, dass Ihr Kühlschrank abwechselnd kühlt, taut und friert oder Ihre Zimmerbeleuchtung ständig flackert und schließlich die Glühbirne kaputtgeht. Wir könnten nicht sicher sein, dass unsere Brücken und Häuser stabil bleiben oder dass unsere Telefone und Fernsehgeräte klare Töne und Bilder erzeugen.

Es ist noch gar nicht lange her, dass Wissenschaftler angefangen haben zu verstehen, dass lineare Prozesse in der Natur die große *Ausnahme* sind. Man dachte, viele Abläufe in der Natur wie zum Beispiel das Wetter, Erdbeben, die Turbulenzen eines Bachlaufes und die menschliche Psyche seien einfach nur noch nicht genügend verstanden, um sie genau vorausberechnen zu können – bis einige Wissenschaftler begriffen, dass sie es hier mit Systemen zu tun hatten, die *ihrer Natur nach unberechenbar* sind. Sie nannten solche Systeme *chaotisch*.

Solche Systeme sind aber nur auf den ersten Blick chaotisch. Hinter dem scheinbaren Chaos verbirgt sich sehr wohl eine Ordnung. Nicht die tote und völlig berechenbare Ordnung eine Uhrwerkes oder einer Statistik über das Kaufverhalten des durchschnittlichen Westeuropäers im Januar. Sondern eine *lebendige Ordnung*, wie wir sie überall in der Natur finden.

Wenn wir nun akzeptieren, dass die menschliche Psyche ein Teil der Natur ist, weil sie aus ihr hervorgegangen ist, und wenn wir versuchen, sie als ein System zu verstehen, das nach

ähnlichen Prinzipien aufgebaut ist und arbeitet wie andere lebendige Systeme, dann könnten wir zu einem ganz neuen
Verständnis unserer selbst kommen.

Ordnung im scheinbaren Chaos

Es gibt ein Prinzip in der Natur, das uns so vertraut, so selbstverständlich ist, dass wir in der Regel gar keinen Gedanken
daran verschwenden. Das Prinzip heißt: *Die Natur bildet Einheiten.*

Die Sterne in unserer Galaxie, der Planet Erde und auf
ihm die Meere und die Länder, die Pflanzen, Tiere und Menschen, und schließlich alles, was der Mensch geschaffen hat:
Dies alles sind Erscheinungen, die miteinander in Beziehung
stehen – aber auch nur deshalb *in Beziehung* stehen können,
weil sie *getrennte Einheiten* bilden.

Das ist keinesfalls selbstverständlich. Zum Zeitpunkt der
Entstehung des Universums, des Urknalls, herrschte für einen winzigen Moment das totale Chaos: Es gab keinerlei
Struktur oder Ordnung. Die Temperatur war zu hoch und die
Materie zu dicht, um die Entstehung von Atomen zu erlauben. Wissenschaftler vermuten aber, dass es bereits wenige
Sekunden nach dem Urknall zur Bildung der ersten subato-
maren Strukturen und nach etwa einer Minute zur Bildung
einfacher Atomkerne kam. Das heißt, dass es den Zustand des
totalen Chaos nur für wenige Augenblicke gab. Sofort darauf
begann sich die Materie zu organisieren und Einheiten zu bilden.

Es dauerte dann zwar noch einmal ungefähr 300 000 Jahre, bis die Temperatur so weit gesunken war, dass sich die

Atomkerne mit Elektronen verbinden und so die ersten Atome bilden konnten. Aber die Entstehung getrennter Einheiten hatte ihren unaufhaltsamen Anfang gefunden. Manche Wissenschaftler vermuten, dass zwischen den unterschiedlichen physikalischen Vorgängen, die nach den Naturgesetzen möglich sind, eine Art evolutionärer Konkurrenzkampf entstand, bei dem manche Vorgänge in ihrer »Fortpflanzung« erfolgreicher waren als andere. In einem Prozess, der sich über Milliarden von Jahren erstreckte, entstanden so die atomaren Grundstrukturen der Materie, wie wir sie heute kennen, und die planetaren Systeme unseres Universums.

Wenn wir diesen Prozess nun weiter betrachten, finden wir eine Tatsache, die noch erstaunlicher ist als die Bildung von Einheiten selbst:

> **Die Einheiten zeigen die Tendenz, sich in immer komplexere neue Einheiten fortzuentwickeln.**

Aus den Atomen bilden sich Moleküle, die sich wiederum mit anderen Molekülen verbinden. Es entstehen *Systeme* von komplexen Stoffen, die mit anderen komplexen Systemen reagieren.

Wenn wir uns in der belebten Natur umsehen, entdecken wir, dass nichts aus nur einer einzigen Substanz besteht. Alle Lebewesen, von den Einzellern über die einfachsten Pflanzen bis hin zu den Wirbeltieren und dem Menschen, bestehen aus unzähligen, komplex miteinander verwobenen Stoffen.

Eine einzelne Zelle des menschlichen Körpers ist in sich schon ein Wunder an Komplexität und Organisation. Sie enthält einen Kern, in dem sämtliche Erbinformationen des Menschen gespeichert sind, sie enthält ein kleines Kraftwerk, in dem die zugeführte Nahrung in Energie umgewandelt wird. Und sie enthält noch eine ganze Reihe anderer »Organe«, die alle, genau wie der ganze Körper, von einer Haut umgeben sind, die sie zusammenhält und schützt. Die Zelle, die die Grundeinheit des menschlichen Körpers darstellt, ist also ein in sich komplexes Gebilde, das gemeinsam mit anderen Zellen noch komplexere Gebilde schafft: die Organe des Körpers. Diese schaffen zusammen mit anderen Organen ein noch komplexeres Gebilde, den Körper selbst.

Ausgehend von diesem Beispiel kann man allgemein sagen:

> **Jedes komplexe System besteht aus kleineren komplexen Systemen und ist selbst Teil eines größeren Systems.**

Wäre es jetzt nicht verwunderlich, wenn die Psyche als eines der differenziertesten und komplexesten Systeme, die sich auf der Erde entwickelt haben, sich dieses Organisationsprinzip nicht zu Eigen gemacht hätte? Müssten wir nicht erwarten, innerhalb der Psyche Strukturen zu finden, die in sich eine ähnliche Komplexität wie die Psyche als Ganzes besitzen und die als Grundeinheiten des größeren »Systems Psyche« dienen?

Die Psyche ist keine Maschine

Erst zu Beginn unseres Jahrhunderts wagten sich Psychologen an die Aufgabe, im Chaos der psychischen Erscheinungen systematisch nach Zusammenhängen und Strukturen zu suchen. Die beiden wohl bekanntesten und einflussreichsten von ihnen waren Sigmund Freud und Carl Gustav Jung.

C.G. Jung war erst ein Schüler und dann sieben Jahre lang
ein Mitarbeiter von Sigmund Freud. Beide arbeiteten in Kli-
niken als Psychiater und beide waren beseelt von dem
Wunsch, die merkwürdigen und verwirrenden Verhaltensweisen, Äußerungen und Wahrnehmungen ihrer Patienten
verstehen zu können. Sie glaubten fest daran, dass darin ein
verborgener Sinn lag.

C.G. Jung schreibt in seinen Lebenserinnerungen:

»Im Vordergrund meines Interesses und Forschens stand
die brennende Frage: Was geht in den Geisteskranken vor?
Das verstand ich damals noch nicht, und unter meinen Kollegen fand sich niemand, der sich um dieses Problem geküm-
mert hätte. Der Psychiatrie-Unterricht war darauf angelegt,
von der kranken Persönlichkeit sozusagen zu abstrahieren
und sich mit Diagnosen, mit Symptombeschreibungen und
Statistik zu begnügen. Vom klinischen Standpunkt aus, der
damals vorherrschte, ging es den Ärzten nicht um den Geisteskranken als Menschen, als Individualität, sondern man hatte den Patienten Nr. X mit einer langen Liste von Diagnosen
und Symptomen zu behandeln. Man ›etikettierte‹ ihn, stem-
pelte ihn ab mit einer Diagnose, und damit war der Fall zum
größten Teil erledigt. Die Psychologie des Geisteskranken
spielte überhaupt keine Rolle. In dieser Situation wurde
Freud wesentlich für mich ... Seine Auffassungen zeigten mir
einen Weg zu weiteren Untersuchungen und zum Verständnis der individuellen Fälle.«*

In dieser Beschreibung wird deutlich, wie der Versuch der
rationalen Wissenschaft, die Welt auf eine *lineare* Weise zu
erklären, auch auf die Welt der Psyche übertragen wurde.

*C.G. Jung: *Erinnerungen, Träume, Gedanken*, Zürich: Walter 1971, S. 121.

Was macht ein Wissenschaftler angesichts einer beunruhigend komplexen, wandelbaren und unverständlichen Erscheinung wie der eines »geisteskranken« Menschen? Er versucht ein komplexes chaotisches Phänomen mit linearen Begriffen zu bändigen. Es ist klar, dass er, wenn er überhaupt etwas tun will, eine gewisse Ordnung in die Dinge bringen muss. Er muss *Einheiten* finden, die ihm helfen, mit dem Problem umzugehen.

Wir haben bereits gesagt, dass komplexe Systeme aus Untersystemen bestehen, die ähnlich komplex sind wie das größere System. Der Wissenschaftler, dem komplexe Systeme unheimlich sind, umgeht dieses Problem, indem er nicht das komplexe System – in diesem Fall den »geisteskranken« Menschen –, sondern einen abstrakten Begriff – hier »Geisteskrankheit« – in den Mittelpunkt seiner Überlegungen stellt. Durch diesen Trick wechselt er elegant von einem chaotischen in ein lineares System.

Jetzt kann er bequem in linearen Zusammenhängen weiterarbeiten, ohne dass es besonders auffällt. Dazu gehört zum Beispiel das Symptom. Symptome kann man beobachten, beschreiben und katalogisieren. Die logisch daraus folgende nächstgrößere Einheit ist die Diagnose, die nichts anderes darstellt als eine Bezeichnung für eine bestimmte Gruppe von Symptomen. Der Diagnose wird noch ein bestimmter Grad der Schwere der Krankheit zugeordnet. Nun haben wir einen bestimmten Fall in einer bestimmten Schwere, dem wir eine bestimmte Behandlung mit einer bestimmten Wirkung zuordnen. Ein perfektes lineares System.

Die gleiche Bewegung von einem chaotischen zu einem linearen System vollzieht die Statistik. Indem sie nicht das tatsächliche Verhalten der einzelnen, unberechenbaren Einheit in den Mittelpunkt stellt, sondern den abstrakten Begriff der Wahrscheinlichkeit, zaubert sie lineare, viel besser vorhersagbare Systeme aus dem Hut.

Auch heute noch sind die psychiatrischen Lehrbücher voll von einer verwirrenden Vielzahl von Symptombeschreibungen, denen bestimmte Behandlungsmethoden zugeordnet sind. Noch immer, fast 100 Jahre später, besitzen wir kein Modell der Psyche, das alle psychischen Erscheinungen – ob im psychisch kranken oder gesunden Menschen – zusammenfassend sinnvoll erklären kann.

Vorhersagbarkeit, Berechenbarkeit, Kontrolle – kurz Linearität – sind eine wunderbare Sache. Linearität kann die Schrecken der Unwägbarkeit und des Ausgeliefertseins an unverständliche Kräfte, denen unser Wohlergehen oft herzlich egal zu sein scheint, erheblich lindern. Wir müssen uns nur bewusst darüber sein, welchen Preis wir dafür bezahlen: den Preis der Individualität, der Einzigartigkeit.

Individualität und Einzigartigkeit mögen in vielen Bereichen keinen so großen Wert darstellen. Zum Beispiel ist jede Schneeflocke einzigartig, aber es genügt, wenn wir »Schnee« sagen. In einem Bereich sind sie jedoch unabdingbar: im Umgang mit der menschlichen Psyche. Wenn es uns nicht gelingt, ein System zu finden, das uns hilft, Ordnung ins Chaos der Psyche zu bringen und *gleichzeitig* ihre Individualität und Einzigartigkeit zu ehren, sind wir der Aufgabe, die wir uns selbst sind, nicht gerecht geworden.

Wie der Ast zum Baum gehört

Es war einmal ein Vogel, der in den baumlosen Höhen der majestätischen Berge lebte. In einer Nische, an einer steilen Felswand, hatte er sein Nest gebaut. Seine mächtigen Schwingen trugen ihn sicher und schnell durch die Lüfte, und seinen scharfen Augen entging nichts. Er liebte es, über den Gipfeln der Berge zu kreisen, und manchmal flog er auch weit hinaus über das Meer.

Eines Tages, frühmorgens, als die ersten Strahlen der Sonne hinter einem Gipfel hervorbrachen, breitete er wieder seine Schwingen aus und ließ sich von der frischen Brise des Morgens ohne einen Flügelschlag in einer weiten, ruhigen Bahn hinaustragen. Mühelos überquerte er eine Gipfelkette und die dahinter liegenden Täler. Da kam er über eine Landschaft, die er noch nie gesehen hatte. Vor ihm breitete sich zu seinem Erstaunen ein riesiges Meer aus. Es war ein grünes Meer, ein schier endloser Ozean aus Blättern, Ästen und Blüten. Er beschloss, dieses merkwürdige Meer zu erkunden.

Behutsam, etwas scheu vor dem Neuen, ließ er sich auf die Wellen aus grünen Blättern sinken, so, wie er es schon früher einmal auf dem Ozean gemacht hatte. Zu seiner Überraschung spürte er etwas Festes unter seinen Füßen.

Ähnlich wie dem großen Vogel geht es auch uns, wenn wir uns der unbekannten Welt der Psyche nähern:

Als Erstes finden wir ein Meer, ein großes Rauschen von Gedanken, Erinnerungen, Stimmungen, Impulsen, Gefühlen, Empfindungen, Bildern und Träumen. Dieses große Rauschen nennen manche den »Bewusstseinsstrom« – obwohl es mit »bewusst sein« nur wenig zu tun hat, denn es passiert einfach, ob wir uns dessen bewusst sind oder nicht.

Manches darin kommt uns bekannt vor, begleitet uns viel-leicht schon ein Leben lang, ist so vertraut, dass wir es gar nicht mehr wahrnehmen. Vieles liegt im Halbdunkel, wir ah-nen es mehr, als dass wir es sehen. Anderes ist fremd und Furcht einflößend und wir schauen schnell weg, wenn es auf-taucht.

Aber wie sollen wir, die wir uns aufgemacht haben, diese geheimnisvolle Welt zu verstehen, beginnen, Ordnung in das Durcheinander zu bringen? Genau wie der große Vogel se-hen wir die endlose Vielfalt, aber wir wissen nicht, was sie be-deutet und wie alles zusammenhängt.

Vielleicht ahnen Sie schon, dass unser Vogel auf dem Wipfel eines Baumes inmitten eines großen Regenwaldes sitzt. Aber weil er mitten im Blättermeer sitzt, kann er das nicht verstehen. Er sieht nur das endlose Gewirr von Blättern, Blüten und Ästen.

Wenn wir über die Psyche nachdenken, sind wir in der gleichen Lage: Wir nehmen das endlose Kommen und Gehen und Wiederkehren unserer Gedanken, Stimmungen, inneren Bilder und Gefühle wahr und versuchen sie zu verstehen. Das ist sicher nicht falsch, aber es ist auch nicht genug, denn nach dem gleichen Prinzip könnte der Vogel behaupten, das »Meer«, auf dem er gerade gelandet ist, bestehe aus einem riesigen Berg von Blättern, Blüten und Ästen. Er hat dann zwar etwas über die einzelnen Teile gesagt, die er wahr-nimmt, aber nichts über die Art und Weise, wie diese Teile zusammengesetzt, organisiert sind. Und Sie würden ihm so-fort entgegenhalten: »Die Blätter, Blüten und Äste, die du siehst, sind *Bäume*!«

Bäume sind die kleineren Systeme, aus denen sich das grö-ßere »System Wald« zusammensetzt. Wenn wir die Systeme kennen, aus denen das nächstgrößere System besteht, können wir auch das *ganze* System besser verstehen. So kann sich ein Förster erst dann wirklich um seinen Wald kümmern, wenn er verstanden hat, was der einzelne Baum braucht, um zu gedeihen. Das ist bei einem Wald – verglichen mit der Psyche – noch relativ einfach: Bäume sind als Grundeinheiten des Waldes auf den ersten Blick zu erkennen, sie ändern sich nicht so schnell wie Gedanken oder Gefühle und lassen sich gegenseitig ziemlich in Ruhe.

Was aber sind die Einheiten, die in der Psyche wirken?

Eine überraschende Begegnung

Es war ein sonniger Nachmittag in Los Angeles im April 1972.

In einer ruhigen Nebenstraße hatte in einem älteren, freundlichen Haus Dr. Hal Stone seit vielen Jahren seine Praxis als Psychotherapeut. Dr. Stone war Jungianer, und er nahm seinen Beruf sehr ernst. Er hatte nach seinem Studium der Psychologie einige Jahre lang bei der amerikanischen Armee als klinischer Psychologe gearbeitet. Anschließend hatte er einige Monate am Jung-Institut in Zürich studiert und war dort tief in die Welt der Symbole, Träume, Mythen und Archetypen eingetaucht. Diese Erfahrungen und eine langjährige Analyse hatten ihn zu einem überzeugten Anhänger dieser Richtung der Psychotherapie werden lassen.

Dr. Stone war an diesem Tag nicht allein. Mit ihm in der Praxis war eine Frau, Dr. Sidra Winkelman, ebenfalls Psychologin. Die beiden waren seit fast einem Jahr ein Paar und weil sie die gleiche Leidenschaft für die Erforschung der unendlichen und geheimnisvollen Welten der Psyche teilten, verbrachten sie einen guten Teil ihrer gemeinsamen Zeit damit, sich gegenseitig beim Entschlüsseln ihrer Träume und dem Klären verschiedener Aspekte ihrer Beziehung zu helfen.

An jenem denkwürdigen Nachmittag erzählte Sidra ihrem Partner gerade einen Traum aus der vorangegangenen Nacht. Sie saßen in Dr. Stones Praxisraum im ersten Stock des Hauses, dessen Wände mit Abbildungen mythologischer Figuren geschmückt waren, die dem Raum eine geheimnisvolle, fast verwunschene Atmosphäre verliehen. Sidra erzählte Hal, dass sie von einem kleinen Mädchen geträumt hatte, das noch zu klein war, um schon sprechen zu können, dem sie sich im Traum aber sehr nahe und verbunden gefühlt hatte.

Hal, der über die Jahre eine gewisse Brillanz in der Analyse von Träumen entwickelt hatte, sog nachdenklich an seiner Pfeife. Doch anstatt zu einer längeren Erklärung anzusetzen, wie man es hätte vielleicht erwarten können, fragte er, einer plötzlichen Eingebung folgend: »Sidra, wenn dieses kleine Mädchen aus deinem Traum jetzt hier im Raum wäre, wo würde es sich aufhalten?«

Obwohl Sidra von dieser ungewöhnlichen Frage überrascht war, deutete sie, ohne einen Moment zu zögern, auf eine Couch, die etwas hinter ihr an der Wand stand. Hal, nun seinerseits überrascht von der Eindeutigkeit ihrer Antwort, entschloss sich, die Spur weiterzuverfolgen, obwohl er nicht die geringste Ahnung hatte, wohin sie führen würde. »Könnte ich dieses Mädchen einmal treffen?«, fragte er. Ohne ein weiteres Wort zu verlieren, stand Sidra auf. Sie legte sich auf die Couch und rollte sich unter einer Decke ein wie ein Embryo. Sie befand sich augenblicklich in einem Zustand größter Empfindsamkeit. Sie konnte weder denken noch sprechen, aber sie spürte mit seismographischer Genauigkeit die Atmosphäre im Raum. Hal war wie gebannt. Er spürte instinktiv, dass es jetzt überhaupt keinen Sinn machte zu sprechen, dass er aber gleichzeitig mit seiner Aufmerksamkeit ganz bei Sidra bleiben musste. Jedes Mal, wenn seine Gedanken abschweiften, bewegte sich das Wesen, das da vor ihm unter einer Decke lag, ein bisschen, wie um ihn daran zu erinnern, dass es da war. Solange er aber mit seiner Aufmerksamkeit bei ihm blieb, lag es völlig regungslos, still.

Die beiden blieben über eine Stunde lang in dieser tiefen, schweigenden Verbundenheit.

Als Sidra schließlich aufstand, waren beide ratlos, erschrocken und verwirrt. Was sie am meisten verwirrte, war die *Realität* von Sidras Verwandlung. Sidra hatte weder ein kleines Kind gespielt noch versucht, sich in eines hineinzuversetzen, sie war buchstäblich zu einem Kleinkind geworden. Alle ihre Empfindungen waren die eines kleinen, hilflosen, stillen Kindes gewesen, und das über eine Stunde lang. Und Hal war ihr Zeuge gewesen, er hatte gesehen und gespürt, in welch tiefem Zustand sie sich befunden hatte.

Die beiden wussten zu diesem Zeitpunkt noch nicht, dass dies nur der Beginn einer langen und abenteuerlichen Entdeckungsreise in die Strukturen und Systeme der menschlichen Psyche war. Es dauerte einige Wochen, bis Hal und Sidra die ganze Tragweite ihres Experiments verstanden hatten. Wenn das Erlebnis, das Sidra hatte, kein Zufall war, dann bedeutete dies, dass das kleine Mädchen ein sehr realer Teil ihrer Psyche war und die ganze Zeit in Sidra gelebt hatte, ohne dass sie etwas davon wusste. Und es bedeutete weiter, dass man dieses Mädchen wieder treffen und nochmals mit ihm Kontakt aufnehmen konnte. Und es musste vielleicht sogar noch mehr solcher Personen in Sidra geben, die man genauso treffen konnte wie das Mädchen, wenn man nur die richtige Tür fand.

Die Idee, dass die Psyche von unterschiedlichen Kräften bevölkert ist, war den beiden als *Konzept* nicht fremd. Es war ja gerade C.G. Jung, der sich ausführlich mit den von ihm so benannten Komplexen und Archetypen beschäftigt hatte – mit Einheiten der Psyche, die einen komplexen, fast personenhaften Charakter haben. Auch die Gestalttherapie, die Psychosynthese und andere moderne Ansätze der Psychologie kennen die Arbeit mit den »Teilpersönlichkeiten«. Diese Ansätze waren Hal und Sidra sehr wohl bekannt. Dass die Persönlichkeiten aber so real, greifbar und direkt ansprechbar wie eine »richtige« Person sind und dass sie vielleicht das Grundprinzip darstellen, nach dem sich die *ganze* Persönlichkeit organisiert, war eine aufregende neue Möglichkeit, die sie auf einmal vor Augen hatten.

Der Wächter, das Kind und die Tür

In den folgenden Jahren experimentierten Hal und Sidra mit der Entdeckung, die sie gemacht hatten. Sie halfen sich gegenseitig dabei herauszufinden, welche anderen »Stimmen« noch in ihrer Psyche lebten, und schließlich begannen sie damit, diese Form des Dialogs auch in ihrer Praxis anzuwenden. Wenn Hal mit einem Klienten arbeiten wollte, könnte er ihn beispielsweise fragen: »Kann ich mal mit dem Teil von dir sprechen, der sich gestern Abend so zurückgezogen hat, als du nicht einer Meinung mit deiner Frau warst? Wo würde er sitzen, wenn er nicht in dir wäre?«

Der Klient, nennen wir ihn Frank, nimmt sich einen Moment Zeit, um dieser Frage nachzuspüren. Sein intuitives Gefühl sagt ihm, dass sich der Teil, der sich bei Auseinandersetzungen zurückzieht, eher links von ihm aufhalten würde, und zwar etwas hinter dem Platz, auf dem er gerade sitzt. Er steht auf, nimmt sich einen zweiten Stuhl und stellt ihn genau auf diesen Punkt, links hinter seinem ersten Stuhl. Er lässt sich dort nieder und wartet aufmerksam. Er spürt, wie sich seine Stimmung verändert, wie er sich, ohne das zu wollen, in sich zurückzieht.

Auch Hal spürt die Veränderung. Er merkt, wie seine Verbindung zu Frank schwächer wird, dass er ihn nicht mehr erreichen kann. Normalerweise, im »richtigen Leben«, würde er vielleicht versuchen, den Kontakt zu Frank wiederherzustellen, indem er besonders freundlich und offen wäre. Aber es geht ihm jetzt nicht um Kontakt. Es geht ihm darum, gemeinsam mit Frank herauszufinden, *wer* da in Frank wirkt, *wie* dieser Teil arbeitet und *warum* er das eigentlich macht. Aus diesem Grund versucht er nun willentlich, eine ähnliche Stimmung in sich zu finden. Er zieht sich etwas in sich zurück und lässt seine Gefühle zu Frank noch kühler und sachlicher werden.

Frank ist inzwischen noch tiefer in seine Zurückgezogenheit gesunken. Er nimmt wahr, dass er sich in dieser Stimmung eigentlich ganz wohl fühlt und dass es ihn erleichtert, wenn man ihn dort sein lässt, ja ihn sogar unterstützt, noch tiefer in das Gefühl hineinzugehen. Er spürt jetzt eine große Kraft und Entschlossenheit, niemanden an sich heranzulassen, und eine Genugtuung darüber, wie gut ihm das gelingt. Frank ist jetzt ganz mit seiner zurückgezogenen Seite *identifiziert*.

Jetzt kann Hal einen Dialog mit diesem Teil von Frank beginnen. Er spricht dabei so mit ihm, als wäre er eine ganz eigenständige Person und als würde Frank selbst noch auf dem ersten Platz in der Mitte sitzen. Er könnte jetzt zum Beispiel sagen: »Hallo. Ich spüre, dass du jemand bist, der lieber in Ruhe gelassen werden will. Darf ich trotzdem mit dir sprechen?«

Er sagt das in einem Ton, der klarmacht, dass er den Rückzug dieses Teils respektiert und in keiner Weise versucht, seine Stimmung zu ändern oder ihn zu mehr Geselligkeit zu verführen. Der »Teil« spürt, dass sein Angebot zu einem Gespräch nicht bedeutet, dass er jetzt anders sein soll, als er sich im Moment fühlt. Genau das gibt ihm das Vertrauen, sich auf ein Gespräch einzulassen. Er nickt kurz, ohne seine innere Haltung des Rückzugs und der Selbstgenügsamkeit aufzugeben.

»Dein Platz ist recht nahe bei Frank, und ich spüre, wie machtvoll und entschlossen du bist«, sagt Hal. »Du musst sehr wichtig für ihn sein.« Der Teil nickt und beide spüren, wie die Atmosphäre um ihn noch ein Stück kühler und machtvoller wird. »Hast du ein Gefühl dafür, wie lange du schon in Frank existierst?«, fragt Hal weiter. »Ich bin schon sehr lange bei ihm«, sagt der Teil bedächtig, »und mich kriegt auch niemand weg hier. Er braucht mich, und es ist mir egal, ob dir das gefällt oder nicht!«

»Ich will dich nicht wegkriegen«, sagt Hal, immer noch darauf bedacht, in einer ähnlich zurückgezogenen und gleichzeitig machtvollen Stimmung zu bleiben wie der Teil selbst. Das ist jetzt leicht geworden; es ist, als ob der ihn mit seiner Art ansteckte. »Ich will dich kennen lernen«, sagt Hal.

»Ich bin sehr mächtig«, sagt der Teil, »gegen mich kann niemand etwas machen. Wenn Gefahr kommt, lasse ich den

Rollladen runter, ich mache einfach zu. So wie jetzt. Das macht mir sogar Spaß. Ich mag es, wenn sie ihn bitten, wieder aufzumachen und zugänglicher zu werden, und gleichzeitig weiß ich, sie können nichts tun. Ich bin sein Wächter.«

Beide sind jetzt immer mehr in dieser Stimmung gefangen. Es ist, als würden sich zwei riesige Sumo-Ringer gegenübersitzen, die wissen, dass ihr reines Gewicht genügt, jeden Gegner auszuschalten, und die es deshalb gar nicht nötig haben zu kämpfen. Merkwürdigerweise haben Hal und Frank beide das Gefühl, körperlich größer zu sein als sonst. Je länger sie schweigend dasitzen, desto dichter wird die Stimmung. Doch auf einmal wird der selbstsichere, kalte Blick des Wächters weich und unsicher.

»Was wäre denn aus Frank geworden, wenn du nicht bei ihm gewesen wärst?«, hat Hal gerade gefragt. Eine Traurigkeit erfasst ihn, gegen die er nichts unternehmen kann. Ein Bild von einem kleinen, empfindsamen Jungen steigt in ihm auf, der ganz in seiner inneren Welt lebt, der aber hilflos ist, wenn er sich gegen äußere Angriffe wehren soll. »Er wäre untergegangen«, sagt der Wächter leise; Tränen laufen über sein Gesicht. »Er ist doch noch so klein. Mit mir ist er sicher, ohne dass er kämpfen muss. Ich habe ihn beschützt.« Eine warme Welle von Zuneigung zu diesem kleinen Jungen durchströmt ihn, und er weint wieder, diesmal aus Liebe.

Hal lässt ihm Zeit, sich seinen Gefühlen hinzugeben. Nach einiger Zeit, der Wächter ist wieder ruhiger geworden, sagt er: »Ich möchte mich jetzt wieder verabschieden von dir. Gibt es etwas, das du Frank noch sagen möchtest?«

»Ja«, sagt der Wächter, »dass ich immer für ihn da sein werde. Er kann sich auf mich verlassen.«

Hal bedankt sich bei dem Wächter für das Gespräch und sagt ihm, dass er jetzt wieder mit Frank sprechen möchte. Der Wächter erhebt sich, geht einige Schritte im Raum auf und ab, schüttelt sich und langsam, als würde er aus einer leichten Trance erwachen, kommt Frank wieder zum Vorschein. Was ihm wie zehn Minuten erschien, hatte nach seiner Uhr 45 Minuten gedauert. Frank setzt sich wieder auf den Stuhl, auf dem er zu Beginn saß. Der Stuhl des Wächters steht noch links hinter ihm. Er kann die Stimmung und Kraft, aber auch die Liebe des Wächters noch immer fühlen, und gleichzeitig hat er einen Abstand dazu. Ein verwirrendes Gefühl. Vor allem aber empfindet er Dankbarkeit und inneren Frieden mit dieser Kraft, die ihn sein Leben lang begleitet und beschützt hatte – und die er doch nicht wirklich gekannt hatte.

Er hatte ihre *Wirkung auf andere* gekannt. Oft hatte er sich selbst Vorwürfe gemacht, wenn er sich wieder einmal zurückgezogen hatte und sein Gegenüber verletzt und allein zurückgeblieben war. Oft hatte er versucht sich zu ändern und sich zu mehr Lust an Auseinandersetzung zu zwingen. Aber er hatte nicht wirklich gewusst, wie mächtig diese Kraft in ihm war, wie unbezwingbar, wie entschlossen – und wie liebevoll, wenn es darum ging, den kleinen Jungen zu beschützen.

Sein Verhältnis zu diesem inneren Wächter hatte sich in knapp einer Stunde völlig geändert. Er hatte die Welt aus den Augen des Wächters gesehen und erfahren, dass der tiefste Antrieb dieser scheinbar so kalten und unerbittlichen Kraft Liebe war.

Auf diese Weise entwickelten Hal und Sidra Stone über die Jahre aus ihrer anfänglichen Entdeckung eine eigene Methode der Selbsterfahrung. Sie nannten ihre Methode den »Dialog mit den inneren Stimmen – Voice Dialogue«. Diese

Methode erwies sich als eine überaus nützliche Tür zu den verschiedenen Teilen der menschlichen Psyche. Im ersten ihrer gemeinsamen Bücher, das den Titel *Du bist viele* trägt, beschreiben sie ihre Arbeit mit den »inneren Stimmen« ausführlich.

Eine der erstaunlichsten Erfahrungen mit Voice Dialogue ist, dass es so leicht funktioniert. Man braucht keine Vorbildung oder Übung, um mit Hilfe eines erfahrenen Begleiters in direkten Kontakt mit seinen inneren Stimmen zu kommen. Es ist nicht nötig, eine bestimmte Person zu *spielen* oder sich in eine Person *hineinzuversetzen*. Es ist kein Rollenspiel.

Alles, was man braucht, um mit einer inneren Stimme zu sprechen, ist ein »Zipfel« von ihr. Sie erinnern sich an den Vogel, der auf dem Ast eines Baumes im Regenwald gelandet ist. Dieser eine kleine Ast, auf dem er sitzt, kann ihn, wenn er ihm folgt, zum Stamm und zu den Wurzeln des Baumes führen. Der Zipfel, den wir von einer inneren Stimme erhaschen, kann uns von der eher zufälligen Oberfläche in die Tiefe, ins Wesen der inneren Stimme führen.

In unserem Beispiel mit Franks »Wächter« war der Rückzug Franks während eines Konflikts der Zipfel. Wenn wir den Zipfel erhascht haben, fragen wir nicht: »*Warum* hast du dich zurückgezogen?« Wir fragen: *Wer* in dir hat sich zurückgezogen?« Wenn wir es nicht nur bei dem Zipfel belassen wollen, dann landen wir auf ihm, um zu erforschen, wie der *ganze* Baum aussieht, zu dem er gehört: Wir laden ihn ein, sich in einem Dialog zu entfalten.

Menschen, die eine solche Sitzung zum ersten Mal erleben oder bei anderen beobachten, sind in der Regel sehr überrascht, wie schnell und tief man in eine innere Stimme eintauchen kann und wie eindeutig und differenziert sich die inneren Stimmen äußern. Wenn man Zeuge solch einer Sitzung wird, beginnt man sich unwillkürlich zu fragen, ob nicht in jedem Menschen viele verschiedene Personen leben. Personen, die so unterschiedlich und eigen sind wie reale Personen im Außen. Wenn es aber so wäre, dass sich die Psyche organisiert, indem sie Einheiten bildet, die ähnlich eigenständig und komplex sind wie die ganze Person – dann hätte das Konsequenzen, die unser Verständnis und unser Bild von der menschlichen Psyche revolutionieren könnten.

Die fünf Ebenen einer Person

Wenn wir die Idee nun einmal hypothetisch weiterverfolgen, müssen wir uns fragen: Was ist denn überhaupt eine »Person«? Woran erkennen wir eigentlich, dass wir es mit einer »Person« zu tun haben? Wir haben gesagt, Personen seien komplex und eigenständig. Was meinen wir damit?

Natürlich meinen wir nicht, dass in unserem Kopf lauter kleine Männchen sitzen – genauso, wie wir wissen, dass im Radio kein Orchester sitzt und dort für uns spielt, und dass der Nachrichtensprecher nicht im Fernseher sitzt und den Apparat am Ende der Nachrichten durch ein kleines Türchen an der Rückseite des Gerätes verlässt.

Wir können aber das Radio und den Fernseher als Beispiel benutzen.

Wir erkennen ein Radio daran, dass es Funkwellen empfängt, diese in Töne umwandelt und aussendet. Das Radio kümmert sich nicht darum, ob es Rauschen, Liebeslieder oder Nachrichten sendet. Das heißt, egal, welchen *Inhalt* die Töne haben, das Radio bleibt ein Radio. Der Fernseher ist eine Stu-

fe komplexer, weil er neben den Tönen auch Bilder sendet.
Auch hier ist der Inhalt für das »Prinzip Fernseher« egal.
Wichtig ist nur, dass Töne und Bilder zusammenpassen.

Eine »Person« erkennen wir nun daran, dass sie Inhalte
auf *fünf Ebenen gleichzeitig* empfangen, verarbeiten und aus-
senden kann. Jede dieser Ebenen ist wie eine eigene Sprache.
Genau betrachtet leben wir alle fünfsprachig – und wissen
nichts davon! Allein diese Gleichzeitigkeit der fünf Ebenen
macht eine Person zu einer höchst komplexen Erscheinung.
Auf jeder dieser fünf Ebenen kann sich die Psyche mit allen
nur denkbaren *Inhalten* und *Themen* auseinander setzen: Alle
meine Haltungen und Einstellungen zu mir selbst, meinen
Mitmenschen und zur Welt werden hier gespeichert, verarbeitet und ausgedrückt.

Ebene 1: Der Körper

Die erste und offensichtlichste Ebene ist die *Körperebene*, denn
an der körperlichen Erscheinung merken wir als Erstes, dass
wir es mit einer Person zu tun haben. Man könnte fast geneigt
sein, den menschlichen Körper mit dem Begriff Person
gleichzusetzen – bis man daran denkt, dass ein toter Körper
nur noch wenig mit der ursprünglichen Person zu tun hat.
Der Körper ist eben nur eine der fünf Ebenen, über die die
ganze Person lebt.

Aber wie reich und vielfältig ist allein diese eine Ebene!
Wir finden die fünf Sinne: Sehen, Hören, Riechen, Schmecken und Tasten. Wir finden die Körpersprache, die sich über
die Haltung, die Gesten und die Mimik ausdrückt und die
dem, der diese Sprache kennt, oft mehr sagt als viele Worte.
Wenn wir noch genauer hinsehen, können uns die Spannung

der Muskeln, die Tiefe der Atmung und die wechselnde Färbung der Haut viel über eine Person mitteilen. Und schließlich beginnt die Medizin immer mehr zu verstehen, dass auch Krankheit eine Sprache sein kann, in der sich die Person – über den Körper – ausdrückt.

Jeder Mensch spricht die Sprache des Körpers vom Anfang seines Lebens bis zum Tod – oft, ohne es zu merken.

Wir werden uns später noch näher mit der Frage beschäftigen, wie wir diese Sprache nutzen können, um mit den Inneren Personen ins Gespräch zu kommen.

Ebene 2: Emotionen

Genau wie der Körper hat auch die Ebene der Emotionen ihre ganz eigene Sprache. Auch sie sprechen wir ein Leben lang, und auch sie müssen wir erst wieder bewusst machen, wenn wir sie bei uns und anderen klar verstehen wollen. Ich erlebe es immer wieder, dass ein Klient mit Tränen in den Augen auf die Frage, was er fühle, antwortet: »Nichts.«

Die emotionale Ebene hat wie der Körper ein reiches Repertoire an Ausdrucksmöglichkeiten, einen reichen Wortschatz: Liebe, Freude, Angst, Ärger, Zärtlichkeit, Eifersucht, Hoffnung, Ekstase, Resignation, Langeweile usw., und das mit vielen Nuancen und Zwischentönen.

Es gibt keine sinnlosen Gefühle. Aber oft können wir unsere Gefühle nicht einordnen und verstehen, also tun wir sie als »irrational« ab. Es ist eine große Erleichterung, wenn wir unsere Gefühle als berechtigt, wahr und sinnvoll erleben können, vor allem, wenn es widersprüchliche Gefühle sind. Dazu muss man aber das Ganze der Psyche verstehen – und daran arbeiten wir gerade.

Ebene 3: Symbole

Diese Ebene ist vielleicht die am wenigsten bekannte: Dabei spielt sie in unserem Leben eine überaus wichtige Rolle. Es ist die Ebene der Bilder und Symbole. In unserem Inneren kennen wir sie durch unsere Träume, inneren Bilder und Phantasien. Im Außen begegnet sie uns in Form von Fotos, Gemälden, Skulpturen, Filmen, Märchen, Geschichten und symbolhaften Persönlichkeiten. Wieder haben wir es mit einer eigenen Sprache zu tun, über die wir miteinander kommunizieren – unabhängig davon, ob unser Verstand das begreift oder nicht.

Vielleicht kennen Sie das Phänomen, dass ein Film, ein Theaterstück oder eine Geschichte Sie tief berührt, obwohl Sie nicht wissen, warum. Sie müssen das auch nicht unbedingt wissen, denn Ihre Reaktion zeigt, dass Ihre Psyche auf der Symbolebene etwas verstanden hat.

Besonders eindrucksvoll konnte man dieses Phänomen beim Tode der englischen Prinzessin Lady Di beobachten. Viele Menschen fingen bei der Nachricht von ihrem Tod spontan an zu weinen – und erklärten später verwundert, dass sie sich zu ihren Lebzeiten nie besonders für sie interessiert hätten. Lady Di war für viele Menschen zu einem *Symbol* für bestimmte Qualitäten geworden.

Geschichten, Märchen und Mythen sind Sprach-Bilder. Wir zählen sie zur Symbolebene, weil auch Sprach-Bilder eine Botschaft transportieren, die auf der Symbolebene wirkt. Zusammen mit Zeremonien und Ritualen sind sie Boten aus einer Zeit, da die Symbolebene noch wichtiger war als die folgende Ebene, die in unserer Zeit die meistgebräuchlichste wurde:

Ebene 4: Gedanken und Sprache

Wie bei den anderen Ebenen lassen sich auch auf der Sprachebene alle nur erdenklichen Inhalte transportieren: Roman-
tik, Religion, Philosophie, Ironie usw. Diese Ebene ist aber
auch diejenige, auf der sich rationale und mathematisch-logi-
sche Inhalte am leichtesten vermitteln lassen. Und weil Ratio-
nalität und Logik für die Entwicklung von Wissenschaft und
Technik besonders wichtig sind, hat sich die Sprachebene zur
bevorzugten Kommunikationsebene unserer Gesellschaft
entwickelt.

Bücher, Zeitungen, Computer, Vorträge und fast das ganze Schulsystem unterstützen die äußerst nützliche, aber ziemlich einseitige Betonung dieser Ebene. Der Preis dafür ist eine
gewisse Sprachlosigkeit auf den anderen vier Ebenen.

Oft nehmen wir das, was die Inneren Personen von uns
wollen, erst einmal als Gedanken wahr – eben als »innere
Stimmen«. Weil sie sich aber gleichzeitig auf allen fünf Ebenen ausdrücken, nennen wir sie auch Innere Personen.

Ebene 5: Schwingung und Energie

Immer mehr Menschen werden auf die Realität der Schwingungsebene aufmerksam. Unsere Sprache hat nur wenige
Ausdrücke, um die komplexen Interaktionen, mit denen wir
auf der Schwingungsebene verbunden sind, zu bezeichnen.
Wir sagen zum Beispiel: »Jemand hat eine gute Ausstrahlung« oder: »Zwischen denen war dicke Luft.« Kinder und
Tiere sind meist mehr in Kontakt mit dieser Ebene als Erwachsene. Aber auch Sie kennen sicher das Phänomen, dass
sie »spüren«, wenn in Ihrer Beziehung zu einem anderen

Menschen etwas nicht stimmt – obwohl rein äußerlich alles normal scheint. – Auch mit dieser Ebene und ihrer »Sprache« werden wir uns noch ausführlicher befassen.

Zusammenfassend können wir sagen:

> **Jede Person drückt sich gleichzeitig auf allen fünf Ebenen aus, unabhängig davon, ob sie das bewusst wahrnimmt oder nicht.**

Diese Gleichzeitigkeit macht eine Person bereits zu einem komplexen Phänomen, selbst wenn der Inhalt unkompliziert ist.

Wenn wir sagen, dass in einem Menschen verschiedene Innere Personen leben, dann sagen wir damit, dass sich die Psyche selbst organisiert, indem sie Einheiten schafft, von denen sich jede gleichzeitig auf allen fünf Ebenen ausdrückt. Bei einem Baum ist es uns selbstverständlich: Wurzeln, Stamm, Äste, Zweige und Blätter gehören zusammen. Sie bilden eine Einheit. Unsere Hypothese heißt: In gleicher Weise bilden Körperreaktionen, Gefühle, innere Bilder beziehungsweise Symbole, Gedanken und Schwingungen Einheiten: die Inneren Personen. In ihrem systemischen Zusammen- und Wechselspiel schaffen diese das Gesamtbild der Psyche.

Eine Psychologie, die die fünf Ebenen getrennt behandelt und sich zum Beispiel ganz auf die emotionale Ebene konzentriert oder fast nur auf der mentalen Ebene arbeitet, kann unwidersprochen viel Gutes bewirken. Sie wird aber auch große Schwierigkeiten haben, das *ganze Bild* der menschlichen Psyche – die Zusammenhänge und das sinnvolle Zusammenspiel – zu verstehen und verständlich zu machen.

Eine Psychologie, die zwar alle fünf Ebenen berücksichtigt, aber sie als *eine* Einheit behandelt, quasi als einen Baum und nicht als Wald, wird der Eigenmächtigkeit und Gegensätzlichkeit unserer inneren Anteile nicht gerecht. Sie wird immer versucht sein, eine Ganzheit herzustellen, wo es besser wäre, die Realität unserer inneren Vielheit und Widersprüchlichkeit zu akzeptieren, ihren tieferen Sinn zu ergründen – und ihre Vorteile zu nutzen.

Es gibt *keinen Beweis*, dass unsere Hypothese von den Inneren Personen stimmt. Aber die Leichtigkeit, mit der man die Inneren Personen ansprechen und kennen lernen kann, die Vielfalt an überraschenden Informationen, die sie preisgeben, und das Gefühl der Entlastung, ja Befreiung, das die meisten Menschen erleben, wenn sie beginnen, die Dynamik in ihrem Inneren bewusst zu erleben und zu verstehen, sind Grund genug, diese Annahme ernst zu nehmen und in all ihren Konsequenzen weiterzudenken.

Strukturen im Chaos der Psyche

»Jeder Mensch ist eine kleine Gesellschaft«

Novalis

Ein interessanter Abend

Wir gehen also einmal davon aus, eine Person sei ein System, das sich, wie viele andere Systeme in der Natur auch, aus kleineren Einheiten zusammensetzt. Wir behaupten weiter, dass die kleineren Einheiten Ähnlichkeiten mit einer ganzen Person haben – so wie die einzelne Zelle in ihrem Aufbau Ähnlichkeiten mit dem ganzen Körper hat.

Seit Beginn der Vorherrschaft des naturwissenschaftlichen Denkens sind wir es nicht mehr gewohnt, in Systemen zu denken, weil wir erst einmal lineare Bezüge suchen. Man kann sich aber leicht auch an systemisches Denken gewöhnen, und je mehr man es nutzt, merkt man, dass es einem dabei hilft, Dinge zu verstehen, die vorher einfach keinen Sinn machten.

Außerdem kennen Sie bereits eine ganze Reihe von lebendigen Systemen recht gut aus eigener Erfahrung. Das Wetter zum Beispiel. Oder Ihre Familie. Oder die Belegschaft des Betriebes, in dem Sie arbeiten. Und Sie wissen aus Erfahrung, dass in solchen Systemen manchmal ganz unerwartete Dinge passieren können – einfach deshalb, weil die Teilnehmer so eines Systems ein gewisses Eigenleben führen und sich mit diesem Eigenleben gegenseitig beeinflussen. Und so ein Eigenleben führen auch die Bewohner unserer Psyche, die Inneren Personen.

Wir wollen uns das am Beispiel eines jungen Mannes genauer ansehen.

Als Thomas zum ersten Mal in meine psychotherapeutische Praxis kam, erzählte er mir von einer Party, auf der er gewesen war. »Es war ein unangenehmer Abend«, sagte Thomas. »Alle waren guter Stimmung, unterhielten sich, tanzten, machten Witze – nur ich stand still in der Ecke und traute mich nicht den Mund aufzumachen. Nach einer Dreiviertelstunde habe ich es nicht mehr ausgehalten; ich bin nach Hause gegangen und habe mich dann furchtbar über mich selbst geärgert.«

Wenn wir die Sache nun linear angehen, würden wir sagen, Thomas leidet unter Schüchternheit, und wir wollen ihm helfen, die Schüchternheit loszuwerden. Gleichzeitig sagen wir damit (ohne es auszusprechen): Wir glauben, dass die Schüchternheit lediglich lästig ist und auf keinen Fall sinnvoll. Und wir glauben, dass wir sie gegen etwas Besseres austauschen könnten, zum Beispiel gegen Selbstbewusstsein. Wir müssten also die Schüchternheit bekämpfen und ihr Gegenteil, nämlich Selbstbewusstsein und Kontaktfreude, unterstützen.

Wenn wir so denken, könnten wir Thomas in einen Flirtkurs schicken, oder ins Fitnessstudio, oder wir geben ihm positive Sätze mit auf den Weg, die er sich auf der nächsten Party vorsagen kann: »Ich bin selbstsicher und kontaktfreudig. Alle Menschen möchten mich kennen lernen.« Vielleicht funktioniert das sogar, und Thomas ist uns sehr dankbar.

Was er dann aber verliert, ist die Chance, sich selbst tiefer kennen zu lernen und zu verstehen. Denn wenn unsere Annahme richtig ist, dass in seiner Psyche verschiedene Innere Personen leben, die alle wichtige Teile von ihm sind, stellt sich die Frage: Welche Bedeutung hat der schüchterne Teil für das ganze System? Wie würden die anderen Teile reagieren, wenn der Schüchterne zugunsten einer selbstbewussteren Kraft unterdrückt wird? Wie reagiert der schüchterne Teil selbst auf die Ablehnung? Und welche Rolle spielt dabei der Teil, der sich über die Schüchternheit so geärgert hat, als Thomas wieder zu Hause war?

Jetzt wird die Sache also etwas komplizierter – und vielleicht bekommen Sie gerade Lust auszusteigen und sich etwas einfacheren Dingen zuzuwenden. Verständlich. Genau darin liegt die Resignation des Menschen mit seiner eigenen Psyche. Sie erscheint uns zu komplex, zu unverständlich. Wenn sich die Dinge nicht so ändern, wie wir es wollen (zum Beispiel: aus Schüchternheit mach Selbstbewusstsein), dann geben wir auf und richten uns mit den Gegebenheiten ein, solange es irgendwie geht. »So bin ich eben!«, sagen wir dann. Oft wird diese Resignation aber begleitet von Gefühlen der Unzulänglichkeit und Scham über die eigene Person.

Wir versuchen jetzt aber, Licht in diese Geschichte zu bringen. Wir gehen einmal davon aus, dass es da eine schüchterne Person in Thomas gibt, und eine andere, die sich zumindest über das Resultat der Schüchternheit auf der Party ärgert. Mehr wissen wir noch nicht. Wir vertrauen darauf, dass wir das, was wir erfahren wollen, von den Inneren Personen selbst erfahren. Wir werden also mit ihnen sprechen. Stellen Sie sich vor, Sie begleiten jetzt Thomas und mich in einer Voice-Dialogue-Sitzung. Thomas und ich sitzen uns bequem gegenüber, in einem Abstand, der für uns beide angenehm ist.

Jetzt stelle ich Thomas die Frage: »Wenn der schüchterne Teil nicht in dir wäre, sondern als dritte Person hier im Raum, wo würde er sich aufhalten?«

Nach einigem stillen Nachdenken antwortet Thomas: »Der sitzt hier ganz dicht neben mir auf dem Boden.«

Ich bitte Thomas, sich auf diesen Platz zu setzen und dort einfach abzuwarten, was geschieht.

Wieder werden wir Zeuge einer merkwürdigen Verwandlung: Thomas, der gerade noch ganz klar von den Vorkommnissen auf der Party erzählt hat, wird, auf dem neuen Platz neben dem Stuhl, still und in sich gekehrt. Sein Blick ist zum Boden gesenkt. Diese stille Zurückgezogenheit hat etwas sehr Zartes. Ich weiß, dass ich vorsichtig sein muss. Innerlich nehme ich Kontakt auf zu meiner eigenen introvertierten, empfindsamen Seite. Nach einer Weile der Stille beginne ich ein Gespräch, das uns nach und nach in die faszinierende Tiefe der Innenwelt des schüchternen Teils führt. Es stellt sich heraus, dass dieser Teil, der nach außen so unscheinbar und langweilig wirkt, ein ganzes Universum an inneren Bildern, Phantasien und Wahrnehmungen besitzt. Es wird klar, dass er ein seismographisches Gespür für andere Menschen besitzt und dass er Thomas Signale sendet, wem er trauen kann und wem nicht. Er verrät, dass er sich auf der besagten Party äußerst unwohl gefühlt hatte: Die Musik und die Menschen waren ihm zu laut und zu oberflächlich, und er war froh, als sie endlich wieder weg waren. – Ansonsten ist er aber zufrieden über seinen Platz im Leben von Thomas. Wenn Thomas allein ist, oder in der Natur, fühlt er sich sehr wohl. Am liebsten würde er ganz auf dem Land leben und seine Zeit mit Spaziergängen, Malen und guter Musik verbringen.

Nachdem wir ungefähr eine Dreiviertelstunde miteinander gesprochen haben, verabschiede ich mich von der Inneren Person, bedanke mich für ihr Vertrauen und bitte sie, wieder mit Thomas sprechen zu dürfen. Sie erhebt sich, geht etwas im Raum auf und ab, und schließlich setzt sich Thomas wieder auf den Stuhl.

Thomas und ich sind beeindruckt. Wir wussten nicht, dass es dieselbe Innere Person ist, die sich auf Partys am liebsten verstecken würde und die ihm – gleichzeitig – einen solchen inneren Reichtum schenkt. Die Schüchternheit auf der Party war also eine Reaktion dieser Seite auf eine Umgebung, die nicht zu ihr passt. Hätte er begonnen, einfach nur seine Schüchternheit zu bekämpfen, hätte er automatisch auch seine Empfindsamkeit für Schönheit, Stille und Natur bekämpft.

Jetzt, nach unserem Dialog, fühlt er eine tiefe Verbundenheit mit dieser Seite. Es wird ihm aber auch klar, welch großer Teil seines Lebens von dieser Inneren Person bestimmt wird. Er merkt auf einmal, wie oft er die Welt durch ihre Augen sieht und wie viele Bereiche seines Lebens, von der Einrichtung seiner Wohnung bis zur Auswahl seiner Freunde, von dieser Inneren Person bestimmt werden.

Er versteht jetzt auch, warum ihm sein Kollege im Büro so auf die Nerven geht: Während sich Thomas – eigentlich ist es diese stille Seite – meist zurückhaltend und unauffällig benimmt, ist der Kollege eher laut und oberflächlich und Thomas zieht sich unwillkürlich von ihm zurück und verurteilt ihn insgeheim.

Indem wir vom kleinen, zufälligen Zweig (die Schüchternheit auf einer Party) hinabgestiegen sind zu den Ästen und zum Stamm des Baumes (der große Reichtum an inneren Bildern, die Verbundenheit mit der Natur), sehen wir jetzt mit einem Blick die große Bedeutung dieser Inneren Person für viele Bereiche in Thomas' Leben. Und das nur, weil wir danach gefragt haben, *wer* in Thomas so schüchtern war.

Thomas hat diese Innere Person während unseres Dialogs auf allen fünf Ebenen kennen gelernt: Die leicht gebeugte, unauffällige Haltung, der zum Boden gesenkte Blick, verbunden mit einer flachen Atmung, drücken die Zurückhaltung und Introvertiertheit auf der Körperebene aus. Die Liebe zur Natur, die Scheu und die Abneigung gegen alles Laute und Oberflächliche sind die dazugehörenden Gefühle. Gleichzeitig ist er während der Sitzung wieder tief in die Welt der inneren Bilder eingetaucht, in der er sich so wohl und sicher fühlt. Er hat die Gedanken ausgesprochen, die die Haltung dieser Inneren Person auf der Sprachebene mitteilen. Und gleichzeitig war eine bestimmte Schwingung im Raum, etwas Zartes, Stilles, das mir als Begleiter gleich zu Beginn eine Ahnung gab von dem, was da kommen wollte, noch bevor überhaupt ein Wort gefallen war.

Es ist nicht wichtig, dass Thomas die fünf Ebenen kennt und auseinander hält. Die Arbeit mit den Inneren Personen stärkt meist von allein die Wahrnehmungsfähigkeit auf allen Ebenen. Wichtig ist nur, dass der Begleiter um sie weiß, ihre Sprache ernst nimmt und gegebenenfalls in Worte übersetzt, um sie bewusster zu machen.

Nun könnten Sie zu Recht einwenden, das sei ja alles schön und gut, aber trotzdem leide doch unser Freund Thomas unter seiner Schüchternheit, und wir würden ihm, bei allem Verständnis für die Zusammenhänge, gerne helfen. – Stimmt, aber dazu wissen wir noch nicht genug. Wir gehen ja davon aus, dass wir es mit einem lebendigen System zu tun haben. Bis jetzt kennen wir aber gerade mal eine der Einheiten, die an dem System beteiligt sind. Üben wir uns also etwas in Geduld und schauen wir weiter.

Sie erinnern sich, dass Thomas, als er nach der Party nach

Hause kam, anfing, sich über sich selbst zu ärgern. »Ich habe mich benommen wie ein Idiot«, hatte er damals gedacht, »wieso kann ich nicht einfach mal locker auf eine Party gehen und Spaß haben wie alle anderen auch!«

Diese Gedanken stammen ganz offensichtlich von einer anderen Inneren Person! Die stille Seite, mit der wir vorhin gesprochen haben, war ja sehr zufrieden mit der Tatsache, dass Thomas sich mit keinem der oberflächlichen Typen näher einließ und dass er dann ziemlich schnell wieder ging. Aber wer in ihm ärgerte sich dann später so?

Wir könnten vermuten, dass es eine Seite in Thomas gibt, die genau das Gegenteil von der stillen Seite ist, die gerne auf Partys geht, mit den Frauen flirtet und tanzt und trinkt. Vielleicht war sie es, die sich darüber ärgerte, dass die schöne Gelegenheit verloren war? Wir wissen es nicht. Aber wir haben den »Zipfel« in der Hand – den Ärger über sein eigenes Verhalten – und dem wollen wir nachgehen.

Ich frage Thomas, ob er Lust hat, die Sache noch etwas weiterzuverfolgen. Hat er. Wieder sitzen wir uns gegenüber. Ich bitte Thomas, sich noch einmal an das Gefühl zu erinnern, das ihn nach der Party erfasst hat, an den Ärger über sein eigenes Verhalten. »Ja«, sagt Thomas, »ich hab mich an diesem Abend ganz schön schlecht gefühlt, so, als hätte ich alles falsch gemacht.«

»Stell dir vor, hier im Raum steht die Person, die dir das Gefühl gegeben hat, alles falsch zu machen. Wo würde sie stehen?«, ist wieder meine Frage.

Diesmal muss Thomas nicht lange nachdenken. »Der steht genau hinter mir«, sagt er.

Thomas steht auf und stellt sich hinter seinen Stuhl. Er wirkt jetzt groß und stark und streng, wie jemand, der genau weiß, was er will (und sicher nicht wie einer, der gerne auf Partys rumhängt).

Ich verbinde mich innerlich mit einer ähnlichen Kraft und begrüße die Innere Person von Thomas in einem etwas unpersönlichen und bestimmten Ton: »Hallo! Bist du einverstanden, wenn wir uns etwas miteinander unterhalten?« Er nickt kurz.

»Erzähl mir doch, wer du bist«, sage ich.

»Ich passe auf, dass er keinen Unsinn macht«, kommt als klare Antwort.

»Und, macht er viel Unsinn?«, frage ich.

»Meistens nicht, ich bin ja da!«

»Wie muss er denn sein, damit du zufrieden bist?«

»Er soll nicht auffallen. Immer schön still und unauffällig, dann ist alles in Ordnung.«

»Dann musst du ja sehr zufrieden sein, wenn die stille Person da ist, mit der ich vorhin gesprochen habe.«

»Ja, wenn die da ist, bin ich zufrieden. Wir sind ein gutes Team.«

»Du willst also, dass er nicht auffällt. Warum warst du dann ärgerlich, als er auf der Party war? Da war er doch auch ruhig.«

»Klar, toll, auf Partys gehen und dann rumstehen wie ein verklemmter Idiot. Alle reden, lachen und tanzen und er traut sich nicht mal, den Mund aufzumachen. Die müssen ihn für den letzten Hinterwäldler halten. Die haben sich schon amüsiert über ihn. Ich hab gesehen, wie sie über ihn tuscheln. Peinlich. Wenn er nicht in der Lage ist, auf eine Party zu gehen und sich normal zu verhalten, dann bleibt er in Zukunft eben zu Hause.«

»Ah, jetzt verstehe ich, du willst, dass er nicht auffällt,

egal, wo er ist. Wenn er auf einer Party ist, soll er ausgelassen sein, und wenn er woanders ist, soll er still sein?«

»Genau!«, sagt der Aufpasser, erleichtert, dass er verstanden wurde.

»Aber«, entgegne ich, »du wirkst selbst auch nicht gerade wie ein Partylöwe.«

»Das ist auch nicht mein Job. Ich passe nur auf, dass er nicht aus dem Rahmen fällt!«

Jetzt wird die ganze Sache schon klarer. In Thomas' innerem System lebt an einer sehr zentralen Stelle ein strenger, machtvoller Aufpasser, dessen wichtigstes Anliegen ist, dass Thomas unauffällig bleibt. Unter normalen Umständen kann das am besten die stille Seite gewährleisten, was im Laufe von Thomas' Lebens dazu führte, dass sie ebenfalls einen privilegierten Platz in seinem System bekam.

Unter ungewöhnlichen Umständen, wie zum Beispiel Partys, ist dieses System hilflos. Der Aufpasser verlangt zwar von Thomas, dass er sich »normal« verhält, kann ihm aber auch nicht sagen, wie das geht. Er wird nur sehr nervös und setzt Thomas unter Druck. Das ruft automatisch die stille Seite auf den Plan, die den Aufpasser gewohnheitsgemäß unterstützen will – was den Aufpasser in diesem Fall nur noch nervöser macht. Das wiederum verstärkt die stille Seite. Dieser Prozess schaukelt sich selbst hoch, bis Thomas so gelähmt ist, dass er nur noch beschämt davonschleichen kann.

Eigenwilligkeit und Bewusstheit

An diesem Beispiel sehen wir gut die Eigenwilligkeit der Inneren Personen: Die beiden handeln und entscheiden völlig eigenmächtig.

Jeder, der Thomas an diesem Abend gesehen hätte, würde sagen: Thomas hat eine Party besucht, auf der er sich unwohl fühlte, und nach einiger Zeit ist er aus freien Stücken wieder gegangen. Thomas war aber *gezwungen* zu tun, was die beiden Kräfte in ihm wollten, *obwohl* er darunter litt und *obwohl* ihr Handeln offensichtlich nicht zur Situation passte.

Er musste es tun, weil er keine Ahnung davon hatte, dass es zwei Innere Personen sind, die in ihm agieren. Diese beiden Kräfte bestimmen Thomas' Leben offenbar schon sehr lange, und doch weiß er so gut wie nichts von ihnen. Er kennt einen Teil ihrer Wirkung auf sein Leben, aber er weiß nicht, wo diese Wirkung herkommt. Die beiden Kräfte sind ihm fast gänzlich *unbewusst*.

Aber haben wir nicht immer gedacht, dass uns *die* Dinge unbewusst sind, die besonders tief in unserer Psyche versteckt liegen – die Dinge, von denen wir nichts wissen wollten, die wir vergessen oder verdrängt haben? Der »Aufpasser« und der »Stille« sind aber keinesfalls verdrängt – im Gegenteil: Sie bestimmen das Leben von Thomas schon so lange, dass er sagen würde: »Ich war schon immer so.«

Wenn wir etwas nicht sehen können, dann ist es entweder zu weit weg oder es ist zu nahe. Das beste Beispiel dafür ist Ihr eigenes Gesicht: Ihre Augen sind Teil des Gesichts, und deshalb können Sie Ihr eigenes Gesicht nicht sehen – außer über den Umweg eines Spiegels. Das Phänomen der Blindheit gegenüber dem Naheliegenden ist aber nicht auf unser Gesicht beschränkt, das wir ja wirklich nicht direkt sehen können – selbst wenn wir es wollten. Wir sind oft genauso blind für die Dinge, die genau *vor* unseren Augen liegen – so wie der Fisch im Meer, der zu einem anderen Fisch sagt: »Ich habe von einem großen Ozean gehört, voller Salzwasser, lass uns dorthin schwimmen.«

Einmal erzählte mir ein Freund von seiner Mutter, die eine – merkwürdige – Vorliebe für kleine Füße hatte. Als er noch Kind war, kaufte sie seine Schuhe deshalb immer möglichst klein, und mein Freund gewöhnte sich daran, sehr enge Schuhe zu tragen. Mit der Zeit verkrümmten sich seine Zehen. Er ging deshalb zu einem Orthopäden, der eine entsprechende Behandlung vorschlug, die aber keine Wirkung zeigte – denn die engen Schuhe machten die Behandlung immer wieder zunichte. Mein Freund *wusste* aber nicht, dass seine Schuhe mindestens eine Nummer zu klein waren – sie waren so selbstverständlich für ihn geworden, dass er sich sehr wohl darin fühlte. Erst ein erfahrener Schuhverkäufer machte ihn auf das Missverhältnis aufmerksam. Als mein Freund die größeren Schuhe auf Anraten des Verkäufers probierte, hatte er das Gefühl, viel zu große Schuhe zu tragen. Er ließ sich dann aber doch überzeugen, und mit der Zeit verschwanden seine Fußprobleme von allein.

Für Thomas sind die beiden Kräfte so selbstverständlich, so vertraut, so nahe, dass er sie nicht wahrnehmen kann. Er nimmt die Welt durch ihre Augen wahr – deshalb kann er ihr Gesicht nicht sehen.

Wir müssen also unsere Vorstellung vom Unbewussten als etwas, das tief in unserer Psyche verborgen liegt, neu bedenken.

> **Wenn jemandem etwas unbewusst ist, müssen wir uns fragen:
> Ist es unbewusst, weil es zu weit weg ist oder weil es zu nahe
> ist?**

Nach unserer Sitzung war Thomas in einer anderen Situation als zuvor: Die beiden Kräfte, die ihm so nahe gewesen waren, dass er sie nicht bemerkt hatte, waren ihm jetzt ein ganzes Stück bewusster – weil er sie intensiv erlebt hatte und dann etwas Abstand zu ihnen gewonnen hatte. Er hatte ein Gefühl dafür, dass diese beiden Kräfte zwar zu ihm gehörten, dass sie aber auch nur Teile von ihm waren – Teile, die mit erstaunlicher Eigenständigkeit lebten und handelten.

Besonders die strengen Anweisungen des Aufpassers hatten Thomas überrascht. Er hatte immer gedacht, er handle aus freien Stücken und gemäß seiner Natur, wenn er sich unauffällig und ruhig benahm. Jetzt musste er erkennen, dass er den Vorstellungen einer autoritären Inneren Person folgte. Dieser Gedanke war Thomas sehr unangenehm, und seine ersten Überlegungen nach dieser Sitzung kreisten um die Frage, wie er diesen Aufpasser loswerden könnte, um selbst freier entscheiden zu können.

Eine Woche später kommt Thomas zur nächsten Sitzung. Er berichtet, dass sein Bedürfnis nach Rückzug und Unauffälligkeit seit unserer letzten Begegnung noch stärker geworden sei; gleichzeitig sei auch seine Abneigung gegen diesen Zustand gewachsen. Seine sonst eher ausgeglichene Stimmung sei einem unangenehmen Gefühl innerer Spannung gewichen.

Ich bitte ihn, noch einmal mit dem Aufpasser sprechen zu dürfen. Thomas erhebt sich und stellt sich hinter seinen Stuhl, auf den Platz, auf dem der Aufpasser bei unserer ersten

Begegnung gestanden hatte. Nach einigen Momenten des Schweigens wird wieder die strenge Entschlossenheit des Aufpassers in Thomas' Miene und Haltung sichtbar. Die Stimmung im Raum wird merklich kühler.

»Was willst du?«, fragt der Aufpasser in ablehnendem Tonfall. (Thomas selbst hätte mich nie in so einem Ton angesprochen.)

»Ich will sehen, wie es dir geht.« (Ähnlicher Tonfall, ähnliche innere Haltung meinerseits.)

»Wie soll's mir schon geh'n? Seit ich mit dir gesprochen habe, will er mich loswerden, und ich muss ihn viel fester halten als sonst. Ich kann ihn nicht allein lassen.«

»Ich will nicht, dass du weggehst«, antworte ich. »Du hast so einen wichtigen Platz, ganz nahe bei ihm, und ich sehe, wie stark du bist. Ich verstehe, dass du wichtig für ihn bist. Ich will nur, dass er dich tiefer verstehen kann.«

Eine Zeit lang bleiben wir schweigend in Kontakt.

»Wie lange passt du schon auf ihn auf?«, frage ich schließlich.

»Schon sehr lange. Fast schon immer. Seit er denken kann. Ich weiß, wie er sein muss, damit alles gut geht. Er muss still bleiben. Er darf nicht auffallen. Es geht ihm doch gut so. Er hat doch alles.«

»Du willst also, dass er zufrieden ist mit dem, was er hat, und dass er nicht auffällt. Was passiert denn deiner Meinung nach mit Leuten, die auffallen und die mehr wollen?«

»Für die ist kein Platz!« Dieser Satz kommt mit überraschender Leidenschaft und Empörung. Die Hände des Aufpassers drücken auf die Stuhllehne vor ihm, als wollte er Thomas gewaltsam niederhalten. »Die machen alles kaputt!« Die strenge Gefasstheit des Aufpassers ist verschwunden. Erinnerungen an laute Streitereien, die Angst machen, tauchen in ihm auf.

Auf einmal ist das ganze Bild vor seinen Augen: die Trennung der Eltern, die neue, kleine Wohnung, die er mit Mutter und Bruder teilt, die trostlose Stimmung, die Abwesenheit des Vaters, die Mutter muss arbeiten, lange Nachmittage allein, ein kleiner Junge von fünf Jahren ...

Einige Minuten lang ist er still, gibt sich den Erinnerungen und Gefühlen hin. »Er *musste* still sein«, sagt er schließlich. Seine Stimme ist aber nicht mehr hart wie vorhin, eher weich, zärtlich. »Mehr durfte er nicht wollen. Ich habe ihm geholfen, mit dem Alleinsein fertig zu werden und die Mutter nicht noch mehr zu belasten. Sie hatte es selbst schwer genug.«

»*Du* hast ihm also geholfen, damit fertig zu werden! *Du* hast aufgepasst, dass er nicht mehr wollte, als möglich war! Weiß Thomas denn, was du alles für ihn getan hast?«

»Er weiß ja gar nicht, dass es mich gibt. Aber es ist gut, dass er es jetzt weiß! Er soll wissen, dass ich für ihn da bin.«

»Eigentlich bist du ja für den *kleinen* Thomas gekommen, für den, der so allein war und der es der Mutter nicht noch schwerer machen wollte. Wenn der jetzt hier wäre, wo würde der sitzen?«, frage ich den Aufpasser.

Ohne zu zögern deutet er auf einen Punkt seitlich vor ihm; ein Platz genau zwischen ihm und der introvertierten Seite aus der ersten Sitzung.

»Wärst du einverstanden, wenn ich ihn mal treffe?« Er nickt, macht einen Schritt vor und lässt sich auf dem Boden nieder, die Knie angezogen und das Gesicht hinter den Armen verborgen. Die Stille ist noch tiefer als bei der introvertierten Seite. Lange bleiben wir schweigend sitzen.

»Wie geht es dir?«, frage ich schließlich vorsichtig.

»Ich habe Angst«, kommt die leise Antwort. »Ich bin allein. Alle sind weg. Nur wenn ich mich ruhig halte, ist es gut. Mich darf niemand sehen.«

»Weiß denn Thomas, wie es dir geht?«

Kopfschütteln.

»Ist es gut, wenn ich mit dir spreche?«

Kopfnicken.

»Möchtest du gerne wieder mehr dabei sein im Leben von Thomas?«

Der Kopf hebt sich ganz langsam, ich blicke in zwei große, ungläubige Augen.

»Geht das denn?«

Direkter Kontakt zu einem Menschen ist für diesen Jungen eine ganz neue Erfahrung. Seit der Trennung der Eltern, als Thomas fünf Jahre alt war, hatte er sich ganz zurückgezogen.

Dieser Rückzug entsprach aber nicht seiner eigentlichen Natur. Im Gegenteil: Im Laufe der nächsten Monate lernt Thomas, diesen kleinen Jungen in sich bewusster wahrzunehmen, und zu seiner Überraschung kommt er dabei in Kontakt mit einer tiefen Sehnsucht nach Begegnung und Nähe – die eigentlichen Bedürfnisse des kleinen Jungen. Sein inneres System hatte diesen Teil versteckt: aus Liebe zur Mutter, um sie in schwierigen Zeiten nicht noch mehr zu belasten, und um sich selbst den Schmerz der Trennung der Eltern und des Alleinseins zu erleichtern. Zum Ausgleich wurde eine andere Kraft gestärkt, nämlich die introvertierte Seite, die sehr selbstgenügsam ist und die für niemanden eine Belastung darstellte.

Thomas hat jetzt ein tiefes Verständnis für die Ursachen seiner Zurückhaltung. Ich nenne dieses Verständnis »tief«, weil es auf allen fünf Ebenen entstand. Hätte Thomas diese Zusammenhänge nur auf der Sprachebene erinnert und verstanden, es hätte ihm wenig genützt.

Wir wollen nun das, was wir anhand Thomas' spezieller Geschichte verstanden haben, in einen allgemeineren Zusammenhang stellen.

Die fünf Kontinente der Psyche

Wenn etwas verwirrend, komplex und vielfältig ist, tut man sich leichter, wenn man die unzähligen Dinge sinnvoll in Gruppen unterteilt.

Die Erde ist ein so großer, abwechslungsreicher und verwirrender Ort, dass sich ein paar Menschen – nachdem sich eine Menge anderer schon verirrt hatte – Gedanken machten, wie man die ganze Sache vereinfachen könnte. Sie teilten die Erde in die fünf Kontinente ein.

Unser Wissen über die Erde ist uns so selbstverständlich geworden, dass wir gar nicht mehr merken, wie viele Vorteile es uns täglich bringt. Es ist noch nicht so lange her, dass die Menschen keine Ahnung hatten, wie die Erde als Ganzes aussieht. Das vorherrschende Modell war das einer Scheibe, die auf einem Ozean schwimmt. Die große Gefahr für jeden Entdecker war es, bei seinen Reisen mit dem Schiff zu nahe an den Rand des Ozeans zu kommen und in die Abgründe gerissen zu werden. Für uns ist das heute vielleicht eine lustige Vorstellung, für die Seefahrer von damals war es eine Sache auf Leben und Tod.

Weil man nicht wusste, wo die Erde aufhört, konnte man auch nicht wissen, *wie groß* sie eigentlich ist. Die zweite Gefahr bestand daher darin, sich in einer Welt, deren Anfang und Ende nicht erkennbar waren, heillos zu verlieren. Etwas, das man nicht *ganz* kennt, könnte unendlich groß sein. Und drittens konnte man deshalb auch nie wissen, *wo genau* man sich in Bezug aufs Ganze befand. Die Orientierung war nicht einfach. Kolumbus wollte nach Indien und landete in Amerika.

Heute weiß jeder, dass die Erde rund ist. Mit dem nötigen Abstand sieht man das auf einen Blick. Daher weiß man auch gleichzeitig, wie groß die Erde ungefähr in Relation zum eigenen Heimatland ist. Selbst jemand, der sich nie näher mit Geographie beschäftigt hat, kennt die grobe Einteilung der Erde in die fünf Kontinente und weiß, auf welchem Kontinent er lebt. Dadurch weiß er gleichzeitig, welche Kontinente er noch nicht kennt, und er hat eine ungefähre Vorstellung von den unterschiedlichen Qualitäten der anderen Kontinente. Fast jeder hat ein Bild oder ein Gefühl, wenn er Afrika hört, oder Asien.

Natürlich ersetzt dieses Wissen keine Reise. Wenn ich einen Kontinent oder ein Land darin wirklich kennen lernen will, muss ich mir die Mühe – und die Freude – machen und hinfahren und mich einige Zeit dort aufhalten. Dies erleichtert die Orientierung und die Entscheidung, wo ich als Nächstes gerne wäre, oder ob ich lieber zu Hause bleibe.

Genauso ist es mit unserer Psyche – mit uns selbst. Wenn wir uns damit zufrieden geben, lediglich einige unserer Charaktereigenschaften, einige unserer Vorlieben und Schwächen und einige unserer geheimen Träume zu kennen, dann kennen wir, auf ein geographisches Bild übertragen, nicht mehr als unser Heimatdorf und die umliegenden Wälder und Wiesen. – Dabei ist es nicht schwer, sich ein übersichtliches Bild von der Psyche als Ganzem zu machen.

Stellen Sie sich einmal vor, Sie bekommen freundlichen Besuch aus dem All. Ihr »E.T.« ist von weit her angereist, weil er schon viel von der Erde und ihren Bewohnern gehört hat. Jetzt möchte er sich selbst ein Bild von den Menschen machen. Sie aber, als sein Gastgeber, stehen vor der nicht ganz leichten Aufgabe, ihrem Gast diese Welt der Menschen zu erklären; eine Welt, die für Sie selbstverständlich ist, für ihn aber ganz neu und unbekannt. Was können Sie tun, um ihrem lieben Gast so schnell wie möglich die Orientierung in der ebenso faszinierenden wie verwirrenden Welt der menschlichen Psyche zu erleichtern?

Es gibt einen einfachen Weg: Sie nehmen ihn an der Hand und gehen mit ihm spazieren. Unterwegs treffen Sie einen Mann. E.T. streckt die Hand aus, deutet mit dem Finger auf ihn und sagt: »Ein Mensch!« Sie nicken (und erklären E.T., dass das »ja« heißt). Nach einer Weile treffen Sie eine Frau mit einem Kind. Wieder deutet E.T. auf die beiden und sagt: »Zwei Menschen!« Sie nicken. Nach einer Weile kommt ein Hund vorbei. »Ein Tier!«, ruft E.T., stolz über seine Kenntnisse, die er sich auf der Abendschule im Andromedarnebel angeeignet hat. Sie nicken wieder. Der Hund pinkelt an einen Baum. »Pflanze!«, ruft E.T. entzückt und deutet auf den Baum.

Nun kommen Sie in eine kleine Stadt. E.T. sieht viele »Menschen« und ein paar »Tiere«. Sie erklären ihm den Unterschied zwischen Frauen und Männern. Die Unterschiede auf der körperlichen Ebene und im Verhalten. Sie führen ihn in Büros, Baustellen, Kasernen und Autowerkstätten, in Privathäuser und Kindergärten und zeigen ihm Männer und Frauen bei der Arbeit. Sie zeigen ihm die Kinder, wie sie spielen, weinen und lachen, und erklären ihm den Unterschied zwischen Kleinen und Erwachsenen. Sie führen ihn in eine Kirche oder ein Kloster und zeigen ihm Menschen, die in Meditation und Gebet versunken sind. Sie erklären ihm, was »Gott« für die Menschen bedeutet. Sie führen ihn in den Zoo und zeigen ihm die große Vielfalt unterschiedlichster Tiere, und sie erklären ihm den Unterschied zwischen Tieren und Menschen.

Und dann nehmen Sie E.T. noch einmal beiseite, schauen ihn an und sagen zu ihm: »E.T., wenn du die Menschen wirklich verstehen willst, denk immer daran: Mann und Frau und Kind und Tier und Gott sind *alle gleichzeitig* in jedem Menschen; mal ist das eine im Vordergrund, mal das andere, aber sie sind alle da, und die Verteilung kann sich immer wieder ändern. Also wundere dich nicht, wenn du eine Person siehst, die kämpft wie ein Mann, die zärtlich ist wie eine Frau, die weint wie ein Kind, schreit wie ein Tier und still strahlt wie ein Gott. Wenn du das siehst, hast du wirklich einen Menschen getroffen.«

E.T. ist natürlich hochintelligent und versteht sofort. Er dankt Ihnen überschwänglich und küsst Sie – nach Art seines Volkes – auf den Bauch.

> **Wir können alle Inneren Personen, denen wir in der Innenwelt eines Menschen begegnen, sinnvoll in fünf große Felder einteilen: Mann, Frau, Kind, Tier und Gott – die fünf Kontinente der Psyche.**

Diese Einteilung soll, genau wie die Einteilung der Erde in fünf Kontinente, eine Orientierungshilfe sein. Mit ihrer Hilfe kann ich feststellen, welche Kontinente meiner Psyche ich lebe und welche noch ganz unbekannt sind. Ich kann mich also fragen:

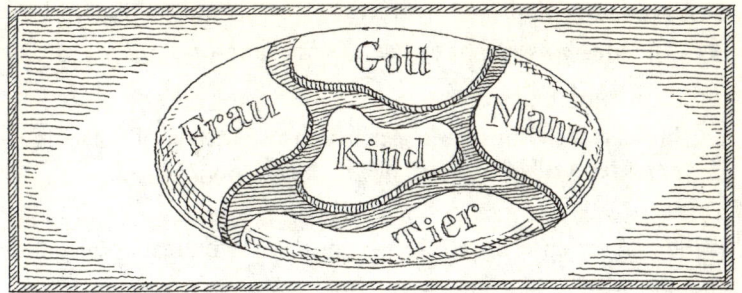

Die fünf Kontinente der Psyche

Wo in meinem Leben entfalte ich weibliche Eigenschaften wie Anmut, Fürsorge, Einfühlungsvermögen, Emotionalität?

Wie stark sind meine männlichen Anteile? Welche meiner Inneren Personen haben mit männlichen Qualitäten wie Logik, Ehrgeiz, Kampfeslust zu tun?

Wie gut kenne ich meine inneren Kinder, also die Seiten, die mit Bedürftigkeit, Empfindsamkeit, Verträumtheit und Verspieltsein zu tun haben?

Wie steht es um die instinkthaften Kräfte von Egoismus, Aggressivität, Sexualität, das Erbe unserer Vorfahren aus dem Tierreich?

Und schließlich: Welche meiner Inneren Personen wissen um Stille, bedingungslose Liebe, Ekstase und Unbegrenztheit – um die überpersönlichen Dimensionen unseres Daseins?

Sie können die Liste der jeweiligen Qualitäten selbst beliebig erweitern. Zu welchem der fünf Kontinente welche Energie gehört, erschließt sich am leichtesten, wenn man direkt mit ihr spricht. Oft sagen die Inneren Personen selbst: »Ich bin ein Mann«, »Ich bin eine Frau«, »Ich bin doch noch ein Kind« usw. Wir werden das Konzept der fünf Kontinente im Laufe unserer Untersuchungen noch tiefer verstehen lernen. Im Moment reicht es, wenn wir wissen:

> **In jedem Menschen leben gleichzeitig die unterschiedlichsten Vertreter aus jedem dieser fünf Kontinente.**

Wieder spielt es keine Rolle, ob uns das bewusst ist oder nicht. Der natürliche Zustand ist vielmehr der, dass uns dies *nicht* bewusst ist.

Identifikation und Schutz

Unsere Psyche kann es sich nicht leisten, alle Kräfte, die wir in uns tragen, auch tatsächlich gleich stark werden zu lassen. Sie muss aus verschiedenen schwerwiegenden Gründen eine *Auswahl* treffen. So kommt es, dass aus der unglaublichen Vielzahl an möglichen Inneren Personen, die wir potenziell haben, sich im Laufe unserer Kindheit nur einige vollständig entwickeln und leben dürfen. Zu diesen auserwählten Inneren Personen sagen wir »Ich«. Mit ihnen identifizieren wir uns.

Wir sprechen manchmal davon, dass wir uns mit einer Idee identifizieren, mit einer Nation, mit einer Religion, mit einer Partei oder mit einer Figur in einem Film oder Buch – also mit Dingen oder Menschen, die *außerhalb* von uns liegen. Wir haben dann etwas, das uns im Außen begegnet, auserwählt, eine zentrale, gewichtige Rolle in unserem Leben zu spielen.

Nehmen wir einmal an, ich identifiziere mich mit einer bestimmten religiösen Weltanschauung. Ich beschäftige mich mit ihren Lehren, lese die Lebensgeschichte ihrer wichtigen

Vertreter, übernehme ihre Werte, unterwerfe mich ihren Übungen und Regeln, treffe mich mit Gleichgesinnten usw. Im Laufe dieses Identifikationsprozesses werden die Zeit und Energie, die ich für diese Weltanschauung einsetze, beständig zunehmen, während die Zeit und Energie für andere Menschen, Ideen und Unternehmungen im gleichen Maße abnehmen.

Etwas Ähnliches findet auch *in* unserer Psyche statt: Bestimmte Kräfte werden sehr früh in unserem Leben auserwählt. Sie erhalten einen bevorzugten Platz. Sie dürfen sich zeigen, sich äußern und Entscheidungen treffen. Sie bestimmen immer mehr, wer ich bin. Sie werden »Ich«. Und in dem Maße, in dem diese auserwählten Kräfte stärker werden und an Macht und Einfluss gewinnen, verdrängen sie ganz automatisch andere Kräfte.

Diese Dynamik sehen wir überall in der Natur. Der Baum, dessen Samen an einer bestimmten Stelle im Wald zuerst aufgeht, hat einen kleinen Vorsprung. Indem er schon etwas größer ist als sein Kollege nebenan, beansprucht er den Raum, das Licht und das Wasser, das der andere auch bräuchte. Ohne dass er besonders kämpfen müsste, verdrängt er den Rivalen mit seiner bloßen Gegenwart.

Eine bestimmte Kiefernart in Kanada nutzt dieses Prinzip auf verblüffend konsequente Weise: Ihre Zapfen öffnen sich erst bei einer Temperatur von einigen hundert Grad. So heiß wird es nur bei Waldbränden, die in regelmäßigen Abständen durch Blitze ausgelöst werden. Kaum ist der Brand vorbei und sind alle Pflanzen verbrannt, fallen die Samen aus den Zapfen, die noch an den verkohlten Ästen hängen, in die Asche. Weil sie jetzt die Ersten sind, haben sie die besten Chancen, groß und stark zu werden.

Genauso haben die Inneren Personen die größten Chancen sich durchzusetzen, die am Anfang, also möglichst früh in unserer Kindheit, wichtig waren.

> **Die Bildung von Inneren Personen ist der erste Schritt, mit dem sich die Psyche selbst organisiert. Die bevorzugte Auswahl einiger Innerer Personen ist der zweite.**

Betrachten wir einmal von Anfang an, wie dieser zweite Schritt der Selbstorganisation aussehen könnte. Dazu müssen wir uns mit dem grundsätzlichsten Gegensatz in der menschlichen Psyche beschäftigen: mit dem Gegensatz von Macht und Verletzlichkeit.

Verletzlichkeit: Das innere Kind

Um die enorme Bedeutung von Macht und Verletzlichkeit in der menschlichen Psyche würdigen zu können, müssen wir uns noch einmal vor Augen führen, wie existenziell der Mensch den Kräften der Natur ausgeliefert ist.

Sicher haben Sie schon in Tierfilmen gesehen, wie Tierbabys geboren werden. Mich hat immer die Geburt der Giraffenbabys besonders beeindruckt: Die Mutter gebärt im Stehen. Das bedeutet, dass ihr Baby erst einmal zwei Meter tief auf die Erde fällt. Dort bleibt es etwas benommen liegen. Die Mutter leckt es sauber und dann – steht es auf. Wofür das Menschenkind meist mehr als ein Jahr braucht, schafft die Giraffe in einer Stunde. Sie *muss* aufstehen, denn anders würde sie gar nicht die Zitzen der Mutter erreichen, die ziemlich weit oben liegen. Nach dem ersten Trinken übt das Baby noch etwas das Gehen, und schließlich begleitet es die Mutter, leicht schwankend, auf ihrer Wanderung durch die Savanne.

Das Giraffenbaby braucht keine Hebamme, keine Windeln, kein warmes Bad, keine Kleider, kein Kinderzimmer mit Heizung und Bettchen, in dem es dann einsam und schreiend liegt. Es muss nicht gehalten und getragen werden, es braucht keine Gutenachtlieder, will nicht gekitzelt und geknuddelt werden, will keine Bilderbücher anschauen oder mit Spielzeug spielen. In den 18 Jahren, die das Menschenkind braucht, um erwachsen zu werden, hat die Giraffe einen großen Teil ihres erwachsenen Lebens schon gelebt. Dafür hat man aber auch noch nie von einer Giraffe gehört, die eine nennenswerte Erfindung gemacht hätte – außer dem langen Hals, der sie bequem die oberen Blätter der Bäume erreichen lässt.

Die Tiere können nur dort leben, wo ihre spezifische Anpassung es zulässt: Ein Eisbär würde in der Wüste ersticken, ein Kamel in der Arktis erfrieren. Die Tiere können ihrer genetischen Spezialisierung nicht entkommen. Das bringt ihnen den Vorteil, dass sie immer in Gegenden geboren werden, die ihrer Natur entsprechen – weil sich schon ihre Eltern nur in diesen Gegenden aufhalten konnten.

Der Mensch dagegen ist mit einer Psyche ausgestattet, die die unterschiedlichsten Spezialisierungen hervorbringen kann – und hat sich so über den ganzen Erdball ausgebreitet. Die Fähigkeit zur Spezialisierung setzt aber eine große Lernfähigkeit voraus – und die wiederum eine hohe Empfindsamkeit.

Die meisten Teile der Erde sind für den Menschen nur unter großen Mühen bewohnbar. Sie sind eigentlich viel zu kalt, zu heiß, zu feucht oder zu trocken. Paradoxerweise wird der Mensch nun dank seiner enormen Empfindsamkeit in

Gegenden hineingeboren, die genau für diese Empfindsamkeit eine große Bedrohung sind. Kein Lebewesen wird so abhängig und unvollständig geboren wie der Mensch. Das Ungleichgewicht zwischen seiner Verletzlichkeit und den *angeborenen* Fähigkeiten, diese Verletzlichkeit auch zu schützen, ist übergroß. Millionen von Menschen leben heute noch unter Umständen, die menschenunwürdig sind. Sie leiden unter Armut, Hunger, Kälte, Hitze und Krankheiten. Bevor uns die industrielle Revolution mit ihren Segnungen erreichte, waren es verhältnismäßig noch viel mehr Menschen, die in Armut lebten. Vor 100 Jahren wurden die Menschen durchschnittlich 40 Jahre alt.

Solange es dem Menschen lediglich um das pure Überleben geht oder – und das ist schon ein Fortschritt – um das *angenehme* Überleben, hat er weder Zeit noch Kraft, sich der emotionalen und seelischen Empfindsamkeit und Bedürftigkeit zuzuwenden, die sich in seiner Psyche verbergen. Erst eine gesicherte materielle Existenz erlaubt uns den Luxus, diese Dinge wahr- und ernst zu nehmen. Wir merken dann, dass in uns die gleiche Ängstlichkeit und Verlorenheit, die gleiche Verspieltheit und Frechheit, die gleiche Verträumtheit und Schüchternheit, die gleiche Innigkeit und Liebe sind, die wir sonst eigentlich nur von Kindern kennen.

Verletzlichkeit ist also – auf der körperlichen und auf der seelischen Ebene – der Grundzustand, mit dem wir in eine Welt kommen, die Verletzlichkeit nicht belohnt. Die Gruppe unserer verletzlichen Seiten entspricht dem, was oft als das »innere Kind« bezeichnet wird. Die Erfahrung mit der Voice-Dialogue-Arbeit zeigt, dass wir korrekterweise von »inneren *Kindern*« sprechen müssten: Die verletzlichen Seiten in uns sind so unterschiedlich und agieren so unabhängig voneinander, dass es nicht sinnvoll scheint, sie in einen Topf zu werfen. So könnte zum Beispiel eine Person denken, sie kenne ihr inneres Kind, weil sie in Kontakt mit einer spielerischen, frechen Seite in sich ist. Das wäre aber nur eines ihrer inneren Kinder – und weil sie denkt, es gäbe nur dieses eine, sucht sie auch nicht weiter nach den anderen.

Wir haben am Beispiel von Thomas gesehen, wie versteckt und zurückgezogen ein inneres Kind in der Psyche leben kann und wie viele Geheimnisse es birgt, solange es nicht gefunden wird. Oft erscheint es zunächst überhaupt nicht attraktiv, die inneren Kinder zu finden, denn sie sind es ja, die auch die unangenehmen Seiten von Verletzlichkeit verkörpern: Sie können ängstlich, unsicher, scheu und leicht zu beschämen sein, naiv, verträumt, langsam, aber auch frech, impulsiv und unkontrollierbar emotional. Manche tragen unsere ganze Einsamkeit, Verlassenheit und Orientierungslosigkeit, oder einen tiefen Schmerz bis hin zu Resignation über das Leben selbst.

Ein verletztes inneres Kind kann wieder heil werden. Seine Empfindsamkeit wird es aber nie verlieren. Das muss es auch gar nicht. Ein inneres Kind, das einen guten Platz im System der Psyche gefunden hat, ist eine Quelle von Freude und Zufriedenheit. Gerade seine Empfindsamkeit und seine Fähigkeit, Liebe und Nähe zu geben und zu nehmen, machen es zu einem kostbaren Schatz.

Aber warum beschäftigen wir uns so ausgiebig mit der Verletzlichkeit des Menschen? Sind wir nicht erwachsene, tatkräftige, intelligente Personen, die ihr Leben in die Hand nehmen und irgendwie meistern? Stimmt – einerseits. Wir sollten uns jedoch nochmals an den Ausgangspunkt unserer Überlegungen erinnern: Wieso trifft die Psyche aus den unendlichen Möglichkeiten von Inneren Personen eine kleine Auswahl, mit der wir uns dann identifizieren? Und wie trifft sie diese Auswahl? Ist das ein Roulette der Gene, unberechenbarer Zufall der Ereignisse oder hat das einen Sinn? Warum *muss* Thomas leise und zurückhaltend leben? Warum *muss* sein Kollege im Büro meistens laut und polternd auftreten? Und warum verteidigen beide ihre Art zu leben als die richtige? Und was hat das alles mit Verletzlichkeit zu tun?

Hauptstimmen: Die machtvollen Spezialisten

Der einfache Grund dafür ist die existenzielle Notwendigkeit eines jeden Kindes, sich zu schützen. Es muss eine wie auch immer geartete Form von *Macht* entwickeln, die seine ursprüngliche Hilflosigkeit lindert. Wenn wir diese Kräfte »machtvoll« nennen, dann meinen wir nicht unbedingt, dass wir durch sie Macht über andere Menschen haben. Wir bezeichnen *alle* Inneren Personen als machtvoll, die uns *weniger verletzlich* machen.

Die Psyche eines jeden Kindes muss herausfinden, welche machtvolle Seiten sie entwickeln und stärken muss, damit die verletzlichen und empfindsamen Seiten geschützt werden und damit das Kind sich in der Umwelt, in die es hineingeboren wurde, seinem Wesen gemäß entfalten kann. Die machtvollen Seiten, die diese Aufgabe übernehmen, sind gewissermaßen hoch spezialisierte Kräfte, die *zur Zeit ihrer Entstehung* den bestmöglichen Schutz für das spezifische Individuum in seiner spezifischen Umgebung bieten. Um diese Aufgabe bewältigen zu können, brauchen unsere Spezialisten zunächst einmal *ihre speziellen Fähigkeiten* und zweitens einen *zentralen Platz im System*. Nur wenn sie sich in diesem System gegen die anderen Kräfte durchsetzen, können sie ihre speziellen Fähigkeiten auch effektiv einsetzen und ihre Aufgabe ausführen.

Im Grunde durchläuft jeder Mensch während seiner ersten Lebensjahre einen *evolutionären psychischen Prozess*: Es konkurrieren die unterschiedlichsten Inneren Personen mit ihren verschiedenen Lösungsansätzen um die Vorherrschaft in der Psyche. Diejenigen, die den Kampf für sich entscheiden können, weil sie das Kind am effektivsten schützen und/oder sich entfalten lassen, werden zum »Ich«.

Dabei hat die Natur in der Psyche des Menschen den gleichen Einfallsreichtum bewiesen wie in der Tier- und Pflanzenwelt. Es gibt nichts, das die machtvollen Seiten nicht nutzen könnten, um einen Menschen weniger verletzlich zu machen: Freundlichkeit, Brutalität, Spiritualität, Sexualität, Intelligenz, Schönheit, Dummheit, Exaltiertheit, Einfachheit – alles, was man sich nur denken kann. Auf die fünf Kontinente bezogen könnte man es so ausdrücken: Die Vertreter der vier Kontinente Frau, Mann, Tier und Gott können mit ihren vielfältigen Möglichkeiten dazu beitragen, dass der Kontinent Kind, der für all unsere verletzlichen, abhängigen, bedürftigen, ängstlichen und empfindsamen Anteile steht, geschützt wird.

Sie werden später noch einige interessante »Machtseiten« kennen lernen – vielleicht sogar ein paar, die Ihren eigenen sehr ähnlich sind.

> **Die Inneren Personen, mit denen wir uns identifizieren, bilden die »innere Regierung«. Sie bestimmen, wer wir sind und welche Entscheidungen wir treffen. Wir nennen sie auch »Hauptstimmen«. Sie sind uns so nahe, dass sie meist unbewusst bleiben.**

Die Inneren Personen, die in der Regierung sitzen, zeigen eine große Entschlossenheit, ihren Platz zu verteidigen. Sie *bestehen* auf ihrer Haltung – zumindest, wenn man sie das erste Mal trifft. Der »Wächter« von Frank hatte zu Hal gesagt: Frank »braucht mich, und es ist mir egal, ob dir das gefällt oder nicht!«. Der »Aufpasser« von Thomas hatte gesagt: »Ich passe auf, dass er keinen Unsinn macht.« Beide waren sich ihrer Sache sehr sicher und verkündeten ihre Meinung im Brustton der Überzeugung. Diese Selbstsicherheit weicht im Laufe des Gesprächs oft einer gewissen Nachdenklichkeit. Man könnte sagen, dass man zu Beginn des Gesprächs mit der *Oberfläche* der Inneren Person in Kontakt kommt.

Es ist wie mit einem Spezialisten, der vor langer Zeit von einer Firma angestellt wurde, um ein bestimmtes Problem zu lösen. Nach vielen Jahren kommt jemand eher zufällig in sein Labor und sieht den Spezialisten in seine Arbeit vertieft. Der Besucher tritt an den Spezialisten heran und klopft ihm vorsichtig auf die Schulter.

»Stören Sie mich nicht und versuchen Sie bloß nicht, mich aufzuhalten«, brummt der Spezialist genervt, »ich habe etwas Wichtiges zu erledigen.«

»Worum geht es denn?«, fragt der Besucher freundlich, und wenn er Glück hat und er das Vertrauen des Spezialisten gewinnen kann, kommt es zu einem Gespräch. Der Spezialist erklärt, was er macht, wie er es macht und was die Vorteile seiner Fähigkeiten sind. Im Laufe des Gesprächs merkt er dann, dass er ganz vergessen hat, *warum* er das eigentlich macht. Seine Selbstverständlichkeit weicht einer gewissen Nachdenklichkeit.

Im weiteren Verlauf des Gesprächs – wenn es auf allen fünf Ebenen geführt wird, nicht nur auf der Sprachebene –

sinken wir fast unmerklich tiefer. Wir kommen weg von der Oberfläche in die *Tiefe* der Inneren Person. Langsam, manchmal auch plötzlich, erinnert sich der Spezialist an die *inneren Gründe* seiner Arbeit. Er erinnert sich an die Zeit, als er *anfing* zu arbeiten. Damals war die Person, für die er arbeitet, noch ein Kind, und der Spezialist musste dieses Kind beschützen. Wenn er sich an diese Zeit erinnert, wird der Spezialist oft von Gefühlen der Liebe und des Mitleids erfasst. Viele hundert Male war ich Zeuge, wie eine Hauptstimme, die sich auf ihre Wurzeln besann, mir unter Tränen erklärte:

»Ohne mich hätte er nicht überlebt.« Oder: »Wenn ich nicht gewesen wäre, wäre sie verrückt geworden.« Oder: »Ich habe ihr das Leben gerettet.«

Es wird deutlich, dass die gleiche Person, die zu Beginn des Gesprächs so selbstgerecht und ungerührt schien, in ihrer Tiefe von der Liebe für ein inneres Kind getragen ist. Sie fühlt sich verantwortlich für das Überleben des Kindes und versucht, Schmerz und Leid von ihm fern zu halten. Diese eigenständige Sorge und Liebe machen jede Hauptstimme zu einer überraschend menschlichen Gestalt. Der Eindruck dieser Menschlichkeit wird noch stärker, wenn man erlebt, wie eine Hauptstimme reagiert, wenn ihre tieferen Beweggründe und ihre Liebe ernst genommen werden: Sie verliert ihre Strenge und Absolutheit, sie ist erleichtert, dass ihre Anstrengungen gewürdigt werden, und sie entspannt sich.

> **Alle Hauptstimmen denken, fühlen und handeln nach ihrem eigenen Willen. Ihre Eigenwilligkeit macht es so schwer für uns, unser Verhalten zu ändern.**
> **Wenn wir uns ihrer Gegenwart bewusst werden und wir ihre tiefe Liebe entdecken, können sie entspannen und einen gemäßeren Platz im inneren System einnehmen.**

Nehmen wir dazu noch ein Beispiel: Denken Sie an einen Menschen, der zu viel arbeitet. Vielleicht ist diesem Menschen sogar bewusst, dass diese große Belastung seine Gesundheit gefährdet – trotzdem gelingt es ihm nicht, weniger zu arbeiten und mehr auszuruhen.

Wir können annehmen, dass es einen »Antreiber« in ihm gibt, der *will*, dass er so viel arbeitet, und der sehr gute *innere Gründe* dafür hat. Wir müssten sogar sagen, der Antreiber treibe ihn *aus Liebe* an. Das ist natürlich paradox, wenn man bedenkt, dass dieses Verhalten zum Tod des Menschen führen könnte. Aber die einzelne Hauptstimme ist eben nicht für den ganzen Menschen zuständig – obwohl sie sein ganzes Leben dominieren kann –, sondern für den Schutz eines bestimmten verletzlichen Teils in ihm.

Beginnt man nun einen Dialog mit dieser Hauptstimme, trifft man wahrscheinlich einen Spezialisten, der Effektivität, Schnelligkeit und unermüdliches Arbeiten liebt, der weiß, wie wichtig es ist, morgens früh aufzustehen, und der findet, dass die Person, zu der er gehört, viel zu wenig tut. Er macht Vorschläge, wie die Zeit besser genutzt werden und was man alles noch schaffen könnte.

Aber Vorsicht! Das ist nur die Oberfläche der Inneren Person. Alles, was sie bis jetzt gesagt hat, bezieht sich auf die Außenwelt – und da sind ihre Argumente vielleicht sogar richtig. Wir, und die Innere Person selbst, wissen jedoch noch nichts über die *inneren Gründe*. Um die herauszufinden, müssen wir uns Zeit nehmen. Manchmal reicht eine Sitzung, manchmal dauert es drei oder mehr Sitzungen, bis wir an den Punkt gekommen sind, wo die Liebe sichtbar wird und mit ihr die verletzliche Seite, für die die Hauptstimme sorgt. Wer das sein wird, können wir im Voraus nicht wissen.

Nehmen wir einmal an, in diesem Beispiel könnte die verletzliche Seite ein ängstliches, orientierungsloses Kind sein.

Der Antreiber bringt die Person dazu, ständig aktiv zu sein, und erzeugt dadurch das Gefühl, die Dinge im Griff zu haben. Aber egal, wie erfolgreich er damit ist, der innere Grund, nämlich das ängstliche, orientierungslose Kind, bleibt da. Das innere Kind ist der *Motor* des Antreibers. Das innere Kind selbst wird durch die Aktivitäten aber nicht aus seiner Angst und Orientierungslosigkeit erlöst – es wird nur übertönt. Jedes Mal, wenn die Person aufhört aktiv zu sein und anfängt zu entspannen, kommt das ängstliche Kind näher an die Oberfläche. Das heißt noch nicht, dass die Person es bewusst wahrnimmt. Vielleicht spürt sie nur ein diffuses Unbehagen, das sie schon so lange kennt, dass sie es nicht mehr bewusst wahrnimmt. Dieses Unbehagen ist das Signal für den Antreiber, wieder aktiv zu werden: Die Person verspürt dann den Impuls, etwas zu tun, und es fallen ihr Dinge ein, die noch erledigt werden müssen. So entsteht die paradoxe Situation, dass Entspannung zum Signal für Aktivität wird – ein Teufelskreis, oder, etwas wissenschaftlicher: ein System mit positiver, das heißt sich selbst verstärkender Rückkopplung.

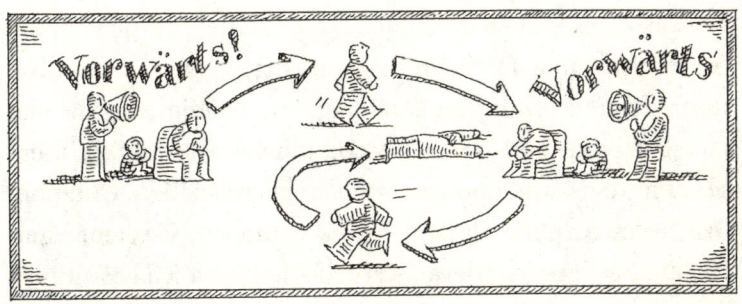

Positive Rückkopplung: Antreiber und überfordertes Kind

Die betroffene Person selbst bekommt davon nur wenig mit. Vielleicht ist sie sogar stolz darauf, so ein fleißiger Mensch zu sein. Vielleicht wundert sie sich, weil sie ja eben noch müde war und sich eigentlich hinlegen wollte. Vielleicht macht sie sich auch Sorgen um ihre Gesundheit. Wie auch immer, sie weiß nicht, wer in ihr sie so antreibt – und warum.

Wir haben bisher die Einteilung aller Inneren Personen in die »fünf Kontinente der Psyche« kennen gelernt. Wir haben den Gegensatz von *Macht und Verletzlichkeit* untersucht. Wir haben die Bedeutung von *Identifikation* besprochen und gesehen, dass die Inneren Personen, mit denen wir uns identifizieren, unsere *Hauptstimmen* werden. Wir haben die grundsätzliche *Beziehung* verstanden, die zwischen Hauptstimmen und inneren Kindern besteht.

All dies sind wichtige Parameter, die Einfluss auf die Dynamik in der Psyche haben. Wir wollen diese Einsichten nun am praktischen Beispiel weiterer Systeme vertiefen.

Andrea

Als ich Andrea zum ersten Mal traf, war ich beeindruckt von ihrer Frische, Unbefangenheit und Lebendigkeit. Sie war eine gut aussehende junge Frau um die 30, hatte nach ihrem Studium eine interessante – und anspruchsvolle – Stelle im Management einer großen Firma gefunden, verdiente gut, hatte einen großen Bekanntenkreis und einen Freund, mit dem sie zwar nicht zusammenlebte, aber einen großen Teil ihrer freien Zeit verbrachte.

Andrea kam in meine Praxis, um sich »ein paar Tipps geben zu lassen«, wie sie es ausdrückte. Auf meine Fragen hin erzählte sie lebhaft von ihrer Arbeit, von einer Reise in die USA, die sie kürzlich unternommen hatte, und von ihren Plänen für die Zukunft. Alles klang optimistisch und viel versprechend. Das Einzige, das sie störte, waren Phasen der Erschöpfung und Niedergeschlagenheit, manchmal verbunden mit heftigen Migräneattacken, die sie hin und wieder überfielen und die auch nach längeren Arbeitspausen, zum Beispiel im Urlaub, nicht weniger wurden. Sie hatte deswegen schon einen Arzt konsultiert, der ihr aufbauende pflanzliche Präparate verschrieben hatte. Als diese keine Besserung brachten, hatte sie es eine Weile mit Entspannungsübungen und Meditation versucht, aber auch das bald wieder aufgegeben. »Entweder konnte ich mich keine Minute ruhig halten, oder ich bin fast eingeschlafen«, fasste sie ihre Erfahrungen mit diesen Übungen zusammen. Jetzt also war sie über eine Empfehlung bei mir gelandet, um zu sehen, ob mir etwas Wirkungsvolleres einfallen würde.

Zunächst erklärte ich Andrea kurz das Modell der Psyche als Tummelplatz der unterschiedlichsten Kräfte, von denen einige das Kommando übernommen haben. Ich erklärte ihr auch, dass man in einem System, das mehr als zwei eigenständige und aktive Teilnehmer hat, nie genau vorhersagen kann, wie sich das System verhält. Ein Impuls auf einen der Teilnehmer kann unbeabsichtigte Auswirkungen auf viele andere Teilnehmer des Systems haben und so kann es sein, dass man manchmal genau das Gegenteil des gewünschten Ergebnisses erzielt.

Diesen Punkt verstand Andrea sehr gut. Sie hatte vor einiger Zeit die Erfahrung gemacht, dass ihr Engagement für die

Firma nicht zur erhofften Dankbarkeit und Anerkennung führte, sondern zu Misstrauen und Ablehnung. Sie hatte, kurz nachdem sie in die leitende Position einer Abteilung gewechselt war, einige Neuerungen in der Organisation dieser Abteilung eingeführt, die relativ rasch zu einer beträchtlichen Steigerung der Effektivität geführt hatten. Andrea war sehr stolz und beflügelt von ihrem Erfolg zu einem Gespräch mit ihrem nächsthöheren Vorgesetzten gegangen, der vor ihr dieselbe Abteilung geleitet hatte. Statt des erwarteten Lobes ging aber ein Gewitter aller möglichen Anschuldigungen auf sie nieder: Sie hätte die Organisationsstrukturen der Abteilung verändert und damit die Arbeit vieler Jahre zunichte gemacht, den Frieden in der Abteilung gestört, ohne Autorisation gehandelt usw. Faktisch waren diese Dinge nicht wahr, aber ihr Vorgesetzter hatte diese Anschuldigungen bereits weiterverbreitet, so dass ihr von vielen Seiten Misstrauen und Zurückhaltung entgegenschlugen. Andrea war natürlich tief verletzt und überlegte sogar, die Firma ganz zu verlassen. Schließlich gelang es ihr jedoch, mit dem ihr eigenen Willen und Optimismus sowie mit der Unterstützung einiger loyaler Kollegen, die Dinge wieder einigermaßen zurechtzurücken. Aber erst nachdem sie noch einmal die Abteilung wechseln konnte und mit ihrem ehemaligen Vorgesetzten nichts mehr zu tun hatte, schien die Sache ganz ausgestanden.

An diese Begebenheit erinnerte sie sich, als ich ihr erklärte, wie es im Umgang mit Systemen immer wieder zu überraschenden Ergebnissen kommen kann. Andrea hatte am eigenen Leib erfahren, dass es manchmal wichtiger ist, einen *guten Platz* im System als die besseren Ideen zu haben.

Aufgrund dieser Einsichten reifte in Andrea der Entschluss, mehr in die Erforschung ihres Inneren Systems zu in-

vestieren, als nur »ein paar Tipps« gegen ihre Erschöpfungszustände einzuholen. Sie entschied sich dafür, ihre Inneren
Personen näher kennen zu lernen.

Wie fangen wir also an?

Wenn eine Person mit einem Problem zu uns kommt,
dann möchte sie natürlich, dass das Problem gelöst wird. Sie
ist mehr daran interessiert, *wie ihr Leben sein soll*, als daran, *wie
es ist*. Das ist verständlich, denn sie leidet und möchte das Leid
loswerden. Wenn wir uns jetzt auf ihre Seite stellen und die
Veränderung in den Mittelpunkt unserer Aufmerksamkeit rücken, sind wir in einer Falle: Das Interesse an der Veränderung wird unsere Aufmerksamkeit von den Gegebenheiten,
wie sie sind, ablenken. Wir werden versuchen zu helfen, bevor
wir wissen, was genau los ist.

Wenn wir davon ausgehen, dass unsere psychische Realität von der inneren Regierung gestaltet wird und dass diese
Gestaltung neben den offensichtlichen äußeren Gründen
noch einen verborgenen Sinn und innere Gründe hat, dann
bedeutet dies, dass jeder Zustand, in dem wir uns befinden,
zumindest von einigen unserer Inneren Personen *gewollt* ist.

Nicht, dass sie uns Leid zufügen wollten! Aber die Nachteile, die sich aus ihrem Einfluss ergeben – in Andreas Fall die
Müdigkeit, im Falle von Thomas die Schüchternheit, im Falle
des Workaholics der drohende Herzinfarkt –, sind der Preis,
den sie zahlen, um eine wichtigere Aufgabe zu erfüllen.

Unsere erste Frage heißt also nicht: Was tun gegen die
Erschöpfungszustände? Unsere ersten Fragen müssen vielmehr heißen: Wer in Andrea bestimmt ihre Art zu leben?
Und was ist der Sinn davon? Diese Vorgehensweise hat einen
großen Vorteil: Weil ich mich jetzt auf das konzentriere, was

ist, kann ich das *Offensichtliche* wahrnehmen und ernst nehmen. Ich muss nicht nach dem Fehler suchen. Ich muss ihr inneres System nicht angreifen. Ich muss es erst einmal nur verstehen.

Diese Haltung ist unabdingbar für den Kontakt mit den Inneren Personen. Diese reagieren enorm empfindlich, wenn sie spüren, dass sie nicht so geachtet werden, wie sie sind. Das lässt sie wieder erstaunlich menschlich erscheinen. Wenn sie merken, dass man sie verändern oder kritisieren will, verschwinden sie, oder, wenn sie stark genug sind, wehren sie sich. Ihre Reaktionen sind wichtige Hinweise für den Begleiter. Er kann daran ablesen, ob er die jeweilige Stimme wirklich würdigen kann – in sich selbst und in der anderen Person.

Wir wollen also erst einmal verstehen, wie Andreas Hauptstimmen-System organisiert ist. Wir haben schon einige Hinweise – unsere »Zipfel« – in der Hand. Wir halten uns an das, was sie uns selbst erzählt: Studium, gute Stelle, Geld, Verantwortung, Veränderung, Optimismus, Bekanntenkreis, eigene Wohnung, Freund und die unnatürliche Müdigkeit und die Kopfschmerzen, die immer wieder kommen – und an das, was wir offensichtlich sehen: unbefangen, lebendig, intelligent, neugierig. Weil mich Andreas Offenheit, ihre Fähigkeit, auf andere Menschen zuzugehen, gleich zu Beginn beeindruckt hat, schlage ich ihr vor, mit genau der Inneren Person anzufangen, die diese Fähigkeit besitzt und der dieser Kontakt zu Menschen ganz offensichtlich Spaß macht.

Als ich sie nach dem richtigen Platz im Raum frage, steht sie spontan auf und stellt sich vor den Stuhl. Sie strahlt mich an, macht eine einladende Handbewegung und sagt: »Hi! Ich bin Andrea! Wer bis du?«

Ich lasse mich von ihrer mitreißenden Art anstecken, begrüße sie ähnlich enthusiastisch und bald entspinnt sich ein angeregter Dialog zwischen mir und ihrer weltzugewandten Hauptstimme. Wer immer Andrea zum ersten Mal trifft, trifft eigentlich diese Stimme: Sie ist dafür zuständig, dass Andrea leicht mit anderen ins Gespräch kommt und dass man dabei einen freundlichen, offenen und auch kompetenten Eindruck von ihr erhält.

Weil wir uns im Moment mehr für die systemischen Zusammenhänge interessieren, werde ich die Dialoge mit den einzelnen Inneren Personen nicht jedes Mal so ausführlich beschreiben wie bisher, sondern die Sitzungen immer wieder für Sie zusammenfassen. Für Andreas persönlichen Prozess ist es dagegen wichtig, dass sie sich mit jeder einzelnen Stimme eingehend befasst: nicht nur, weil sie auf diese Weise wichtige Informationen über deren Funktionsweise und Einfluss bekommt. Noch wichtiger ist, dass sie im Laufe einer längeren Sitzung *tief* in das spezifische *Energiemuster* der Inneren Person eintauchen kann. Dieses Eintauchen braucht eine gewisse Zeit und ähnelt, wenn es gelingt, einer leichten Trance, in der die Person völlig vergisst, dass sie sich in einer Sitzung befindet, und in der sie sich so stark mit der jeweiligen Seite identifiziert, dass sie ihr Leben schließlich nur noch aus dieser einen Perspektive betrachtet. Oft vergeht so über eine Stunde in intensivem Kontakt, die die Person anschließend viel kürzer empfunden hat.

So geht es Andrea auch mit dieser Stimme. Es ist offensichtlich, dass sie sich in dieser Energie äußerst lebendig und liebenswert fühlt. Sie entwickelt einen unwiderstehlichen Charme, flirtet mit mir, das Leben erscheint ihr wie ein buntes Fest voller Möglichkeiten. Diese Innere Person gewinnt

die Herzen ihrer Mitmenschen im Fluge und öffnet Andrea
auf diese Weise viele Türen. Bereitwillig erzählt sie mir von
den kleinen Tricks, mit denen sie andere für sich einnimmt.
Sie wirkt dabei nicht einmal berechnend, eher begeistert von
ihrer eigenen Begabung. Mit der gleichen Begeisterung für
sich selbst stimmt sie mir zu, als ich betone, wie froh Andrea
sein kann, diese Innere Person zu haben. »Ich hab ihr schon
so viel geholfen!«, sagt sie, »schon als sie klein war! Ihr Vater
hat vor allem *mich* geliebt!«

Dieser Hinweis ist wichtig, wenn wir die inneren Gründe
verstehen wollen, und nicht nur die offensichtlichen äußeren
Vorteile dieser Kraft.

»Was genau hat er denn an dir so geliebt?«, frage ich.

»Dass ich immer gute Laune hatte und ihn zum Lachen
bringen konnte! Und weil Andrea so klug ist!«

»Bist *du* es, die auch so klug ist?«

»Nein, aber der steht gleich hier neben mir! Wir gehören
zusammen; wir sind wie Geschwister!« Bei diesen Worten
deutet sie auf den Platz rechts neben sich.

»Dürfte ich vielleicht auch mal mit deinem klugen Bruder
sprechen?«, frage ich.

»Aber klar doch!«

Andrea macht einen Schritt nach rechts und ist für einen
Moment still. Die Stimmung ändert sich etwas. War die Qualität von Andreas Energiefeld eben noch sehr ausgedehnt, zugewandt und warm – wir könnten auch sagen »persönlich« –,
so wird sie jetzt etwas zurückgezogener, kühler und unpersönlicher, wenn auch nicht unfreundlich.

Es ist entscheidend, dass der Begleiter diese Änderungen
auf der Schwingungsebene wahrnehmen und einordnen
kann. So kann er spüren, wenn das Energiefeld einer Inneren

Person schwächer oder stärker wird, und entsprechend reagieren. Außerdem fühlen sich die Inneren Personen vor allem dann verstanden und sicher, wenn ihnen jemand gegenübersitzt, der eine *ähnliche* Ausstrahlung wie sie hat. Hätte ich mit der zugewandten Seite von Andrea in einer kühlen, sachlichen Weise gesprochen, sie hätte sich nicht verstanden gefühlt, selbst wenn ich ständig mit dem Kopf genickt und »Ich verstehe« gemurmelt hätte. Ebenso würde es die etwas unpersönlichere Seite befremden, die jetzt vor mir steht, wenn ich sie mit dem gleichen Überschwang begrüßte wie vorher ihre »Schwester«.

Ich nehme also selbst mit einer eher unpersönlichen, verstandesorientierten Seite in mir Kontakt auf und wende mich meinem neuen Gesprächspartner zu.

»Guten Tag!«, begrüßt er mich und betrachtet mich etwas distanziert und leicht amüsiert. »Sie wünschen?«

»Ein kleines Gespräch, wenn möglich?«

»Gerne! Und worüber?«

»Über alles, was dich interessiert.«

»Oje, das wird ein langes Gespräch! Ich interessiere mich für fast alles!«

Das stimmt tatsächlich. Dieser Teil von Andrea hat einen messerscharfen, schnellen Verstand, der selbst komplizierte Informationen und Zusammenhänge sofort erfassen und speichern kann. Dabei bleibt er stets gelassen und etwas distanziert. *Er* hat für die guten Noten in der Schule gesorgt, das Studium in relativ kurzer Zeit durchgezogen, sich gleichzeitig ein fundiertes Allgemeinwissen angeeignet (*er* hat ein politisches Wochenmagazin, zwei Tageszeitungen und eine Managementzeitschrift abonniert – und *er* liest sie auch) und *er* hat die Personalabteilung der Firma beim Vorstellungsgespräch mit seiner Sachkenntnis und schnellen Auffassungsgabe beeindruckt.

»Übrigens, ich bin ein Mann. Meine bezaubernde Schwester und ich sind zusammen unschlagbar!«, sagt er ganz ruhig, mit einem leicht ironischen Lächeln. Bei diesen Worten verändert sich die Atmosphäre noch einmal. Es wird ziemlich kühl.

»Kann es sein, dass da noch jemand anders seine Finger im Spiel hat?«, frage ich ihn.

Er zögert. »Ja, aber das geht eigentlich niemanden etwas an.«

»Okay«, sage ich, »die Zeit ist für diesmal sowieso um; wer immer da noch ist, kann sich ja bis zum nächsten Mal überlegen, ob er sich zeigen mag!«

Ich bedanke mich bei meinem intelligenten Gesprächspartner, verabschiede mich von ihm und seiner Schwester und bitte Andrea, etwas im Raum auf und ab zu gehen, um sich von diesen Energien zu lösen. Ich lasse Andrea Zeit, denn zum ersten Mal in ihrem Leben hat sie jetzt Gelegenheit, diese Kräfte »von außen« wahrzunehmen. Bisher hat sie alles »durch ihre Augen« gesehen – daher konnte sie die Kräfte selbst nicht sehen. Dieser Moment des Sich-Lösens aus einer Identifikation hat einen eigentümlichen Zauber. Oft ist es ein Gefühl von Verwirrung, in der die Frage auftaucht: Wer *bin* ich denn eigentlich?, gemischt mit Erleichterung und Staunen.

In der nächsten Sitzung, eine Woche später, sitze ich einer etwas ruhigeren Andrea gegenüber. Sie erzählt, dass es ihr in der vergangenen Woche schwer fiel, bei der Arbeit konzentriert zu bleiben, und dass sie die Müdigkeit stärker wahrgenommen hat. Erstmals ist ihr bewusst geworden, dass die Müdigkeit vor allem dann kommt, wenn sie allein zu Hause oder bei ihrem Freund ist.

Das ist wieder ein wichtiger Hinweis. Er verrät, dass die beiden Hauptstimmen aus der letzten Sitzung vor allem Andreas Erscheinen »in der Welt« prägen, also bei der Arbeit und in der Öffentlichkeit, und dass sie im privaten Bereich, wenn sie allein oder bei ihrem Freund ist, wenig zu sagen haben. Dass sie im Anschluss an unsere Sitzung sogar im Berufsleben etwas schwächer geworden sind, ist ein Zeichen dafür, dass Andrea sich ein Stück aus der Identifikation gelöst hat. Das vermindert erst einmal den Einfluss dieser Kräfte. Es ist, als ob ein kleiner Spalt zwischen Andreas Bewusstsein und ihren Hauptstimmen entstanden wäre.

Ich erinnere Andrea daran, dass wir am Ende der letzten Sitzung in die Nähe einer Kraft gekommen waren, die »eigentlich niemanden etwas angeht«, und dass diese Kraft offenbar in Beziehung zu den beiden Stimmen steht, mit denen ich vorher gesprochen hatte. Wir beschließen gemeinsam, diese Spur weiterzuverfolgen.

Zuerst spreche ich noch einmal mit der persönlichen Stimme, die vor Andrea steht und die die Welt bezaubert. Sie ist noch genauso entzückend wie bei unserer ersten Begegnung, wenn auch nicht mehr so lebhaft. Nachdem ich mich versichert habe, dass ihr unser erstes Gespräch gut getan hat und sie sich auch von Andrea gewürdigt und verstanden fühlt, wechseln wir zu ihrem klugen Bruder, den ich ebenfalls guter Dinge und etwas ernster als beim ersten Mal antreffe. Ich frage ihn, wie es ihm geht, was er im Laufe der letzten Woche alles gemacht hat usw. Diesmal interessiert mich aber weniger der Inhalt seiner Aussagen. Ich spreche mit ihm, um tiefer in sein spezielles Energiefeld einzutauchen. Nach einiger Zeit versiegt unsere Unterhaltung, aber auf den anderen vier Ebenen ist er eindeutig präsent: Seine Haltung ist aufrecht und unbewegt, seine Miene gesammelt, ernst und distanziert. Er empfindet keine Emotionen – die Leere auf der Gefühlsebene ist eines der Merkmale dieser Stimme –, aber eine große Wachheit und Bereitschaft, Informationen aufzunehmen.

»Ich habe mich gefühlt wie ein eingeschalteter Großrechner, der darauf wartet, dass sein Programm mit Informationen gefüttert wird«, wird Andrea mir später berichten – als Ausdruck ihres Zustandes auf der Symbolebene. Das Bild passt genau zu meiner Wahrnehmung ihres Energiefeldes: geistig, gesammelt, unpersönlich, energiegeladen. Sie ist jetzt ganz mit dieser Seite identifiziert.

Dies ist der richtige Moment, um nach der unbekannten Kraft zu fragen. »Da war letztes Mal noch jemand in deiner Nähe«, sage ich, »kannst du das heute auch spüren?« Die Stimme nickt und deutet mit einer Kopfbewegung nach rechts hinten.

»Ist der bereit, mit mir zu sprechen?«

Ohne ein weiteres Wort zu verlieren, tritt Andrea einen Schritt nach rechts hinten. Augenblicklich verändert sich die Atmosphäre. Es entsteht eine Stimmung, wie man sie wohl in der Nähe sehr mächtiger Männer – Präsidenten von großen Konzernen etwa – finden kann: eine sehr kühle, Raum füllende, zwingende Energie, die ihre Wirkung durch ihre bloße Präsenz entfaltet.

Wieder muss ich selbst eine ähnliche Kraft in mir aktivieren. Ich habe schon öfter erlebt – am eigenen Leib und bei anderen –, was passiert, wenn man einer sehr machtvollen Energie zu offen und verletzlich gegenübertritt: Man wird eingeschüchtert und unsicher, fühlt sich unterlegen und wird dann von der Inneren Person als Gegenüber nicht mehr ernst genommen. Das kann von einem Moment zum andern passieren, und ohne dass ein Wort gesagt wird. Bei diesen Gelegenheiten wird ganz deutlich, wie stark wir uns gegenseitig über die Energieebene beeinflussen können.

Eine Zeit lang bleiben wir schweigend gegenüber. Die Atmosphäre wird dabei noch dichter – ein Zeichen für mich, dass diese Kraft trotz ihrem anfänglichen Zögern bereit ist, mir zu begegnen.

»Hallo!«, eröffne ich schließlich das Gespräch, »ich betrachte es als Ehre, dass ich mit dir sprechen darf. Soweit ich das sehen kann, bekommen dich nicht sehr viele direkt zu Gesicht.«

»Stimmt!« (Lächelt überlegen.)

»Trotzdem scheinst du viel Einfluss zu haben.«

»Ich bin der Chef hier.«

»Und was willst du von Andrea?«

»Dass sie Erfolg hat, und dass man sie trotzdem liebt.«

»Das scheint dir gelungen zu sein.«

»Das war erst der Anfang. Ich habe noch viel vor.«

»Hast du eine konkrete Vision für die Zukunft?«

»Ich sehe sie auf dem Gipfel, ganz oben! Welcher Gipfel, ist mir egal. Im Moment ist es die Firma.«

»Wer ist denn eigentlich Andrea aus deiner Perspektive?«

Die Innere Person blickt zum Stuhl in der Mitte, auf dem Andrea zu Anfang saß. »Sie ist nett und goldig, aber leider nur eine Frau. Aber das gleichen wir schon aus. Mit mir kommt sie trotzdem weiter.«

»Dann bist du also ein Mann!«

»Selbstverständlich!«

Wie sich im weiteren Verlauf des Gesprächs herausstellt,

hat der »Chef« von allen inneren Kräften den größten Einfluss auf Andreas Leben – und das schon sehr lange. Er berichtet, dass er seine wichtigsten Fähigkeiten über Andreas Vater gelernt hat, vor allem die selbstverständliche Lust an Macht und Erfolg in der Welt und die Kunst, trotzdem beliebt zu bleiben. Nach seiner Ansicht lebt auch in Andreas Vater eine Kraft, die ihm ähnlich ist. (Man könnte den »Chef« als Introjektion einer Inneren Person des Vaters bezeichnen). Er und der Vater waren heimliche Verbündete. Dass Andrea von diesen Zusammenhängen bisher nichts wusste, ist ihm recht. »Das geht sie nichts an«, sagt er, »das machen wir Männer unter uns aus.« In Frauen sieht er hauptsächlich Wesen, die vom Mann beschützt werden müssen – und Andreas Erfolg ist für ihn der Beweis, dass er sie gut beschützt. Die intelligente Stimme vor ihm und die bezaubernde Frau, die den Kontakt zu anderen Menschen herstellen, sind seine wichtigsten Werkzeuge, um diese Ziele zu erreichen.

Ich unterhalte mich über eine Stunde lang mit dem »Chef«. Die Intensität seiner Ausstrahlung und Präsenz lassen die ganze Zeit über nicht nach. *Er* kennt keine Müdigkeit oder Stimmungsschwankungen. Im Gegenteil: Er scheint von seiner eigenen Macht beflügelt. Indem er Andrea ständig unter Spannung hält, die sie nie wirklich zur Ruhe kommen lässt, erfüllt er gleichzeitig die Funktion eines »Antreibers«. Nur solange Andrea ihre berufliche Entwicklung mit vollem Einsatz vorantreibt, ist er zufrieden mit ihr. (Andrea würde sagen: »Nur dann bin ich zufrieden mit mir.«)

Am Ende des Geprächs ist er froh, dass er sich einmal in seiner ganzen Pracht zeigen konnte. Er bedankt sich knapp für das Gespräch und erklärt sich bereit zu einem nächsten Treffen.

Nachdem Andrea eine Weile im Raum auf und ab gegangen ist, um wieder »zu sich« zu kommen, setzt sie sich auf den Stuhl in der Mitte. Jetzt erst spürt sie eine große Erschöpfung.

Wir vereinbaren, es für diesmal gut sein zu lassen und die Sache beim nächsten Mal weiterzuverfolgen. Weil wir den Überblick behalten wollen und uns die *Zusammenhänge* genauso interessieren wie die *einzelnen* Inneren Personen, fertigen wir eine kleine Skizze an, die zeigt, was wir schon kennen:

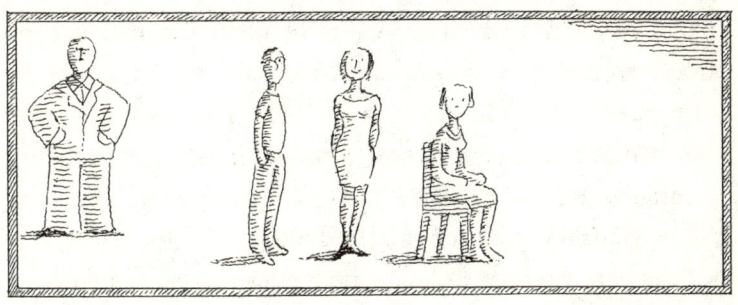

Andrea, die bezaubernde Frau, der intelligente Bruder und der Chef

Identifikation und Identität

Soweit wir das bis jetzt beurteilen können, hat Andrea in ihrer Entwicklung ziemlich viel Glück gehabt. Sie ist mit Inneren Personen identifiziert, die sehr gut funktionieren – zumindest, was ihren Erfolg in der Welt betrifft: Sie erreicht ihre äußeren Ziele und sie ist beliebt. Sie hat zwar eine Menge dafür getan – und doch müssen wir sagen, dass ihr Erfolg »Glück« war:

Die Inneren Personen, denen sie ihren Erfolg verdankt, sind *ohne ihr bewusstes Wollen* zu Hauptstimmen geworden. Ir-

gendwann in ihrer Kindheit wurden sie unbewusst auserwählt, die hauptsächlichen Vertreter von »Andrea« zu sein.

Wie jedes Kind befand sie sich damals in einem Zustand,
den Chaosforscher als »hohe Empfindsamkeit für Anfangsbe-
dingungen« bezeichnen. Das bedeutet, dass winzige Unterschiede zu Beginn einer Entwicklung später zu völlig unterschiedlichen Ergebnissen führen können. Was wäre zum Beispiel passiert, wenn sich Andreas Vater anstelle eines bezau-
bernden, klugen Mädchens lieber ein stilles, zurückhaltendes
Mädchen gewünscht hätte? Wahrscheinlich hätten dann ganz
andere Kräfte in ihr den Anfangs-Vorteil nutzen können: Es
wären dann Hauptstimmen in ihr stark geworden, die ihre
ganze Aufmerksamkeit darauf gerichtet hätten, sie brav und
unauffällig zu machen. So hätten sie dafür gesorgt, dass das
kleine Mädchen die wichtige Bindung zum Vater stärkt. Äußerlich wäre Andreas Leben dann ganz anders verlaufen.

Aber auch das Gegenteil ist vorstellbar: Andreas Vater erwartet ein stilles, angepasstes Mädchen, aber da ist er bei ihr
an die Falsche geraten. Sie opfert lieber die enge Beziehung
zum Vater, geht eigenwillig und unbeirrt von elterlichen Vorstellungen ihren Weg und entwickelt sich zu einer eigensinni-
gen, unabhängigen und kämpferischen Person. Dann wäre
nicht so sehr die Bindung an den Vater, sondern die Verwirk-
lichung ihrer eigenen Impulse im Vordergrund gestanden.
Auch das hätte dem Verlauf ihres Lebens eine ganz andere
Wendung gegeben.

Und was ist eigentlich mit Andreas Bindung an ihre Mutter? Wir können vermuten, dass es einen schwerwiegenden
Grund dafür gibt, dass die Bindung an den Vater für Andrea
wichtiger wurde als die Bindung an die Mutter. Wieder können wir nicht sagen, wie sich Andreas Leben entwickelt hätte,

wenn sich die ursprüngliche Bindung an die Mutter stärker durchgesetzt hätte.

Das Wechselspiel zwischen den äußeren und inneren Kräften ist so komplex, dass wir seinen Ausgang nie mit Sicherheit vorhersagen können. Aber wir können das *jetzige* System der Inneren Personen untersuchen. Dabei geht es uns ähnlich wie einem Archäologen, der die verschiedenen Gesteinsschichten der Erde untersucht und daran die Geschichte der Ereignisse abliest. Nur sind die Schichten in uns lebendige Wesen, und sie sind oft bereit, ihre Geschichte selbst mitzuteilen. Es ist immer wieder erstaunlich, wie viele Informationen die Inneren Personen preisgeben, die der ganzen Person nicht bewusst zur Verfügung stehen. Andrea hatte keine Ahnung davon, wie sehr ihr Erfolg in der Welt und die Art, ihn zu erreichen, mit der Beziehung zu ihrem Vater verbunden waren – aber ihre Hauptstimmen wussten es.

Aber warum sollte sich Andrea überhaupt um diese Zusammenhänge kümmern? Es geht ihr doch relativ gut. Wäre es nicht besser, sie würde ihre ganze Energie auf die weitere Entwicklung ihrer Karriere legen und gleichzeitig immer wieder Zeit für Erholung und ihre Beziehung finden? Migräne haben viele Menschen, es gibt immer bessere Medikamente dagegen, und wer weiß, ob diese Kopfschmerzen bei Andrea überhaupt psychosomatisch bedingt sind?

Diese Einwände sind nicht unberechtigt. Andreas inneres System hat etwas erreicht, dessen Wert man nicht unterschätzen darf: Es hat eine gewisse innere und äußere *Stabilität* geschaffen. Angesichts der menschlichen Verletzlichkeit inmitten einer unberechenbaren Natur – und dazu zählt auch die Natur der Psyche – ist das nicht wenig. Die Hauptstimmen, mit denen sie identifiziert ist, geben ihrem Leben eine klare

Richtung, einen Inhalt, einen Sinn. Sie weiß, wer sie ist und was sie will. Sie hat ein Gefühl für ihre *Identität*.

> **Das Gefühl von Identität und Stabilität ist – neben dem Schutz unserer Verletzlichkeit – das zweite große Geschenk, das uns die Hauptstimmen machen.**

Es ist wie mit einem Team von Mitarbeitern, das sich bewährt hat: Man weiß, dass sie ihren Job zuverlässig erledigen, man überträgt ihnen immer wieder zusätzliche Aufgaben, sie werden immer sicherer und vielseitiger. Nach einigen Jahren gehören sie ganz selbstverständlich zum Unternehmen. In der Psyche werden sie das Unternehmen selbst.

Zweierlei Stabilität

Viele Menschen bleiben ein Leben lang in der Identifikation mit den gleichen Hauptstimmen – und fahren gut damit. Ihr System funktioniert nach innen und nach außen. Im Außen sind sie relativ erfolgreich und sicher. Im Inneren fühlen sie sich stabil und ausgeglichen.

Dieser beneidenswerte Zustand kann aber zwei ganz unterschiedliche Gründe haben: Entweder hat eine kleine Gruppe von Hauptstimmen alle anderen Kräfte so erfolgreich unterdrückt, dass man sie nicht mehr spürt: Das wäre *Stabilität durch Identifikation*. Oder die Kräfteverhältnisse sind ausgewogen und die meisten der Inneren Personen sind einigermaßen zufrieden: Das wäre *Stabilität durch Integration*.

Der erste Fall kommt weitaus öfter vor. Im Normalfall herrscht in der Psyche das Gesetz des Dschungels: Der Stärkere setzt sich durch. Stärker wird der, der das Überleben am

Anfang am besten gewährleistet, der *am Anfang* am meisten Schutz und Stabilität erzeugt.

Im diesem ersten Fall identifiziere ich mich mit einer möglichst kleinen Anzahl von machtvollen Seiten möglichst stark. Je weniger verschiedene Stimmen beteiligt sind und je besser die wenigen zusammenarbeiten, desto stabiler ist mein inneres System. Alle anderen Kräfte, die nicht zu den Hauptstimmen passen, werden verdrängt. Ich habe dann ein System mit möglichst wenigen inneren Widersprüchen und Spannungen. Wenn diese kleine Mannschaft auch noch mein äußeres Leben gut in den Griff bekommt, ist die Stabilität perfekt – zumindest für einige Zeit: Denn wie wir wissen, steckt das Leben voller Wendungen und Überraschungen.

> **Die Hauptstimmen versuchen, ein möglichst stabiles inneres System zu schaffen, indem sie alles, was nicht zu ihren Werten und Zielen passt, verurteilen und verdrängen.**

Einer meiner Klienten erklärte mir einmal, dass er morgens, bevor er sich auf den Weg ins Büro machte, »etwas Böses« in sich spürte. Das »Böse« war verbunden mit einer Unlust, zur Arbeit zu gehen. Ich wusste bereits, dass eine seiner Hauptstimmen sehr darauf achtete, dass er immer pflichtbewusst und zuverlässig war. Wir beschlossen, die »böse« Seite näher kennen zu lernen, und machten uns darauf gefasst, ein wahres Ungeheuer zu treffen. Zu unserer Überraschung tauchte stattdessen ein liebenswerter, schüchterner Junge auf, der morgens einfach lieber zu Hause geblieben wäre. Aus den Augen der pflichtbewussten Seite war das »ungeheuerlich« und musste unterdrückt werden. Für meinen Klienten war es sehr erleichternd, den kleinen Jungen einmal so zu sehen, wie er wirklich war.

Ein anderer meiner Klienten hatte sehr viel Geld, war gut gebildet und hatte alle Zeit der Welt. Aber er lebte in spartanischer Einfachheit, gönnte sich nur das Nötigste und versuchte mit so wenig wie möglich auszukommen – und war mit sich und der Welt hoch zufrieden. Er war sehr stolz auf sich. Seine Disziplin, Sparsamkeit und Genügsamkeit war die Meisterschaft seiner Hauptstimmen. Und natürlich lehnte er alles, was diesen Werten widersprach, als unnötige Verschwendung ab, und zwar bei sich und bei anderen. Diese Haltung gab seinem Leben eine enorme Sicherheit, Stabilität und Eindeutigkeit. Aber er hatte keine Ahnung, *warum* diese Werte so wichtig für ihn geworden waren. Die Hauptstimmen hatten ihre inneren Gründe vergessen und sahen nur auf die äußeren Vorteile.

Nachdem er eine Weile mit seinen Hauptstimmen gearbeitet hatte und sich von ihnen löste, kam er in Kontakt mit einem halb verhungerten, einsamen Kind in sich. Jetzt wurde klar, warum die Hauptstimmen sich so angestrengt hatten: Solange sie da waren und dafür sorgten, dass er sparsam und einfach lebte, war dafür gesorgt, nicht noch einmal in die Gefahr zu kommen, verhungern zu müssen. Um ihre Herrschaft in seiner Psyche zu sichern – denn davon hing nach ihrer Meinung ja sein Überleben ab –, verurteilten die Hauptstimmen alles, was nicht zu ihnen passte.

Solange wir mit einer Inneren Person *ganz* identifiziert sind, können wir ihre *Begrenzungen* und ihre Nachteile nicht wahrnehmen. Der Schutz, die Stabilität und die Erfüllung, die sie uns schenken, sind so wichtig, dass wir die Nachteile, die sie uns und unserer Umgebung bringen, gar nicht wahrhaben wollen. Wollte man es noch genauer ausdrücken, müsste man sagen, dass es die Hauptstimmen selbst sind, die ihre eigenen Begrenzungen nicht erkennen können. Wenn eine Hauptstimme in voller Blüte steht, ist es sehr schwer, sie zu stoppen. Sie ist zu überzeugt von der Richtigkeit und Wichtigkeit ihres Tuns. Sie wird alles tun, um in der »Regierung« zu bleiben, und sie wird sich Unterstützung von außen holen.

Gleich und gleich gesellt sich gern

Die Art und Weise, wie sich die Hauptstimmen Unterstützung von außen holen, ist sehr einfach: Sie sind offen für alles, was ihren Zielen dient, und sie lehnen alles ab, was ihren Zielen widerspricht. Ihr Werkzeug des Machterhalts ist das *Urteil*.

Wer, meinen Sie, entscheidet in Ihnen, ob der Film, den Sie letzte Woche gesehen haben, ein guter oder ein schlechter Film war? Ihre Hauptstimmen. Wer in Ihnen sagt, dass der eine Kollege im Büro ein wirklich netter Mann ist, der andere aber ein eher zweifelhafter Typ? Ihre Hauptstimmen. Wer in Ihnen hält die eine politische Partei für einen Segen für die Gesellschaft, die andere für einen gefährlichen Haufen von Fanatikern? Ihre Hauptstimmen. Wer in Ihnen wählt die Bücher, die Zeitschriften, die Automarke, die Reiseziele aus? Wer entscheidet über Ihre Freundschaften, Geschäftsbeziehungen und Liebespartner? Wer sagt Ihnen, dass der eine Mensch ein wahrhaftiger Traumpartner wäre, der andere aber wahrscheinlich ihr Leben zerstört? Wer sagt Ihnen, welche Philosophie und welche Religion die Wahrheit sagen und welche einfach nur Unsinn von sich geben und die Menschheit in die Irre führen? Alles Ihre Hauptstimmen.

Mit Hilfe ihres Urteils sorgen die Hauptstimmen dafür, dass wir ständig mit Menschen, Büchern, Filmen, Ideen und

Organisationen in Kontakt sind, die ihren eigenen Vorstellungen und Zielen dienen. Nur: Worin diese Ziele *im Grunde* bestehen und *warum* diese Ziele so wichtig für sie sind, haben sie schon lange vergessen. Die Hauptstimmen sind Selbstläufer geworden, die automatengleich immer weiter in die einmal eingeschlagene Richtung streben.

Das ist in den wenigsten Fällen auf den ersten Blick zu erkennen, weil die Ziele und Werte der Hauptstimmen oft sehr vernünftig und einleuchtend wirken. Nehmen wir noch einmal Andreas Beispiel: Auf den ersten Blick ist sie einfach eine sympathische junge Frau, die erfolgreich ihren Weg geht und sich für ihre Firma engagiert. Man sieht von außen nicht, dass ihr Charme und ihre Intelligenz im Dienste einer männlichen Hauptstimme stehen, die nur ein Ziel kennt: den »Gipfel« zu erreichen. Welchen Gipfel und warum überhaupt einen Gipfel – das weiß der »Chef« nicht mehr. Er denkt über solche Fragen auch nicht nach. Die Firma, in der Andrea arbeitet, ist ihm nur wichtig, weil sie seinen eigenen Zielen dient. Hier trifft er Menschen, die ähnlich denken und handeln wie er. Begegnet ihm in der Firma jemand, der noch schneller, präziser und effektiver, vielleicht auch noch charmanter agiert als Andrea, macht er sie sofort darauf aufmerksam und stellt ihr die Person als Vorbild hin. Andrea hat dann das Gefühl, von jemandem fasziniert zu sein. Sie weiß nicht, dass es der Chef in ihr ist, der sich freut, einen Bruder im Geiste gefunden zu haben.

Es ist gut möglich, dass der Chef eines Tages beschließt, dass nicht die Karriere, sondern spirituelle Erleuchtung der eigentliche Gipfel ist – und er wird dafür sorgen, dass Andrea sich mit der gleichen Entschlossenheit auf den geistigen Weg macht, mit der sie jetzt noch ihre berufliche Karriere verfolgt.

Dabei hat er selbst überhaupt nichts Spirituelles an sich. Er will nur »auf den Gipfel« und wir dürfen vermuten, dass das letztlich bedeutet: möglichst weit weg von einem bestimmten Schmerz.

Ich erinnere mich an einen anderen Klienten, der mit einer Hauptstimme identifiziert war, für die Ehrlichkeit und Vertrauen der oberste Wert waren. Der Mann war sehr stolz auf seine moralisch wertvolle Haltung. Umso mehr wunderte er sich über immer wiederkehrende Träume, in denen ihn die Mafia und andere halbseidene Gangster verfolgten – Symbole für die Kräfte, die seine Hauptstimmen nicht zulassen konnten. In der gemeinsamen Arbeit entdeckten wir die Hauptstimmen, die die Werte von Ehrlichkeit und Vertrauen trugen. Da wurde ihm bewusst, mit welcher Härte und Unbarmherzigkeit diese Stimmen alles in ihm – und in anderen – bekämpften, was nicht zu ihrem edlen Konzept passte. Dann erinnerte er sich wieder daran, dass Unehrlichkeit in seinem Elternhaus aufs Härteste bestraft worden war, und wir entdeckten das Kind in ihm, das sich vor den Schlägen des Vaters fürchtete. Jetzt verstand er die inneren Gründe für die Unerbittlichkeit seiner Haltung. Auf einmal sah der Mann auch seine starken religiösen Überzeugungen in einem anderen Licht. Er erkannte, dass die »moralische Hauptstimme« bestimmte religiöse Werte und die Gemeinschaft mit anderen Gläubigen benutzte, um ihre eigene Stellung im inneren System zu festigen – und das ängstliche Kind zu schützen.

Die Hauptstimmen benutzen die äußeren Umstände für ihre inneren Ziele.

Sie tun das auch, wenn sie entscheiden, welcher Partner am besten zu uns passt. Untersuchungen zeigen, dass ungefähr 70 Prozent aller Menschen einen Partner suchen, der ihnen eher ähnlich ist. Das heißt nichts anderes, als dass die Hauptstimmen solche Menschen attraktiv finden, die ihre eigenen Werte und Lebensweisen unterstützen. Es ist einfach ein sehr beruhigendes Gefühl, sich mit jemandem zu verbünden, der eine ähnliche Meinung vertritt – vor allem dann, wenn man mit genau dieser Einstellung ein extrem empfindsames inneres Kind beschützen muss. Umso größer ist natürlich die Empörung und Aufregung der Hauptstimmen, wenn sich herausstellt, dass dieser Mensch, der so eng zu einem stand, in bestimmten Fragen auf einmal doch anderer Meinung ist. Das wird von ihnen dann schnell als Verrat empfunden.

Stammtische und Vereine sind neben ihrer praktischen äußeren Funktion immer auch »Organisationen zur gegenseitigen Stabilisierung der Hauptstimmen-Systeme«. Hier treffen sich Gleichgesinnte, das heißt Menschen, deren Hauptstimmen ähnliche Werte und Ziele vertreten, um sich wechselseitig zu unterstützen.

Wie unglaublich wichtig das Gefühl der Stabilität und der Identität für uns ist, sehen wir am deutlichsten am Fanatismus, mit dem sich Menschen zu einer Nation oder zu einer Religion bekennen können. Die Zugehörigkeit zu einer Nation oder einer Religion verleiht den Hauptstimmen und dem inneren Kind ein tiefes Gefühl von Sicherheit. Es weiß sich in der Gemeinschaft mit seiner Sippe, mit seinen Glaubensbrüdern und sogar mit Gott selbst aufgehoben. In dem Maße, in dem diese Sicherheit bedroht wird, steigt die Bereitschaft, sie zu verteidigen. An der Absolutheit und Grausamkeit, mit der religiöse oder nationalistische Überzeugungen verteidigt werden, können wir ablesen, wie ausgeliefert, hilflos und verloren sich das innere Kind in dieser Welt fühlt.

Die furchtbaren »ethnischen Säuberungen«, deren Zeuge wir von Anfang bis Ende des 20. Jahrhunderts waren, sind letztlich die politischen Auswirkungen eines Prinzips, das in der Psyche eines jeden Menschen stattfindet: die Verdrängung und Unterdrückung des »Andersartigen«, also von allem, das nicht zu den Werten und Haltungen der Hauptstimmen passt.

Das geringere Übel

Hauptstimmen können es sich einfach nicht leisten, ihre Haltung und ihr Verhalten aufzugeben. Auch wenn sie sich nicht mehr daran erinnern, tragen sie doch ein tiefes Gefühl von Liebe und Verantwortung für die Person, zu der sie gehören, in sich. Sie sind zutiefst davon überzeugt, dass von ihrer Strategie das Überleben der Person abhängt. Deshalb sind sie auch eher bereit, beträchtliche Nachteile in Kauf zu nehmen, als ihr Verhalten zu ändern. Die Nachteile, die sich aus ihrer Haltung ergeben, sind für sie immer das *geringere Übel*.

Nehmen Sie als Beispiel den Chef einer großen Firma. Ein ganzes Arbeitsleben lang hat er – genauer gesagt, das Team seiner Hauptstimmen – den Laden erfolgreich geführt. Nun soll er die Firma an den Junior abgeben. Er *versteht*, dass es Zeit für einen Wechsel ist, aber er kann nicht loslassen. Seine Hauptstimmen können nicht auf den Erfolg und die Stabilität verzichten, die sie täglich so erfolgreich für ihn schaffen. Nach außen sieht es so aus, als läge dem Mann nur sein Lebenswerk am Herzen. Wenn man tiefer blickt, sieht man, dass seine Hauptstimmen sich weigern, aufzuhören, und dass sie gleichzeitig zu unbeweglich sind, um die anstehenden Neuerungen und Anpassungen durchzusetzen. Die größte Schwierigkeit ist aber, dass der Mann keine Ahnung von seinem inneren Team und dessen Eigendynamik hat.

Die Konflikte, die aus solch einer Konstellation entstehen, können sehr viel Geld kosten. Fachleute schätzen, dass sich ungefähr zehn Prozent aller Konkurse auf eine schlecht vorbereitete Nachfolge im Betrieb zurückführen lassen. Auf diese Weise sind schon ganze Imperien zugrunde gegangen. Aber für die Hauptstimmen ist – paradoxerweise – der Niedergang des Unternehmens das »geringere Übel«.

Ein besonders krasses Beispiel für ein »geringeres Übel« wurde vor einiger Zeit der verblüfften Weltöffentlichkeit vorgeführt: die »Lewinsky-Affäre« des amerikanischen Präsidenten Bill Clinton. Als Clinton im Weißen Haus (!) eine Affäre mit Monica Lewinsky begann, wusste er bereits, dass gegen ihn Untersuchungen wegen sexueller Belästigung von ehemaligen Mitarbeiterinnen liefen. Daraus können wir schließen, dass seine Handlungen nicht der »Ausrutscher« einer verdrängten Seite waren, sondern dem Willen einer Hauptstimme entsprangen, die auf ihre Weise dafür sorgte, dass sein inneres Kind Beachtung und Zärtlichkeit bekam. Von außen betrachtet hatte sein Verhalten aber fast schon etwas Selbstmörderisches.

Nun könnte man die Sache mit der Vermutung abtun, der Mann sei einfach Opfer seines überstarken Sexualtriebes geworden. Aber hätte er dafür eine zweijährige, komplizierte und schmerzhafte Beziehung mit einer Praktikantin aufrechterhalten müssen? Die Weinkrämpfe und Drohungen Monicas, die Auseinandersetzungen am Telefon, die Rechtfertigungen und die gescheiterten Versuche Clintons, sich zu trennen, legen nahe, dass er es nicht ertragen konnte, wenn Monica sich von ihm abzuwenden drohte. Und genauso wenig fand er die Kraft, die Beziehung selbst zu beenden – der mächtigste Mann der Welt!

Mindestens eine seiner Hauptstimmen bestand darauf, diese Beziehung aufrechtzuerhalten. Die durchaus absehbaren Konsequenzen der politischen Verfolgung bis hin zum Amtsenthebungsverfahren, der peinlichen öffentlichen Untersuchungen und der möglichen Zerstörung seiner Ehe – sie waren, aus der Sicht dieser Seite, das geringere Übel.

Aber wir müssen unseren Blick gar nicht so weit in die Ferne schweifen lassen: *Jede* unserer Hauptstimmen ist bereit, einen Preis zu zahlen, um ihre Position zu halten: der innere Antreiber, der lieber Stress, Gesundheitsprobleme und Partnerschaftskonflikte in Kauf nimmt, als uns entspannen zu lassen. Die Kontroll-Seite, die uns einengt und beherrscht, bis alle Spontaneität und Fröhlichkeit aus unserem Leben verschwunden sind, solange wir nur sicher leben. Die Freiheits-Stimme, die alle Sicherheiten und menschlichen Bindungen opfert, damit nur nicht die Gefahr der Vereinnahmung durch andere droht. Der innere Kritiker, dem es lieber ist, wir bringen vor Scham kein Wort heraus, als dass wir etwas Falsches sagen. Der Casanova im Mann, der lieber eine Frau nach der anderen erobert, als dass er zulässt, dass ihm eine wirklich nahe kommt.

> **Die Hauptstimmen sind bereit, einen hohen Preis zu zahlen, wenn sie nur an der Macht bleiben und ihren Schutz und ihre Stabilität aufrechterhalten können. Die inneren Gründe sind ihnen dabei wichtiger als die äußeren.**

Gegensätze ziehen sich an

Es ist doch merkwürdig, dass es in unserer Sprache zwei Sprichwörter gibt, die sich gegenseitig widersprechen und doch beide wahr sind: »Gleich und gleich gesellt sich gern« und »Gegensätze ziehen sich an«. Wie kann das sein?

Wir haben bereits gesehen, wie die Hauptstimmen versuchen, ihre Herrschaft zu untermauern, indem sie sich auch im Außen nach Verbündeten umsehen. Was aber geschieht, wenn ich mich zu jemandem hingezogen fühle, der eigentlich das Gegenteil von mir ist?

Die Lösung ist ganz einfach: In diesem Fall ist es einer *verdrängten* Stimme gelungen, eine Lücke im System der Hauptstimmen zu finden. Und nun sucht *sie* sich Verbündete im Außen. Wenn Sie sich in jemanden verlieben, der so ganz anders ist als Sie, oder wenn Sie jemanden verehren, der Dinge tut, die Sie sich nicht zutrauen – dann fühlen Sie eine Innere Person in sich, die bisher keine Chance hatte, sich bemerkbar zu machen. Es ist, als würde sie durch einen Spalt nach außen blinzeln und Ihnen aufgeregt zurufen: Da schau, so wie die Person da draußen könntest du auch leben! Du könntest genauso viel Spaß haben, genauso erfolgreich sein, genauso spirituell, genauso liebevoll, genauso mächtig – was immer das Geschenk auch sein mag, das Ihnen Ihre verdrängte Seite machen möchte.

Es ist also doch wieder ein Gleiches, das sich zum Gleichen gesellen möchte – nur ein Gleiches, von dem wir noch gar nicht wussten, dass es in uns lebt.

Nun hängt es ganz davon ab, wie stabil und erfolgreich Ihre Hauptstimmen sind. Oft sind sie stark genug, das Aufbegehren der verdrängten Seiten einzudämmen, und bald läuft wieder alles in seinen gewohnten Bahnen. »So, wie wir es machen, ist es doch am besten für dich«, scheinen sie uns zu sagen.

Wandel

Was passiert aber, wenn unsere Hauptstimmen nicht erfolgreich sind? Was passiert, wenn sie mit ihrer Meisterschaft an ihre Grenzen stoßen?

Weil unsere Hauptstimmen Spezialisten sind, sind sie nicht für jede Aufgabe geeignet. Die Wahrscheinlichkeit, dass sie im Laufe eines langen Lebens in einer vielfältigen Welt an ihre Grenzen kommen, ist hoch. Entweder es gibt nun Kampf, Konflikt und Scheitern, oder es gelingt, das innere System zu *erweitern* und neue Spezialisten hereinzuholen, die für die neue Aufgabe besser geeignet sind. Wenn dieser Prozess gelingt, haben wir eine größere Stabilität als vorher, denn das System hat dann mehr Fähigkeiten, den neuen Herausforderungen erfolgreich zu begegnen. Das wäre dann *Stabilität durch Erweiterung*.

Ein inneres System zu erweitern ist aber leichter gesagt als getan. Die erste große Schwierigkeit besteht darin, dass unsere Hauptstimmen, von denen wir in der Regel ja nichts wissen, versuchen werden, sich an der Erweiterung des Systems zu beteiligen. Sie sehen ja ein, dass es so nicht weitergeht, aber sie wollen auch nicht abtreten. Also versuchen sie neue Fähigkeiten zu erwerben. »Neuer Wein in alten Schläuchen« könnte man das nennen.

Offenbar passierte genau das, als Andrea versuchte, Kopfschmerzen, Erschöpfung und Niedergeschlagenheit in den Griff zu bekommen: Wer in ihr erkannte, dass diese Symptome ein Problem waren, und suchte nach einer schnellen Lösung? Die gleichen Spezialisten, die versuchen, *alle* ihre Probleme zu lösen: der Chef und seine beiden Helfer. Als sie erfuhren, dass die Symptome ein Ergebnis mangelnder Entspannung sein könnten, lernten sie in erstaunlich rascher Zeit die entsprechenden Techniken – und versuchten sie umzusetzen. Sie hatten zwar verstanden, was das Problem war, aber sie hatten nicht verstanden, dass sie selbst Teil des Problems waren. Und so machten sie sich daran, das Problem zu lösen, das sie selbst mitgeschaffen hatten.

Andrea hatte berichtet, dass sie bei ihrem Versuch, sich in einen Zustand innerer Stille und Entspanntheit zu versetzen, entweder in eine fast unerträgliche Spannung geraten oder aber eingeschlafen war. Wenn wir uns vor Augen führen, dass es eigentlich ihre Hauptstimmen sind, die versuchen zu »meditieren«, dann ist die Spannung in ihrem System nur zu verständlich. Entspannung ist ein Zustand des Nicht-Tuns, des Seins. Ihre Hauptstimmen gehören aber *alle* zu den »Tun-Energien«, selbst wenn sie gerade nichts tun. Andrea hatte das sehr plastisch gefühlt, als sie mir, auf dem Platz der intelligenten Stimme, gegenüberstand: »Wie ein eingeschalteter Großrechner, der nur darauf wartet, dass sein Programm mit Informationen gefüttert wird.« Selbst ohne konkreten Inhalt war sie in einem Zustand des »Tuns«. Ihre Hauptstimmen sind ihrer Natur nach nicht fähig, einfach nur zu »sein«.

Dass die *alten Kräfte* mit *neuen Inhalten* erweitert und dadurch nur gestärkt werden, ist ein Vorgang, der sich in Seminaren und Therapien ständig wiederholt. Die Hauptstimmen begreifen in der Regel sehr schnell, was da von ihnen an neuen Fähigkeiten verlangt wird – und liefern sie ab. In bestimmten Selbsterfahrungsgruppen und Therapien sollen die Teilnehmer zum Beispiel lernen, aus sich herauszugehen und ihre Gefühle zu zeigen. Das bringt viele Hauptstimmen in ein Dilemma: Einerseits wollen sie gerade den unkontrollierten Ausdruck von Emotionen verhindern, andererseits wollen sie aber auch, dass die Person nicht auffällt und dazugehört. Was machen sie also? Sie erfinden den »kontrollierten Ausdruck unkontrollierter Emotionen«. – Mehr als einmal hat mir eine kontrollierende Hauptstimme voller Stolz anvertraut, dass sie es geschafft hat, während eines Seminars, in dem es um Ausdruck von Wut oder Schmerz ging, alles zu kontrollieren – »und keiner hat was gemerkt«.

Wir müssen uns nicht nur fragen: *Was* will ich dazulernen? Mindestens genauso wichtig ist die Frage: *Wer* in mir will da lernen? Und ist die Innere Person, die lernen will, überhaupt geeignet für die anstehende Lernaufgabe? Oder macht sich da gerade ein Bock zum Gärtner?

Die Dramatik dieses Prinzips sehen wir noch deutlicher, wenn wir sie, wie mit dem Vergrößerungsglas, auf der politischen Skala betrachten.

Nehmen Sie ein Land, das viele Jahre unter einer Militärdiktatur stand. Die wirtschaftliche Situation ist schlecht, die Bürgerrechte sind stark eingeschränkt, es herrschen Ungerechtigkeit und Vetternwirtschaft. Die Bevölkerung ist des Zustandes müde, die Opposition wird stärker und versucht sich zu organisieren. Die herrschende militärische Klasse erkennt, dass sie mit ihren alten Mitteln der Unterdrückung, mit denen sie bisher für Stabilität gesorgt hat, an eine Grenze gekommen ist.

Was tut sie? Sie ruft demokratische Wahlen aus und tut gleichzeitig alles, um die Opposition bis zur Wahl zu behindern und zu zersplittern, lässt sich wählen – und macht dann weiter wie zuvor, nur diesmal unter dem Deckmantel der demokratischen Legitimation. Die Hauptstimmen (Militär) haben einen neuen Inhalt gelernt (Stabilität durch Integration und Demokratie), der ihre alten Ziele unterstützt und verstärkt (Stabilität durch Ausgrenzung und Machterhalt). Diktatoren sind ihren Wesen nach keine Demokraten, selbst wenn sie sich demokratisch wählen lassen.

Etwas Ähnliches passiert im Kleinen, wenn Andreas Hauptstimmen, die Spezialisten für Aktivität, Spannkraft und Erfolg, versuchen, Entspannung in ihr Leben zu bringen. Dabei können wir sicher sein, dass es in Andrea Kräfte gibt, für die Entspannung und Meditation das Natürlichste auf der Welt sind. Sie ist aber nicht in Kontakt mit diesen Kräften. Warum nicht? Weil, wie wir schon gesagt haben, der Stärkere sich durchsetzt. Und stärker wird der, der das Überleben *am Anfang* am besten gewährleistet, der *am Anfang* am meisten Schutz und Stabilität erzeugt. Und das waren bei Andrea eben ganz andere Kräfte.

Wie finden wir nun die Entspannungs-Spezialisten und wie integrieren wir sie in das bestehende System?

Jeder Mensch trägt Kräfte in sich, die loslassen, faul sein, entspannen, nichts tun können. Wir finden solche *Seins-Energien* in allen fünf Kontinenten der Psyche: das unschuldige, in sich selbst versunkene Kind; das genüssliche Faultier (von seinen Gegenstimmen oft als »innerer Schweinehund« verschrien); die sinnliche, hingegebene Frau; der entspannte, mit sich und der Welt zufriedene Mann (weitaus öfter in östlichen als in westlichen Kulturen zu finden); der in der Stille seines eigenen Wesens ruhende Meditierer.

Dies sind nur einige Beispiele. Es gibt noch viel mehr Möglichkeiten für Seins-Energien, sich zu manifestieren.

Welche davon Andrea in sich trägt, wissen wir nicht. Aber dass sie verschiedene Vertreter aus jedem der Kontinente besitzt, davon können wir getrost ausgehen.

Wir können sie wieder finden, indem wir die Ursache für ihr ursprüngliches Verschwinden rückgängig machen: nämlich die Identifikation mit den Hauptstimmen. Andrea muss sich aus dieser Identifikation lösen.

Es gibt verschiedene Wege, sich aus der Identifikation mit Hauptstimmen zu lösen. Oft ist es das Leben selbst, das uns mit so großen Veränderungen konfrontiert, dass wir buchstäblich aus der Identifikation herauskatapultiert werden: Der Tod eines geliebten Menschen, eine Trennung, ein Unfall, eine Krankheit, die Begegnung mit einer neuen faszinierenden Lehre oder einer neuen Liebe können uns »zwingen«, die Welt aus einem neuen Blickwinkel und durch die Augen anderer Innerer Personen zu sehen.

Oder wir kommen *im Innern* so sehr an Grenzen, dass wir etwas verändern müssen. Wenn meine Hauptstimmen zum Beispiel für die Sicherheit meines *ängstlichen* inneren Kindes sorgen, indem sie mich zwingen, immer vorsichtig und zurückhaltend zu sein, dann lebt mein *spielerisches* inneres Kind wie in einem sicheren Gefängnis. Ihm fehlen die Lebendigkeit und die Begegnung mit anderen Menschen. Mit der Zeit wird es immer unzufriedener und sehnsüchtiger. Nichts von dem, was mir früher so wichtig schien – die Sicherheit eines guten Gehalts, einer schönen Wohnung, einer stabilen, aber langweiligen Beziehung –, kann die Sehnsucht wettmachen oder unterdrücken. Dann beginnt dieses Kind, und mit ihm andere Kräfte, denen Lebendigkeit und Liebe auch wichtiger sind als Sicherheit, sich durchzusetzen. Vielleicht verliebe ich mich dann in jemanden, der ein spannenderes Leben führt als ich, oder ich schließe mich einer Gruppe an, in der viel Begegnung stattfindet, oder ich werde Fallschirmspringer oder ich setze alles auf eine Karte, schmeiße den Job hin und gehe auf Weltreise.

Das Gleiche gilt auch umgekehrt: Jemand lebt ein aufregendes, abenteuerliches Leben. Seine Hauptstimmen sorgen immer für Abwechslung, Begegnung und Spaß. Dabei übersieht er, dass da noch ein sehr ängstliches Kind in der Psyche lebt, das bei diesem Lebensstil viel zu kurz kommt. Es bräuchte Sicherheit, Beständigkeit und Ruhe. Die Angst des Kindes wird immer größer, je länger es ignoriert wird. Die Hauptstimmen reagieren mit noch mehr Action, um die Angst zu unterdrücken. Irgendwann bekommt die Angst aber Übergewicht über die Hauptstimmen. Sie zwingt die Person, sich zurückzuziehen, still zu werden, mehr Sicherheit und Gleichmaß in ihr Leben zu bringen.

Wir müssen aber gar nicht so lange warten, bis die äußeren Ereignisse oder die innere Dynamik uns zwingen, einen Kurswechsel zu vollziehen. Wir können schon vorher, freiwillig und ohne Not, nachsehen, welche Personen denn in unserer inneren Regierung leben – und warum ausgerechnet diese.

> **Je mehr wir uns einer Hauptstimme bewusst werden und uns aus der Identifikation mit ihr lösen, desto mehr Raum entsteht automatisch für die Gegenseiten.**

Der Übergang eines Systems von Ausgrenzung zu Erweiterung ist immer eine Phase relativer Instabilität. Es verlangt Mut, sich auf das Abenteuer einzulassen. Die Integration neuer Kräfte und der tiefere Kontakt zu unseren inneren Kindern belohnen uns für die Anstrengung und das Wagnis.

Zwei Kinder und ein Nichts

Andrea war es in der Woche nach ihrer letzten Sitzung nicht so gut gegangen. Sie fühlte sich wie in einem Wechselbad der Gefühle. Einmal war sie aufgedreht, witzig und verspielt, im nächsten Moment erfasste sie eine Traurigkeit, die sie sich nicht erklären konnte, dann wieder fühlte sie sich seltsam ruhig und leer und etwas unwirklich. Auch ihre Müdigkeit war stärker geworden.

Sie durchlebte eine Phase der Instabilität, wie wir sie erwarten können, wenn sich ein ehemals fest gefügtes, stabiles System verändert. Der Begleiter eines solchen Prozesses muss gut abwägen, wie viel er der Person zumuten kann.

Viele Begleiter und Therapeuten sind identifiziert mit Hauptstimmen, für die Veränderung, Entwicklung und Wachstum die größten Werte sind. Daher ermutigen sie ihre Klienten fast immer, »über ihre Grenzen zu gehen«, »loszulassen« oder »ein Risiko einzugehen«. Das ist aber nicht immer das Beste für den Klienten, weil es sein Bedürfnis nach Stabilität nicht berücksichtigt.

Andrea lebt in einem stabilen *äußeren* Rahmen. Sie hat ein festes Einkommen, einen sicheren Arbeitsplatz, eine langjährige Partnerschaft, viele Freunde, eine gute Beziehung zu ihrem Elternhaus usw. Auch *innerlich* ist sie gefestigt, ihre Hauptstimmen haben viel Kraft und Kompetenz. Ich kann ihr also einiges zumuten – und letztlich hat sie immer selbst die Entscheidung, ob sie weitergehen will oder ob es erst mal reicht.

Sie hat Lust weiterzumachen. Neben all der Verunsicherung, die der Prozess in ihr auslöst, findet sie es auch aufregend und spannend, sich selbst und die verschiedenen Personen in sich besser kennen zu lernen.

Wie immer zu Beginn einer Sitzung schaue ich nach dem »Offensichtlichen«. Welche Innere Person von Andrea ist gerade sichtbar? Irgendwie ist sie heute anders als sonst. Sie ist zwar genauso freundlich und zugewandt wie in den früheren Sitzungen, aber sie wirkt dabei weniger professionell. Sie hat etwas Unschuldig-Erwartungsvolles an sich, das mich fast rührt. Als ich sie frage, wie sie sich jetzt fühlt, sagt sie: »Ganz merkwürdig. Wie ein Schulkind vor seinem Lehrer.«

Dabei macht sie unwillkürlich eine ausholende Geste mit dem rechten Arm. Ich schaue ihrer Bewegung mit fragendem Blick nach. »Ich glaube, die sitzt hier«, sagt Andrea schmunzelnd. Sie nimmt sich einen kleinen Hocker, den ich für solche Gelegenheiten immer in einer Ecke stehen habe, und stellt ihn rechts neben den Stuhl. Dann lässt sie sich nieder, spürt eine Weile nach innen, und als sie mich schließlich ansieht, ist es so, als blickte ich in die Augen eines süßen, etwa vier- bis fünfjährigen Mädchens mit einem frechen und trotzdem scheuen Lächeln.

»Hei!«, sage ich. »Wie geht's?«

»Gut! Und du?«

»Auch gut! Wer bist du denn?«

»Die Andi.«

Es wird schnell klar in unserem Gespräch, dass »die Andi« Papas Liebling ist. Sie besitzt die Mischung aus entwaffnender Naivität und einnehmender, verführerischer Fröhlichkeit, von der Andreas Vater immer so entzückt war. Sie braucht Kontakt zu Menschen und Unterhaltung. Sie ist guter Dinge und zufrieden mit Andreas Leben. Sie mag es, wenn Andrea unterwegs ist und neue Leute kennen lernt. Sie liebt vor allem die Aufmerksamkeit, die man Andrea entgegenbringt, wenn sie mit ihrem Charme und ihrer Intelligenz brilliert. Andreas Freund findet sie etwas langweilig, er ist ihr zu ruhig. Aber die Männer in der Firma, die Andrea bewundern, findet sie toll. Und mich auch: »Weil du immer mit uns redest und alles wissen willst«, vertraut sie mir an. Dann möchte sie noch wissen, ob ich sie auch nett finde, und als ich ihr das versichert habe, will sie lieber wieder verschwinden. »Ich bin sonst immer nur heimlich dabei«, sagt sie, »mich soll man gar nicht sehen. Aber ich kann alles sehen!«

Ich verabschiede mich von Andi, und nachdem sie etwas im Raum auf und ab gegangen ist, um sich aus der Energie von Andi zu lösen, sitze ich wieder Andrea gegenüber. »Die Kleine ist mir so vertraut«, sagt sie, »ich fühle mich oft wie gerade eben. Aber ich wusste nicht, dass sie noch genauso da ist wie damals, als ich *sie* war. Ich hatte damals so einen innigen Kontakt zum Vater.« Bei diesen Worten kommt etwas Schweres, Trauriges in ihre Stimme. Ich will sie gerade fragen, was das ist, da ist es auch schon wieder verschwunden. Andrea hat auf einmal einen ziemlich neutralen Gesichtsausdruck. »Na gut«, sagt sie, »ist ja egal.«

Ich frage sie, was sie jetzt spürt.

»*Nichts*«, sagt sie.

»Ist das der Zustand, von dem du mir erzählt hast, diese merkwürdige Leere und Ruhe?«

»Stimmt. Jetzt, wo du es sagst: Genau das ist das Gefühl, das ich letzte Woche öfter hatte. Ich hab das eigentlich immer wieder, nur letzte Woche hab ich es zum ersten Mal richtig gemerkt. Das sind die Situationen, wo mein Freund mich fragt, was denn los ist; da sag ich dann auch immer › nichts‹, und es fühlt sich auch an wie nichts, und trotzdem ist da was. Er wird dann immer ganz ungeduldig und wirft mir vor, dass ich ihn nicht wirklich an mich heranlasse. Und ich sag ihm dann immer, dass er mich sowieso nicht versteht, und wenn er nicht so langweilig wäre, wäre ich auch fröhlicher. Das verletzt ihn dann natürlich. Danach ist dann erst mal Funkstille zwischen uns – oder wir geh'n ins Kino oder mit Freunden aus, dann ist es meist wieder gut.«

Eine der Aufgaben des Begleiters ist es, das, *was* der Klient sagt, in ein Bild zu übersetzen, in dem deutlich wird, *wer* im Klienten etwas sagt und tut.

Es sieht so aus, als gäbe es zwei völlig unterschiedliche Systeme in Andrea, die parallel nebeneinander existieren. System Nr. 1 haben wir, zumindest teilweise, kennen gelernt: der Chef und seine zwei Helfer, und Andi. Dieses System ist aktiv, wenn Andrea beruflich engagiert und in Kontakt mit anderen ist. System Nr. 2 wird aktiv, wenn sie bei ihrem Freund ist, in der unverplanten Freizeit und beim Alleinsein. Andrea hatte früher schon einmal gesagt, dass ihre Müdigkeit und Niedergeschlagenheit sie vor allem dann überfallen, wenn sie mit ihrem Freund zusammen oder allein ist.

Andi, die zu System Nr. 1 gehört, hat mir vorhin bestätigt, dass Andreas Freund kein gutes Publikum für Andreas brillante, lebendige und witzige Seiten abgibt. Andi nennt ihn »langweilig«.

System Nr. 2 taucht auf, wenn System Nr. 1 keine Aussicht auf Erfolg hat – im Sinne von »etwas leisten und jemanden beeindrucken und begeistern«. Es scheint, dass zu System Nr. 2 eine Innere Person gehört, deren Meisterschaft darin besteht, ein Gefühl von »Nichts« herzustellen. Ich vermute weiterhin, dass die Traurigkeit, die für einen Moment aufscheint, irgendwie mit dem Nichts in Zusammenhang steht.

Diese Überlegungen sind *Phantasien*, die ich mir als Begleiter mache. Sie sind mögliche Erklärungsmuster – so wie

ein Detektiv sie sich macht, wenn er versucht, einen Fall auf-
zuklären. Natürlich muss er jederzeit bereit sein, seine Phantasien wieder fallen zu lassen, wenn sie in Widerspruch zur offensichtlichen Realität geraten – wenn zum Beispiel eine Innere Person auftaucht, die gar nicht zu seinem bisherigen Bild
passt.

Zunächst einmal folge ich aber meiner Vermutung und
frage Andrea, ob sie eine Ahnung hat, wo im Raum sich das
Nichts befinden würde, wenn es nicht in ihr wäre. Diesmal ist
sich Andrea nicht so sicher. Ein »Nichts« ist seiner Natur
nach schwer zu fassen. Es ist eine Energie, die man nur dadurch bemerkt, dass sie etwas vermindert. Es ist ähnlich wie
mit den schwarzen Löchern im All, die man auch nie direkt
sehen kann. Aber man weiß, dass sie da sind, weil man sich das
Verschwinden von Licht und Materie nicht anders erklären
kann.

Es gibt enorm viele Menschen, die an einer bestimmten
Stelle ihres inneren Systems ein Nichts haben. Wenn man
tiefer in dieses Nichts eintaucht, kann es greifbar und erlebbar
werden. Man hat dann ein Gefühl, als säße man mitten in einer großen Wolke. Keine Gedanken, keine Gefühle, keine
besondere Wahrnehmung – nichts.

Ich erinnere mich an eine Klientin, deren Nichts eine
wirklich starke Hauptstimme war. Eigentlich war *sie* es, die
mich auf die enorme Bedeutung und Macht dieser Art von
Energie aufmerksam machte. Wenn ich sie zu Beginn einer
Stunde fragte, was sie in der vergangenen Woche erlebt hatte,
sagte sie immer: »Nichts.« Dann saß sie still da und sagte
nichts mehr. Ich versuchte sie zum Reden zu bringen, indem
ich sie nach ihren Träumen und Gedanken fragte. Aber außer
ihrem erstaunlich gleichmäßigen Tagesablauf – Lesen, Stri-

cken, Fernsehen – war wenig zu erfahren. Ich war schon etwas verzweifelt, bis ich mich fragte, ob nicht genau diese Abwesenheit von Bewegung und Inhalt die Merkmale einer Inneren Person sein könnten. Wir fanden also einen Platz im Raum für diesen Zustand. Und da saßen wir dann. Wenn meine Klientin auf diesem Platz war, hatte sie das Gefühl, in einem großen Watteball zu sitzen. Die ganze Welt schien weit weg zu sein. Menschen und Ereignisse waren wie an den Horizont ihrer Wahrnehmung geschoben. Wie bei anderen Energien auch, versuchte ich mich selbst auf genau diesen Zustand einzustimmen. Bald saßen wir gemeinsam in einer Kugel aus Nichts, etwas benommen zwar, aber durchaus angenehm. Ich war begeistert von meiner Entdeckung, und immer wenn meine Klientin nichts zu sagen wusste – was oft vorkam –, bat ich sie auf den Platz des Nichts.

Ich nehme an – und ich kann das auch gut verstehen –, dass ihr diese Art der Behandlung nach einiger Zeit doch etwas merkwürdig vorkam. Sie war ja eigentlich gekommen, um diesen Zustand loszuwerden, und nun machten wir scheinbar genau das, was sie bereits allein kostenlos und im Überfluss hatte. Nach acht Sitzungen, die wir zum größten Teil im Nichts verbracht hatten, beendete sie die Arbeit mit mir. Einige Monate später ließ mir jemand schöne Grüße von ihr ausrichten. Sie hätte ihre neunjährige Beziehung mit ihrem Freund beendet, ihren Job und ihre Wohnung gekündigt und wäre gerade auf einer Sprachreise in den USA. Verglichen mit dem, was ich bisher von ihr kannte, war das geradezu eine Revolution. Und doch hat es mich nicht nur überrascht.

Ich habe schon oft erlebt, dass die starke Identifikation mit einer Hauptstimme die Gegenseiten völlig schachmatt setzt. Nicht die Hauptstimme selbst ist das Problem, sondern die

Identifikation mit ihr. Wie schafft es eine so sanfte, leere, un-
bedarfte Energie wie dieser »Watteball«, fast alle anderen
Impulse auszublenden und zu unterdrücken? Weil sie den
Anfangs-Vorteil hat, breitet sie sich immer mehr aus und besetzt den ganzen Raum im Bewusstsein der Person. Den Anfangs-Vorteil hat sie, weil *sie* die Person am Anfang unter den
gegebenen Umständen am besten schützen konnte. Sie macht
die Person ja nicht nur unbeweglich, sondern auch unangreifbar. Haben Sie einmal versucht, mit Nebel zu kämpfen?

Nichts-Energien sind die idealen Tarnkappen für Impulskräfte, die unter den Anfangs-Bedingungen der Kindheit auf
Ablehnung und Widerstand gestoßen wären. Der Nebel des
Nichts lähmt sie zwar, sie bleiben aber auch unversehrt.
Wenn es gelingt, den Nebel zu lichten, indem man ihn verstärkt und bewusst macht, kommen die Impulskräfte meist
ganz munter und lebendig darunter hervor.

Manchmal beschützt der Nebel aber auch ein inneres
Kind, das sich ungeborgen und verloren fühlt. Es lebt dann
wie in einer warmen, weichen Hülle, die es vor einer Begegnung mit der kalten und erschreckenden Außenwelt bewahrt.

Welche Funktion das Nichts in Andrea hat, können wir
zwar ahnen, aber ein gesichertes Wissen haben wir nicht.
Weil Andrea keine klare Wahrnehmung für den Platz im
Raum hat, vertraue ich meiner eigenen Energie-Wahrneh-
mung und schlage ihr einen Platz links von ihrem Stuhl vor.
Sie rückt mit ihrem Stuhl an diesen Platz und bleibt still sitzen. Das Gefühl von Leere und Ruhe verstärkt sich. Andrea
hat jetzt ein etwas ausdrucksloses, neutrales Gesicht, ein ganz
ungewohnter Anblick für mich. Eine merkwürdige Stille breitet sich aus. Ich nehme wahr, wie mein Kopf leer wird. Andrea
blickt mich unverwandt und regungslos an. Ohne zu sprechen,

sind wir ungefähr zehn Minuten in dieser Stimmung. Dann sage ich so einfach und tonlos wie möglich, um durch mein Sprechen nicht die anderen Seiten auf den Plan zu rufen:

»Hallo.«

»Hallo.«

»Wie geht's dir?«

»Gut. Ich bin gut für Andrea.«

»Was ist denn so gut, wenn du da bist?«

»Dann ist sie sicher – und nicht so allein. Ich packe sie warm ein.«

Offenbar bezieht sich die Stimme, wenn sie »Andrea« sagt, auf ein inneres Kind, das wir bisher noch nicht getroffen haben.

»Wer ist denn die Andrea, die du so warm einpackst?«

»Ganz klein. Ganz allein.«

»Ist die in deiner Nähe?«

Nicken.

»Passt du schon lange auf sie auf?«

Nicken.

»Du magst sie, oder?«

Nicken und ein Ausdruck von Traurigkeit auf ihrem Gesicht.

Dem Begleiter, der mit einer Inneren Person auf der Energieebene einen guten Kontakt hat, teilen sich Stimmungsänderungen sofort mit. Um sicherzugehen, dass es nicht nur seine eigenen Gefühle sind, die er auf die Person projiziert, sollte er seine Wahrnehmung verbalisieren und überprüfen. Wenn seine Aussage danebenliegt, wird sich die Energie zurückziehen oder sie wird widersprechen.

In diesem Moment wird mir ganz warm ums Herz; ein Gefühl von zärtlicher Liebe.

»Du liebst sie wirklich«, sage ich.

Wie als Antwort laufen still Tränen über ihr Gesicht.

»Sie braucht mich doch. Aber das kann niemand verstehen«, sagt sie.

»Ich glaube, ich versteh dich.«

Nicken.

Wir bleiben wieder still sitzen. Die Stimmung ist viel wärmer als zu Beginn des Gesprächs, aber noch genauso leer und still. Nach etwa weiteren zehn Minuten des stillen Miteinander-Sitzens verabschiede ich mich von der Nichts-Stimme und bitte Andrea zurück auf den Platz in der Mitte.

Andrea, Nichts und zwei Kinder

Andrea hat verstanden, dass diese Stimme sich um ein inneres Kind kümmert, das ganz anders als Andi ist. Es ist viel kleiner und ängstlicher. Indem sie tief in die Nichts-Stimme eingetaucht ist, hat sie bereits indirekt Kontakt mit ihm aufgenommen.

Es ist jetzt wichtig, dass Andrea lernt, mit diesem Kind umzugehen. Wenn ihr das gelingt, entlastet sie die Nichts-Stimme, die nur sehr beschränkte Möglichkeiten der Fürsorge kennt. Die Nichts-Stimme kann dem kleinen Wesen nur Sicherheit und Geborgenheit geben und verhindert dadurch aber Kontakt und direkte menschliche Zuwendung – denn sie versteckt es ja auch vor der Welt. Andrea kann das Kind bewusst wahrnehmen und sich dann überlegen, was ihm gut tun würde.

Eine Woche später sehe ich Andrea wieder. Ihr Leben ist durch unsere Arbeit sicher nicht leichter geworden. Sie ist sehr im Kontakt mit dem Kind, das von der Nichts-Stimme beschützt wird – und fühlt sich entsprechend dünnhäutig und ängstlich. Im Berufsleben bringt ihr das erst mal nur Nachteile: Die Kollegen wundern sich, was mit ihr los ist, und manche machen sich über sie lustig. Es fällt ihr schwer, sich in langen Meetings zu konzentrieren. Überhaupt macht ihr die schnelle, aggressive Art des Umgangs lange nicht mehr so viel Spaß wie früher.

Dafür hat sie in ihrer Beziehung eine Erfahrung gemacht, die sie sehr erstaunt: Ihr Freund hat ihre Verletzlichkeit und Bedürftigkeit sehr positiv aufgenommen – und sie wundert sich, wie sehr sie sich fallen lassen kann. Zum ersten Mal kann sie verstehen, was ihr Freund meinte, als er ihr vorwarf, sie würde ihn nicht wirklich an sich herankommen lassen. Tatsächlich fühlt auch sie eine tiefere Nähe und Innigkeit zu ihm – etwas, das sie so vorher nie gekannt hatte.

Andreas Leben ist komplizierter – und reicher – geworden. Früher hatte eine Gruppe von Hauptstimmen ihr Leben gemanagt. Jetzt hat sie etwas Abstand zu ihnen und dafür sind ihr zwei innere Kinder näher gekommen, um die sie sich kümmern muss. Langsam beginnt sich ein neues Phänomen in Andreas Bewusstsein zu bilden: die Fähigkeit, verschiedene Innere Personen *gleichzeitig* wahrzunehmen, mit ihnen umzugehen und für sie zu sorgen. Wir nennen diese Fähigkeit »das Bewusste Ich«.

Das Bewusste Ich

Es war einmal ein Bauer, der hatte einen Kohlkopf, eine Ziege und einen Wolf; die wollte er zum Markt bringen, um sie zu verkaufen. Unterwegs kam er an einen großen Fluss, den musste er überqueren. Wie er sich so umsah, entdeckte er ein kleines Boot, mit dem er übersetzen konnte. Das Boot war aber so klein, dass er immer nur einen seiner drei Schätze auf einmal mitnehmen konnte. Das war aber schwierig, denn der Bauer wusste, was passieren würde, wenn er zwei von ihnen unbeaufsichtigt ließe: Die Ziege wartete nur darauf, sich über den Kohl herzumachen, und der Wolf würde ganz gewiss die Ziege reißen, wenn sich ihm dazu nur Gelegenheit böte. Wie also konnte der Bauer alle drei unversehrt hinüberschaffen?*

Vielleicht erinnern Sie sich noch an dieses Rätsel aus Ihrer Kindheit. Es ist ein wunderbares Bild für die Aufgabe, die sich uns stellt, wenn wir anfangen, uns der verschiedenen Kräfte in unserem Inneren bewusst zu werden.

> **Jede unserer Inneren Personen hat ein Geschenk für uns. Aber jede hat auch ihren eigenen Willen. Jede will sich mit ihrer Art und auf ihre Art gegen die anderen durchsetzen.**

Wenn wir die Inneren Personen sich selbst überlassen, setzt sich die stärkere durch. Der Wolf frisst die Ziege, die Ziege den Kohl. Wie in der äußeren Natur gibt auch es in der Psyche ein ständiges Ringen um die Vorherrschaft. Wir haben

---

*Die Lösung des Rätsels: Der Bauer nimmt als Erstes die Ziege mit zum anderen Ufer. Dort setzt er sie ab, fährt zurück und holt den Kohl. Er legt den Kohl ans Ufer, packt die Ziege wieder ein und fährt zurück. Jetzt setzt er die Ziege wieder ab, nimmt den Wolf ins Boot, bringt ihn ans andere Ufer und lässt ihn beim Kohl. Schließlich holt er wieder die Ziege, und zieht dann mit allen dreien fröhlich weiter.

schon gesehen, nach welchen Regeln sich ein mehr oder weniger stabiles Gleichgewicht einpendeln sowie gehalten werden kann und wie dieses Gleichgewicht durch innere oder äußere Veränderungen immer wieder bedroht ist.

Solange der Bauer seine Tiere sich selbst überlässt, herrscht das Gesetz des Dschungels. In dem Augenblick aber, da der Bauer mit ins Spiel kommt, ändert sich die Situation radikal: Plötzlich können alle drei gleichzeitig existieren, und der Bauer kann das Geschenk, das ihm jedes einzelne Tier macht, nutzen.

Das Gleiche passiert, wenn das Ringen der inneren Kräfte vom Bewusstsein begleitet wird. Ohne Bewusstsein ist es so, als würden sie in einem dunklen, abgeschlossenen Raum miteinander kämpfen und tanzen. Auf einmal geht die Tür auf, jemand knipst das Licht an und sagt: »Hallo, was macht ihr denn da?« In diesem Moment passiert zweierlei:

1. Die Inneren Personen, die ganz selbstvergessen in ihr Tun versunken waren, halten inne und werden ihrer selbst gewahr.
2. Der Mensch, zu dem sie gehören, wird sich ihrer Gegenwart, ihrer Größe und Stärke, ihres Wollens und ihrer Wirkung bewusst.

Das Hinzukommen von Bewusstsein hat eine katalytische Wirkung: Es setzt einen organischen, unumkehrbaren Veränderungsprozess in Gang. Die Kräfte in uns, die unbewusst oder halb bewusst wirken – und das sind fast alle –, befinden sich in einer Art Bewusstseins-Vakuum. Unbewusstheit wirkt wie ein Konservierungsmittel. Immer wieder, wenn ich mit einer Inneren Person arbeite, habe ich unwillkürlich das Bild von einem geschlossenen Weckglas vor mir, in dem die Innere Person sitzt. Das Vakuum isoliert sie vom Rest der Welt und konserviert sie dadurch. Die Luft verbindet alles miteinander und setzt es einem organischen Entwicklungsprozess aus. Das Bewusstwerden wirkt wie das Öffnen des Weckglases. Manchmal glaubt man fast das Zischen der einströmenden Luft zu hören. Der Wirkung des Bewusstwerdens kann sich keine der Inneren Personen entziehen.

Alle Inneren Personen, egal, wie stark sie sind, respektieren Bewusstsein als übergeordnete Kraft.

Wenn wir uns einer Inneren Person nun mit all ihren Fassetten und Auswirkungen bewusst geworden sind, heißt das noch nicht, dass wir mit ihr auch umgehen können. Die Eigendynamik der Inneren Personen ist oft unglaublich stark. Zum Beispiel kann Andrea in diesem Stadium weder mit dem Chef noch mit dem Nichts wirklich umgehen. Sie hat jetzt Bewusstheit darüber, wann sie da sind und was das für ihr Leben bedeutet, aber steuern kann sie sie noch nicht. Wenn sie aber beginnt, sich um das bedürftige kleine Kind in sich zu kümmern, dann ist das bereits der Beginn eines »Bewussten Ichs«.

Wir unterscheiden zwischen der »Bewusstheit«, die einfach nur wahrnehmen kann, und dem »Bewussten Ich«, das handelnd und steuernd eingreifen kann, ohne mit einer der beteiligten Seiten identifiziert zu sein.

Die Fähigkeiten des Bewussten Ichs wachsen in der Regel langsam und organisch. Man kann sie üben, aber man kann sie nicht forcieren. Weil das Bewusste Ich seiner Definition nach mit keiner Seite identifiziert ist, ist es allen Inneren Personen gleichermaßen verpflichtet. Es hat die Aufgabe, jede Innere Person, die auftaucht, anzuhören und kennen zu lernen. Es hat aber nicht die Aufgabe, es jeder Inneren Person recht zu machen: Das wäre schlicht unmöglich. Es leben so viele und so gegensätzliche Kräfte in unserer Psyche, dass man – wie im äußeren Leben – nicht jede dieser Kräfte ganz zufrieden stellen kann. Das ist auch gar nicht nötig. Es genügt, jede anzuhören, sie ernst zu nehmen und ihr Geschenk zu erkennen.

Man kann das Ich, bevor es bewusster wird, mit einem runden Raum vergleichen, von dem sehr viele Türen abgehen. Einige der Türen sind groß und stehen ganz offen. Andere sind angelehnt und wieder andere sind mit schweren, verrosteten Schlössern versperrt. Manche der Türen sind Geheimtüren: Sie sind so gut getarnt, dass sie aussehen wie eine Wand und gar nicht als Tür zu erkennen sind.

Hinter jeder dieser Türen lebt eine Innere Person. Diejenigen mit den offenen Türen haben jederzeit Zutritt zum zentralen Raum. Manche verlassen diesen Raum gar nicht mehr. Kaum taucht ein Problem auf, rufen sie schon ihre Meinung und ihren Lösungsvorschlag in den Raum. Das sind unsere Hauptstimmen.

Hinter den angelehnten Türen sitzen Personen, die auch leicht etwas sagen könnten, aber ihrer Natur nach nicht so viel Lust haben zu kämpfen. Sie warten lieber, bis sie jemand fragt, und wenn sie lange nicht gefragt werden, geraten sie in Vergessenheit.

Die Personen hinter den verschlossenen Türen sind solche, die den Hauptstimmen sehr unangenehm und peinlich sind. Selbst wenn sie von innen an die Tür klopften und versuchten auszubrechen, hätten sie keine Chance.

Und die Inneren Personen hinter den Geheimtüren *wollen* gar nicht gesehen werden. Sie verstecken sich vor der Welt und sogar vor der Person, zu der sie gehören. Sie können nämlich im Geheimen am besten arbeiten. Andreas »Chef« ist so eine.

Wir haben gesehen, wie es im Laufe der Entwicklung eines Menschen zu der einseitigen Bevorzugung von Inneren Personen kommt. Diese Einseitigkeit schafft Spannung und Unordnung in der Psyche und im Leben.

> **Die Aufgabe des Bewussten Ichs ist es, die Psyche wieder aufzuräumen und eine neue Ordnung zu finden. Dazu muss das Bewusste Ich jede Innere Person in ihrer Tiefe kennen lernen und herausfinden, was ihr Geschenk ist – und was ihre Begrenzung.**

Im Laufe dieses Prozesses geschieht ein Ausgleich: Die Hauptstimmen verlieren an Absolutheit und Stärke. Sie ziehen sich in ihren eigenen Raum zurück und stehen dort weiter zur Verfügung. Die verdrängten Seiten gewinnen aber an Einfluss. Die Schlösser vor ihren Türen werden mit der nötigen Behutsamkeit geöffnet, die Scharniere ihrer Türen geölt. Nun kann – von Moment zu Moment – die Kraft gerufen werden, die die Aufgabe des Augenblicks am besten meistert. Gleichzeitig bekommen die Kräfte, die Aufmerksamkeit oder ganz einfach nur Platz brauchen, um sich auszudrücken, ungehinderten Zugang zum zentralen Raum.

Diese neue Ordnung hat nicht unbedingt etwas mit Kontrolle oder Willenskraft zu tun. Kontrolle und Willenskraft spielen – wie die anderen Kräfte auch – mit hinein. Der Rhythmus, der sich mit der Zeit einstellt, ähnelt aber eher den Gezeiten des Meeres oder dem Wechselspiel des Wetters. Er ist eine natürliche Abfolge von Kräften, die sich gegenseitig ausbalancieren. Ich möchte das an einem Beispiel verdeutlichen, das mich selbst betrifft:

Viele Jahre lang hatte ich eine Hauptstimme, die darauf spezialisiert war, andere zum Lachen zu bringen. In ihrer Blütezeit war diese Hauptstimme wirklich verblüffend: Zu jeder Situation fiel mir (besser: ihr) etwas Absurdes und Lustiges ein. Ich erinnere mich, dass ich als Elfjähriger eine Geburtstagsgesellschaft von Nachbarn einen Nachmittag lang allein unterhielt (wobei ich die meisten Gäste gar nicht kannte). In der Schule war ich der Klassenclown. Mit der Zeit gewöhnte ich mich daran, von Menschen umgeben zu sein, die sich vor Lachen den Bauch hielten. Oft genug musste ich mitlachen, denn ich war selbst überrascht von den witzigen Einfällen, die da aus meinem Mund sprudelten.

Ich hatte zu dieser Zeit natürlich noch keine Ahnung von Hauptstimmen. Ich hielt mich einfach für einen witzigen Typen. Dann kam ich, viele Jahre später, in Kontakt mit Hal und Sidra Stone und Voice Dialogue. Ich beschloss damals, an einer zweiwöchigen Veranstaltung in Kalifornien teilzunehmen, am »Voice Dialogue Summercamp«. Ich fuhr also nach Kalifornien. Ich kam zu dem Camp, das wunderschön in der Natur gelegen war. Man wohnte in kleinen Holzhäusern, die sich im Kreis um eine große Wiese gruppierten.

Es dauerte genau drei Tage, bis mir bewusst wurde, dass ich wieder einmal fast dauernd von Menschen umgeben war, die sich in meiner Gegenwart vor Lachen bogen. Diesmal wusste ich aber schon etwas über Hauptstimmen und ihre Beziehung zum inneren Kind. Offensichtlich war diese witzige Seite eine Hauptstimme von mir. Aber warum war sie auf einmal wieder so stark geworden? Nach einigem Nachdenken wurde mir klar: Ich befand mich allein in einem fremden Land. Um mich herum waren zwar an die 100 Leute, aber ich kannte niemanden davon länger als drei Tage. Sie sprachen alle englisch. Das Thema der Veranstaltung war mir relativ neu. Je deutlicher mir meine Situation wurde, desto mehr spürte ich den Teil in mir, der sich gar nicht so lustig fühlte: ein orientierungsloses, einsames Kind, das Angst vor der neuen und unbekannten Situation hatte. In dem Moment, da ich dieses Kind bewusst wahrnahm und verstand, entspannte sich der Clown. Nicht dass ich auf einmal todernst wurde, aber der Zwang, lustig zu sein, verschwand.

Und heute, wieder viele Jahre später, ist mir der Clown ein guter Freund. Manchmal, nach einer ernsthaften, tiefen Sitzung, wenn mein Klient gegangen ist, stehe ich auf, rudere mit den Armen in der Luft und singe meiner Frau ein Kinderlied vor. Wir nennen diese Stimme »Nummer vier«*. Nummer vier kommt meist ungeplant und überraschend. Er hampelt ein paar Minuten herum, sagt etwas Witziges, macht seine Faxen und verschwindet wieder. Er sorgt für den nötigen Ausgleich, wenn die Dinge zu ernst und tiefsinnig werden.

Ich erzähle Ihnen diese kleine Geschichte, weil sie zeigt, dass der Ausgleich, den das Bewusste Ich herstellt, nicht unbedingt etwas mit Kontrolle zu tun hat. Es ist eher eine natürliche, ausgleichende Bewegung, die sich mit der Zeit von allein einstellt.

Für Andrea ist das noch nicht so leicht. Sie schwankt zwischen dem System Nr. 1, das an Dynamik, Erfolg und Anerkennung interessiert ist, und System Nr. 2, das Stille, Wärme und

---

*Nach einer Figur aus dem Film *Vier lieben dich* mit Michael Keaton und Andie Mac-Dowell (übrigens ein richtiger Voice-Dialogue-Film!).

Nähe sucht. System Nr. 2 hatte lange Jahre ein Nischendasein in Andreas Leben geführt. Es war nie bewusst wahrgenommen worden und hatte sich nur über den Umweg der Müdigkeit und Niedergeschlagenheit ein bisschen Platz erzwungen. Vom dominierenden System Nr. 1 war es lediglich als Störfaktor betrachtet worden.

Durch die Arbeit mit der Nichts-Stimme ist Andrea das dahinter liegende verletzliche Kind sehr nahe gekommen. Dieses Kind ist ausgehungert nach Zuwendung und Kontakt. Einen Teil dieser Zuwendung kann ihm Andrea selbst geben. Sie hat angefangen, sich mehr Zeit für sich selbst zu nehmen, und liegt dann manchmal nur still auf ihrem Bett, nimmt ein heißes Bad, liest einen Roman, hört stille Musik oder geht in die Natur – alles Dinge, die sie früher, als sie die Welt nur aus den Augen von System Nr. 1 betrachtet hat, nicht interessierten. Sie merkt aber auch, wie sehr sich dieses Kind in ihr nach der körperlichen Nähe eines anderen Menschen sehnt, wie sehr es sich wünscht, gehalten und getröstet zu werden. Zum Glück hat Andrea einen Partner, der nicht nur Verständnis für ihren inneren Prozess hat, sondern der sich über die Innigkeit und emotionale Nähe freut, die durch das Auftauchen des inneren Kindes in die Beziehung gekommen sind.

Gleichzeitig muss Andrea darauf achten, dass System Nr. 1 nicht zu kurz kommt. Dieses System hat immerhin viele Jahre dafür gesorgt, dass Andrea ein erfolgreiches, spannendes und kreatives Leben führen konnte. Außerdem braucht sie es auch jetzt noch dringend in ihrem Beruf. »Wenn ich nicht auf Draht bin, werde ich nicht ernst genommen«, berichtet sie mir. »Bei neuen Geschäftskontakten entscheiden die ersten Minuten, ob man als Gesprächspartner akzeptiert wird oder nicht; vor allem, wenn man eine Frau ist und fast nur mit Männern zu tun hat. Ich wusste schon immer, dass ich etwas an mir habe, was mir auch bei Männern Respekt verschafft. Jetzt weiß ich genau, was es ist: Sie spüren den Chef hinter meiner Freundlichkeit und nehmen mich ernst. Sie merken, dass sie nicht mit mir spielen können – ohne dass ich ein Wort sagen muss.«

Was Andrea beschreibt, ist die Wirkung der Schwingungsebene, wie sie in allen zwischenmenschlichen Interaktionen zum Tragen kommt. Die meisten Menschen spüren instinktiv, ob im Energiefeld ihres Gegenübers machtvolle oder verletzliche, freundliche oder bedrohliche Kräfte aktiv sind, und sie reagieren darauf. Sehr oft sind diese Wahrnehmungen und Reaktionen völlig unbewusst. Dann sind wir ihnen ausgeliefert, und der Ausgang vieler Begegnungen bleibt dem zufälligen, chaotischen Spiel der Kräfte überlassen. Andrea weiß jetzt aber, wie es sich anfühlt, wenn der Chef in ihr aktiv ist, und sie kann die Wirkung abschätzen, die er auf die Umwelt ausübt. Sie kann verstehen, wie wichtig der Chef für ihre berufliche Situation ist, und sie kann sehen, wie wenig hilfreich er ist, wenn es um Nähe und Intimität geht.

Während der nächsten Monate wird es Andreas Aufgabe sein, zu lernen, wie sie die Spannung zwischen diesen beiden polaren Systemen halten und ausbalancieren kann. Es geht uns aber nicht darum, die beiden Systeme miteinander zu versöhnen. Jedes der beiden Systeme hat sein ganz eigenes Geschenk für Andrea. Wollten wir sie versöhnen, müssten beide einen Kompromiss schließen. Der Chef müsste einfühlsamer und weicher werden, das bedürftige Kind erwachsener und härter. Es ist zweifelhaft, ob das überhaupt gelänge, denn es wäre ganz gegen deren ureigenste Natur. Noch zweifelhafter wäre, ob so ein Kompromiss überhaupt wünschenswert ist, denn er würde die Individualität und Eindeutigkeit von beiden gefährden. Wenn aber das Bewusste Ich von Andrea genügend Kraft entwickelt, um beide Systeme, so wie sie ihrer Natur nach sind, zu halten und je nach Situation wirksam einzusetzen, könnte sie das Geschenk, das beide bereithalten, voll ausschöpfen. Sie hätte zum ersten Mal in ihrem Leben die *bewusste* Wahl, sich einmal für die Vorteile ihrer machtvollen Seiten zu entscheiden, ein andermal für die Geschenke ihrer verletzlichen Seiten.

Um diesen Prozess zu unterstützen, werden Andrea und ich in den kommenden Sitzungen immer wieder zwischen den beiden Systemen hin- und herpendeln. Wir werden die Bekanntschaft mit dem Chef und seinen Helfern vertiefen, und wir werden den Nebel und das verletzliche Kind noch näher kennen lernen. Wir werden aufmerksam verfolgen, wie die Hauptstimmen darauf reagieren, dass Andrea sie jetzt bewusst wahrnimmt und dass sich das Gewicht zugunsten von System Nr. 2 verschiebt. Wir werden überprüfen, ob noch andere Kräfte an diesen beiden Systemen beteiligt sind, und wir werden der Frage nachgehen, ob es einen Zusammenhang zwischen System Nr. 1 und System Nr. 2 gibt. Und schließlich werden wir wach für die Möglichkeit bleiben, dass sich völlig neue, bisher verdrängte Seiten melden, die aufgrund der Bewegung im System an die Oberfläche kommen.

Der Begleiter eines systemischen Prozesses sollte in der Lage sein, mit Hilfe solcher Fragen einen Fokus zu schaffen, der die Arbeit weiter in die Tiefe führt. Die Psyche – und vor allem die Hauptstimmen – hat die Tendenz, den schmerzhaften Punkten mit traumwandlerischer Sicherheit auszuweichen. Das ist weder verwunderlich noch verwerflich. Es ist ja die *Aufgabe* der Hauptstimmen, Schmerz zu vermeiden. Ihre

Lösungen führen immer vom Schmerz weg. Weil sie damit aber gleichzeitig von dem inneren Kind wegführen, das diesen Schmerz trägt, bleibt dieses innere Kind unbemerkt und unerlöst zurück. Im Laufe der Arbeit, wenn sie richtig geführt wird, merken die Hauptstimmen, dass man ihre Aufgabe und ihre Art, sie zu lösen, ernst nimmt und dass man ihnen dabei helfen will. Dabei überlässt man ihnen selbst die Entscheidung, ob und wann sie einen Teil ihrer Verantwortung an das Bewusste Ich der Person abgeben wollen. So ist sichergestellt, dass die Hauptstimmen weiterhin ihre Stabilität und ihren spezifischen Schutz für das innere Kind bieten, *gleichzeitig* aber den Veränderungsprozess unterstützen.

Der Prozess selbst verläuft nie linear. Die Arbeit mit einer Stimme löst in der Regel eine Reaktion an einer ganz anderen Stelle des Systems aus. Wir konnten das an Andreas Entwicklung beobachten: Die Sitzungen mit System Nr. 1 führten uns von allein zur Nichts-Stimme und dem dahinter liegenden Kind. Diese Entwicklung hätte man nicht theoretisch vorausplanen können. Aber das ist auch gar nicht nötig. Der Begleiter lässt sich von der Entwicklung führen, aber er lässt sich nicht vom Thema wegführen. Wird die Arbeit zu oberflächlich gemacht, sitzt der Klient alsbald inmitten einer Schar kurz angerissener Innerer Personen und ist verwirrter als zuvor. Der Begleiter muss dafür sorgen, dass der Überblick erhalten bleibt, dass die Zusammenhänge immer deutlicher werden und dass die Arbeit in die Tiefe geht. Die Arbeit geht automatisch dann in die Tiefe, wenn man die *einzelnen* Inneren Personen in ihrer Tiefe erforscht. Das bedeutet oft einfach nur, lange genug in einem intensiven und eindeutigen Kontakt mit ihnen zu bleiben – selbst wenn erst mal nichts passieren sollte.

Der Schmerz

»Es ist merkwürdig«, sagt Andrea »wenn ich mit meinem Freund bin und er mich hält, dann muss ich immer wieder weinen. Eigentlich weiß ich gar nicht, warum. Ich fühle mich dann einfach traurig und verloren. Aber es ist trotzdem ganz anders als früher, wenn ich niedergeschlagen und müde war. Jetzt habe ich nicht mehr das Gefühl, dass ich die Traurigkeit loswerden muss. Im Gegenteil, ich merke, dass mir das Weinen und Gehaltenwerden gut tun und dass ich mich hinterher erleichtert und freier fühle.«

»Ich glaube, wir könnten mal versuchen, mit diesem kleinen Kind Kontakt aufzunehmen. Vielleicht finden wir heraus, warum es so traurig ist. Was meinst du?«, frage ich.

»Ich glaube schon, dass das gut wäre, ich weiß nur nicht, wie«, antwortet Andrea. »Es ist extrem scheu, und außer meinem Freund durfte es noch niemand sehen.«

»Spür doch bitte nach innen, dahin, wo dieses Kind in dir sitzt.« Unwillkürlich schließt Andrea ihre Augen und legt ihre Hand auf ihren Bauch. »Und frag das Kind, ob es sich hier zeigen will.«

Nach einigen Momenten der Stille nickt Andrea. »Es möchte schon. Aber du musst ganz vorsichtig sein.«

Andrea steht auf und setzt sich auf den Boden, links neben ihren Stuhl, hinter den Platz des Nichts aus der letzten Sitzung. Dann legt sie sich ganz hin, eingerollt wie ein Embryo. Ich stehe auf, breite behutsam eine Decke über sie und setze mich wieder. Lange Zeit bleiben wir ganz still. Das Kind scheint in sich zurückgezogen und isoliert zu sein. Die Stimmung im Raum ist bedrückt. Ich warte einfach, bis in mir von allein ein Impuls kommt, etwas zu sagen.

»Du bist allein«, sage ich schließlich. Es ist halb Frage, halb Feststellung. Das Wesen vor mir bewegt sich leicht. »Ganz allein«, wiederhole ich. Der Haarschopf, der unter der Decke hervorschaut, nickt unmerklich. »Und jetzt wartest du«, sage ich. »Du wartest schon so lange. Aber es kommt niemand. Ich glaube, ich weiß, auf wen du wartest.« Stille. Leises Schluchzen, das in Weinen übergeht. »Ruf sie mal!«, bitte ich sie, einer spontanen Eingebung folgend, »ruf sie!«

»Mama! Mama ...« Das Rufen kommt zögerlich, kraftlos, als könnte sie nicht glauben, dass es etwas nützt.

»Ruf sie!«, ermuntere ich sie, »ruf sie lauter!«

Und dann bricht es aus ihr heraus, ein tiefer verzweifelter Schrei. »Mama! Mama, komm!« Ein herzzerreißendes Schluchzen erfasst sie, schüttelt sie, unterbrochen von langen, klagenden Schreien. »Mama! Mama, komm doch!«

Sie ergibt sich in ihren Schmerz, weint und klagt und ruft immer wieder, bis ihre Stimme schließlich leiser wird und sie am Ende still und erschöpft daliegt.

Dies ist nicht der Moment, um zu sprechen und zu analysieren, und so bitte ich sie einfach nach einer Weile, aufzustehen und sich wieder auf den Platz in der Mitte zu setzen. Ich frage Andrea, wie sie sich fühlt. Sie ist müde, aber zu ihrer eigenen Verwunderung zufrieden. Als ich merke, dass sie langsam wieder in ihre gewohnte, erwachsene Wahrnehmung zurückkommt, beenden wir die Sitzung, und Andrea geht erst einmal in einem nahe gelegenen Park spazieren. Sie braucht Zeit, um das Erlebte in Ruhe zu verarbeiten.

Verstehen und Entladen

Die Auseinandersetzung mit der Psyche kann auf allen fünf Ebenen stattfinden: auf der körperlichen, emotionalen, symbolischen, mentalen und energetischen Ebene. Auch das Kind, das sich gerade gezeigt hat, lebt auf all diesen fünf Ebenen gleichzeitig. Wir haben es jetzt hauptsächlich auf drei Ebenen kennen gelernt: auf der körperlichen, energetischen und – vor allem – emotionalen Ebene. Es ist offensichtlich, dass dieses Kind in Andrea einen großen emotionalen Schmerz trug, den es lange *halten* musste. Wir wissen noch nicht genau, *warum* dies so ist, aber wir können schon ziemlich genau sehen, *wie* das funktionierte:

Zunächst ist es *das Kind selbst*, das den Schmerz hält. Sein Energiefeld ist zurückgezogen und ohne Kontakt. Sein Körper ist eingerollt und ohne Bewegung. Es scheint eine gewisse Hoffnungslosigkeit und Resignation in dem Kind zu sein, als würde es denken: »Es hat ja doch keinen Sinn, nach der Mutter zu rufen; es ist besser, ich mach mich ganz klein und spüre nichts mehr, dann tut es wenigstens nicht so weh.«

Als Zweites ist da das *Nichts*, hinter dem das Kind die meiste Zeit seines Lebens verborgen lag. Das Nichts half dem Kind, in seiner Isolation zu bleiben. Auf diese Weise konnte niemand von außen den Schmerz des Kindes anrühren, und der Schmerz konnte auch nicht mehr in Andreas Bewusstsein dringen. Es war, als gäbe es keinen Schmerz.

Zum Dritten half Andrea die Identifikation mit System Nr. 1, diesen Schmerz zu vergessen und zu verdrängen. Andrea identifizierte sich zuerst mit Andi, die sehr fröhlich und lebenslustig und ganz auf den Vater ausgerichtet ist. Unter seinem Einfluss konnten sich dann der Chef, der brillante Denker und die einnehmende und enthusiastische Frau ungehindert entfalten. *Sie* bekamen alle Aufmerksamkeit und Unterstützung: von außen, durch Andreas Vater, und von innen, weil sie vom Schmerz wegführten und dem Leben eine lebenswertere Richtung geben konnten.

Diese Dynamik vollzog sich von ganz allein. Weder Andrea noch ihr Vater noch ihre Mutter haben je bewusst beschlossen, dass Andrea sich so entwickeln sollte. Erst das zufällige Zusammenspiel der Unterbrechung des Kontakts zur Mutter (deren Ursache wir noch nicht kennen), der Persönlichkeitsstruktur des Vaters und der Reaktionen von Andreas innerem System auf diese Umstände führten schließlich zu dem Gleichgewicht der Kräfte, wie wir es jetzt vorfinden.

Die Lösungen, die Andreas inneres System gefunden hat, sind enorm differenziert und intelligent, wenn man bedenkt, dass sie in der Psyche eines kleinen Kindes entstanden sind. Andreas Psyche war schon ganz früh vor die Aufgabe gestellt, sich um ein verlassenes, hoffnungsloses Kind zu kümmern und gleichzeitig genügend Stabilität für ihre weitere Entwicklung zu schaffen. Dazu musste sie den Schmerz verdrängen. Genau das schuf aber ein neues Problem. Denn mit dem Schmerz verdrängt sie gleichzeitig das ganze innere Kind, das diesen Schmerz empfindet. Dieses Kind bräuchte aber seinem Wesen nach Kontakt und Trost, den es jetzt überhaupt nicht mehr bekommen kann. Die Resignation und der Schmerz des Kindes werden tiefer und die Anstrengung, sie zu unterdrücken, wird entsprechend größer. Schließlich äußert sich der innere Konflikt in Kopfschmerzen, Müdigkeit und Niedergeschlagenheit. Wollte man die nun auch noch beseitigen, ohne ihre Ursache zu behandeln, würde man das Problem nur noch tiefer verdrängen – und damit letztlich verstärken.

Wenn wir so über die Psyche nachdenken und versuchen, Zusammenhänge zu finden und die Vorgänge im Innern zu erklären, nähern wir uns der Psyche über die Ebene der Sprache und der Gedanken. Diese Vorgehensweise hilft uns, die Psyche zu *verstehen*. Wenn wir die Psyche und ihre Dynamik beschreiben und verstehen können, sind wir ihr nicht mehr so ausgeliefert.

Das ist sehr wertvoll, aber es reicht nicht. Die anderen vier Ebenen der Psyche brauchen eine andere Art von Ansprache und Ausdruck. Hätte ich in der vorangegangenen Sitzung Andrea nur die Zusammenhänge erklärt, es hätte ihr – an diesem Punkt ihres Prozesses – überhaupt nichts genützt. In dieser Situation ging es um etwas ganz anderes: um die *Entladung* von gehaltenen Gefühlen.

Es kommt oft vor, dass die Psyche eines Kindes gezwungen ist, bestimmte Gefühle zu halten. Häufig ist es Resignation, also das Gefühl »Egal, was ich tu, es nützt nichts«, die dazu führt, dass der Ausdruck von Gefühlen dauerhaft unterbrochen wird. Das können Gefühle von Schmerz sein wie bei Andrea, aber auch Wut, Ärger und Enttäuschung.

Manchmal sind die Gefühle so mächtig, dass das Kind sie nicht aushalten würde. Schon oft haben mir Hauptstimmen in Sitzungen erklärt: »Wenn ich diese Gefühle nicht gestoppt hätte, sie (oder er) wäre verrückt geworden.« Verrückt vor Angst, vor Einsamkeit, vor ohnmächtiger Wut, vor Verzweiflung.

Manchmal werden Gefühle gehalten, weil sie in der Umgebung, in der das Kind aufwächst, tabu sind. Man zeigt sie einfach nicht. Wir haben schon gesagt, dass das Kind – aus Liebe – bereit ist, fast alles zu tun, um dazugehören zu dürfen. Wenn es sein muss, eben auch die Gefühle zu unterdrücken, die die Zugehörigkeit stören oder gefährden würden.

Gefühle, die gehalten werden, werden mit der Zeit stärker. Sie sind nicht einfach Dinge, die man in einem Schrank ablegt, sondern es sind die Empfindungen eines lebendigen Wesens in uns. Die Hauptstimmen – und manchmal selbst die Innere Person, die die gehaltenen Gefühle trägt – wollen aber verhindern, dass die Gefühle nach außen kommen. Denn genau damit haben sie ja schlechte Erfahrungen gemacht. Wenn wir als Begleiter diese Seiten ernst nehmen und in den Prozess mit einbeziehen, werden sie mit der Zeit so viel Vertrauen entwickeln, dass sie den Prozess mittragen und eine Entladung der gehaltenen Gefühle zulassen. Die emotionale Entladung ist oft eine ungeheure Erleichterung für den gesamten körperlichen und psychischen Organismus. Man kann sie nicht durch das Verstehen der Zusammenhänge ersetzen.

Es gibt sehr gute Techniken, um emotionale Entladung zu erleichtern. Man nutzt dabei die Tatsache, dass die Psyche den Körper braucht, um die Gefühle zu halten: Eine erhöhte Spannung in bestimmten Muskelpartien, eine besondere Körperhaltung und die Art, wie man atmet, sind die Hilfsmittel, die die Hauptstimmen bei ihrer Halte-Arbeit nutzen. Wenn man diese körperlichen Muster mit Hilfe bestimmter Körperübungen oder Atemtechniken durchbricht, lösen sich damit oft auch die gehaltenen Emotionen.

Man muss sich bei dieser Art von Arbeit aber bewusst sein, dass man im Grunde »Hauptstimmen-Überrumpelungstaktiken« anwendet. Wenn Sie eine Person anweisen, sich auf den Rücken zu legen und dann heftiger und tiefer als gewohnt zu atmen, entziehen Sie den Hauptstimmen erst einmal die Möglichkeit der Kontrolle. Sie sind auf eine solche Situation einfach nicht vorbereitet. Die verdrängten Energien nutzen die Gunst der Stunde, um ihre emotionale Ladung loszuwerden. Die Person fühlt sich dann erleichtert und freier als zuvor. Was ihr aber fehlt, ist das Verständnis und die Würdigung für ihre Hauptstimmen. Es ist kein Zufall, dass in therapeutischen Kreisen, die primär auf Entladung schwören, die Hauptstimmen fast nur mit negativen Begriffen wie »Blockade«, »Widerstand«, »altes Muster« und Ähnlichem bedacht werden.

Die Hauptstimmen verschwinden durch so eine Art von Therapie natürlich nicht. Sie versuchen weiterhin, mit ihrer speziellen Strategie das ihnen anvertraute innere Kind zu schützen. Manchmal werden sie nur noch stärker und lernen, wie man trotz Atemtherapie und Körperarbeit die Kontrolle behält, und die Person wundert sich dann, warum die Methode beim dritten oder vierten Mal nicht mehr funktioniert. Oder die Hauptstimmen ziehen sich in den Untergrund zurück und versuchen ihre Arbeit etwas subtiler zu machen. Oft führt so ein therapeutischer Prozess dazu, dass sich eine neue Gruppe von Hauptstimmen etabliert, die den freien Ausdruck, Lebendigkeit und Spontaneität liebt. Die alten Hauptstimmen werden dann zu verdrängten Stimmen, und die inneren Kinder, die sie beschützen, ziehen sich mit ihnen in noch tiefere Schichten der Psyche zurück.

Es ist aber gar nicht nötig, so einen Gegensatz aufzubauen: Verstehen und Entladen sind *beide* notwendig und hilfreich. *Verstehen* betont die mentale Ebene: *Entladen* die emotionale Ebene.

Die meisten Therapieformen haben ihre »Lieblingsebene«, über die sie die Psyche ansprechen. Die Körpertherapien nutzen den Körper als Zugang; die regressiven Therapien wie zum Beispiel Primärtherapie oder Festhaltetherapie nutzen vor allem die emotionale Ebene. Die Therapieformen, die sich an der Lehre C.G. Jungs orientieren, bevorzugen die Symbolebene. Hierher gehören auch die Traumarbeit und die Maltherapie. Die Psychoanalyse spricht zunächst die Sprach- und Gedankenebene an. Meist sind es spirituell orientierte Methoden, die die Energieebene als Einstieg benutzen, weshalb Energiearbeit und Spiritualität von vielen Menschen irrtümlicherweise gleichgesetzt werden.

Wenn man darauf achtet, dass der Prozess auf *allen fünf Ebenen* geführt wird, mit abwechselnder Betonung, je nach Thematik, hat man die größte Chance, *allen beteiligten Kräften* gerecht zu werden.

Kleines Handbuch für Expeditionen in menschliche Systeme

Auf unserer bisherigen Entdeckungsreise durch die Welt der Psyche haben wir uns vom Beispiel einiger spezieller Innerer Personen führen lassen. Wir haben gesehen, dass sie sich in vieler Hinsicht wie richtige Personen verhalten, dass sie machtvoll und verletzlich sein können, dass die Hauptstimmen meist Spezialisten zum Schutz eines inneren Kindes sind, dass sie versuchen, ein stabiles System zu erzeugen, indem sie ihre Gegenspieler fern halten, und dass sie sich Unterstützung von außen holen. Wir haben mitverfolgt, wie sich der Prozess des Kennenlernens der Inneren Personen schrittweise und immer wieder überraschend entfaltet und sich mehr und mehr zu einem sinnvollen systemischen Bild formt.

Wir haben nun genügend Erfahrungen gesammelt und bewegen uns auf dem Terrain der inneren Systeme sicher genug, um im nun folgenden zweiten Teil des Buches noch *systematischer* vorgehen zu können. Nicht am einzelnen Prozess wollen wir uns ab jetzt orientieren, sondern an der Frage, welche *Parameter* die Dynamik des psychischen Geschehens beeinflussen: Von welchen Konstellationen und Eigenschaften hängt es ab, dass sich die Psyche in die eine oder in die andere Richtung bewegt? Einige dieser Parameter haben wir anhand unserer Beispiele schon kennen gelernt. Jetzt wollen wir sie übersichtlich, vollständig und systematisch betrachten.

Wir fragen nach den Voraussetzungen, unter denen das große Spiel der Psyche seine Dynamik entfalten kann: Wir fragen nach der *Position im System*, die eine Innere Person einnehmen kann. Dann untersuchen wir die möglichen *Arten* von Inneren Personen, ihre Eigenschaften und Inhalte. Dazu benutzen wir das Konzept der fünf Kontinente, wie wir es auf den Seiten 57 ff. bereits kurz vorgestellt haben. Dann betrachten wir die möglichen *Grundqualitäten*, die Innere Personen besitzen können. Sie helfen uns, eine Innere Person rasch einzuordnen und zu verstehen, ohne ihre Inhalte und ihre Geschichte kennen zu müssen.

So ein systematisches Vorgehen mag auf den ersten Blick wie der Versuch erscheinen, den unvorhersagbaren Bewegungen der Psyche doch so etwas wie eine lineare Berechenbarkeit abzuringen. Das will und kann es aber nicht. Es ist eher der Versuch, eine Sprache und Bilder für die *Möglichkeiten* zu schaffen, die in einem solchen System auftauchen können. Diese Möglichkeiten treten in unendlich vielen Spielarten, in unendlich vielen Kombinationen und unter unendlich vielen verschiedenen Rahmenbedingungen auf. Wenn man ihre grundsätzlichen Eigenschaften und Bewegungsmöglichkeiten kennt, weiß man zwar noch nicht, welche als Nächstes auftreten werden. Aber man kann die Bewegungen der Psyche nachvollziehen und verstehen. Man kann sich im inneren System orientieren. Man kann die grundsätzlichen Einseitigkeiten der Psyche ausgleichen, ohne die bestehenden Vorteile zu verlieren. Man kann die Kräfte, die sich gegenseitig blockieren, gezielt ansprechen und behutsam voneinander lösen. Und man kann völlig neue Fähigkeiten im System aktivieren, von denen man noch gar nicht wusste, dass sie da sind. Man wird selbst Mitspieler im großen Spiel der Psyche.

Die Position im System

Oftmals ist es wichtiger, am längeren Hebel zu sitzen, als die besseren Argumente zu haben. Diese Erfahrung hat jeder Mensch schon einmal gemacht. Wer die Macht hat, setzt sich durch, egal, ob er im speziellen Fall Recht hat oder nicht. Ob jemand am längeren oder am kürzeren Hebel sitzt, ob jemand Macht in einem System hat oder nicht, hängt also nicht nur von seinen Eigenschaften und Fähigkeiten ab, sondern genauso von der Position, die er in diesem System einnimmt.

Sie wissen aus eigener Erfahrung, wie viele verschiedene Plätze es in der Gesellschaft gibt, die besetzt werden können: Jemand steht im Zentrum des Geschehens, indem er ein wichtiges öffentliches Amt bekleidet. Ein anderer zieht die Fäden im Hintergrund, tritt gar nicht in Erscheinung, hat aber vielleicht dadurch noch mehr Einfluss als der Erste. Andere arbeiten ihm lediglich zu, erfüllen nur Vorgaben, ohne selbst zu gestalten.

Manche Menschen sind nur in einem ganz bestimmten Bereich des öffentlichen Lebens wichtig. Zum Beispiel kann ein religiöser Lehrer für eine Gruppe von Menschen eine existenzielle Bedeutung haben, der Mehrheit der Bevölkerung ist er aber völlig unbekannt. Trotzdem haben dieser Lehrer und seine Anhänger das subjektive Gefühl, im Zentrum der wirklich wichtigen Ereignisse zu stehen.

Manche Menschen leben in einer Nische und führen dort, unbeachtet von der Masse, ein angenehmes und unbehelligtes Dasein. Wieder andere existieren ganz am Rande der Gesellschaft und sind froh, dass sie überhaupt geduldet werden.

Und wieder andere sind in den Untergrund oder ins Exil gegangen. Sie haben keinen direkten Einfluss auf die Gesellschaft. Ihr Einfluss liegt indirekt darin, dass sie im Spiel der Kräfte fehlen, dass sie womöglich mit Gewalt versuchen, zu ihrem Recht zu kommen, und dass es Kraft kosten kann, sie aus der Gesellschaft zu verbannen.

Das ist nur eine kleine Auswahl der unendlich viele Möglichkeiten. All diese Möglichkeiten gibt es auch in der Psyche. Man könnte sagen: Alles, was im Außen möglich ist, gibt es auch im Inneren. Wir wollen uns im Folgenden die wichtigsten Varianten vor Augen führen. Dabei stellen wir uns auch die Frage, wie sich der Platz einer Inneren Person im Gesamtsystem der Psyche auf das Bewusstsein eines Menschen auswirkt.

Es gibt zehn Parameter, über die wir den speziellen Platz einer Inneren Person im System der Psyche definieren können. Die beiden wichtigsten – Hauptstimme und verdrängte Stimme – haben wir ansatzweise schon kennen gelernt:

Position 1: Hauptstimme und verdrängte Stimme

Um die Sache etwas zu vereinfachen, stellen wir die Parameter als Gegensatzpaare dar. Am einen Ende des Spektrums steht »Hauptstimme«. Hier würden wir eine Innere Person positionieren, die einen ständigen, direkten und mächtigen Einfluss auf die Psyche eines Menschen hat. Am anderen Ende steht »verdrängte Stimme«. Hier wäre der Platz einer Kraft, die völlig aus dem Leben der Person verbannt wurde und die überhaupt keinen unmittelbaren Einfluss auf das Geschehen in der Psyche hat. Weil wir uns aber nicht nur für die

Extreme der Gegensätze interessieren, sondern auch für alle
Möglichkeiten, die dazwischen liegen, verbinden wir die bei-
den Pole durch eine Linie. Nun können wir jeder Inneren
Person, der wir begegnen, eine ungefähre Position auf dieser
Linie zuordnen.

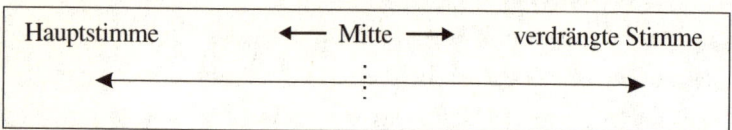

Hauptstimmen – unbewusst und bewusst

Bisher haben wir Hauptstimmen als die Kräfte definiert, die
»in der Regierung« der Psyche sitzen und von dort aus bestimmen, wer ich bin.

Diese Aussage ist richtig, aber da wir uns nun systematischer mit der Frage nach der Position im System beschäftigen, müssen wir auch die Begriffe differenzierter betrachten.
Wir können ganz generell sagen:

> **Hauptstimmen sind alle Inneren Personen, die einen dauerhaften
> und direkten Einfluss auf das innere System haben – egal, ob be-
> wusst oder unbewusst.**

Was meinen wir mit »dauerhaft«? Dauerhaft heißt, dass sich
eine Innere Person im Hauptstimmen-System so fest etabliert
hat, dass sie das Verhalten und die Weltsicht der Person über
einen Zeitraum von *mehreren Jahren* beeinflusst. Wenn also
jemand, der mit besonders friedlichen Seiten identifiziert ist,
plötzlich einen Wutanfall bekommt, für den er sich anschlie-

ßend sehr schämt, dann ist die wütende Seite sicher *keine* Hauptstimme. Sie ist eine verdrängte Stimme, die kurz ausgebrochen ist und gleich danach wieder in die Verbannung geschickt wurde.

Was meinen wir mit »direkt«? Direkt heißt, dass eine Innere Person grundsätzlich freien Zugang zu allen fünf Ebenen der Persönlichkeit hat und damit über den Körper, die Gefühle, die inneren Bilder, über Gedanken und Sprache und über die Schwingungsebene ungehindert und in der ihr eigenen Weise Informationen aufnehmen, verarbeiten und ausdrücken kann.

Wir haben weiter oben schon angesprochen, dass die verdrängten Seiten einen *indirekten* Einfluss auf das Gesamtsystem haben. Zum einen dadurch, dass sie als Mitspieler ausfallen und ihre Fähigkeiten und Möglichkeiten im System fehlen. Ihr zweiter, oftmals sehr mächtiger, aber dennoch indirekter Einfluss besteht darin, dass sie versuchen, sich eine bessere Position im System zu erkämpfen, ja sogar die alte Regierung zu stürzen und selbst an die Macht zu kommen. Wie Untergrundkämpfer versuchen sie, eine Lücke in der Abwehr der Hauptstimmen zu finden und ihre heimlichen Botschaften in das offizielle System zu schmuggeln. Sie schicken ihre Nachrichten immer dort, wo die Hauptstimmen nicht aufpassen können: nachts in unseren Träumen, in Versprechern und unbedachten Worten, die uns »herausrutschen«, und in allen möglichen unbewussten Handlungen. Ihr dritter Einfluss auf das Gesamtsystem besteht darin, dass sich die Hauptstimmen unter Umständen (aber nicht in jedem Fall) besonders anstrengen müssen, um die verdrängten Stimmen aus dem System zu halten. Das heißt, die verdrängten Stimmen können das Hauptstimmen-System sogar indirekt verstärken.

Betrachten wir die Unterschiede zwischen Hauptstimmen und verdrängten Stimmen noch einmal am Beispiel von Andrea. In ihrer Psyche existieren zwei Systeme nebeneinander: System Nr. 1 und System Nr. 2. *Vor* der Arbeit mit ihren Inneren Personen hat Andrea die Welt fast nur durch die Augen von System Nr. 1 betrachtet. System Nr. 2, von dem wir bis jetzt das Nichts und das verlassene Kind kennen, war zwar immer irgendwie mit dabei. Aber wenn wir Andrea damals gesagt hätten, ein Teil ihrer Psyche wäre sehr »ungreifbar« und dahinter seien ein großer Schmerz und ein Bedürfnis nach Ruhe und Nähe verborgen, hätte sie (besser: System Nr. 1) das weit von sich gewiesen.

Was also sind ihre Hauptstimmen? Ohne Zweifel gehören die Inneren Personen aus System Nr. 1 dazu. Aber gehört auch System Nr. 2 mit zu den Hauptstimmen? Wenn Sie etwas tiefer über diese Frage nachdenken, werden Sie merken, dass es gar nicht so leicht ist, eine eindeutige Antwort zu finden. Man neigt instinktiv dazu, System Nr. 2 den verdrängten Seiten zuzuordnen. Erstens taucht es bei weitem nicht so oft in Andreas Leben auf wie System Nr. 1. Zweitens wird es, wenn es denn mal auftaucht, von System Nr. 1 abgelehnt und unterdrückt. Und drittens ist es Andrea noch weniger bewusst als der Chef und seine Helfer.

Andererseits: Spielt das Nichts nicht schon ein Leben lang eine wichtige Rolle in Andreas Leben? Ihrem Freund ist das Nichts – zumindest in seiner Wirkung – sehr wohl bekannt. Lange Zeit litt er unter dem Abstand, den es zwischen Andrea und ihm schuf, ohne dass er es hätte greifen oder benennen können. Das Nichts hat also eine dauerhafte und direkte Wirkung in Andreas Leben – auch wenn es Andrea fast ganz unbewusst ist. Sie kennt zwar das merkwürdige leere Gefühl und

die Unfähigkeit, einen klaren Gedanken zu fassen, die mit
dem Nichts einhergehen. Aber weil sie nichts damit anfangen
kann, ignoriert sie es und wendet sich wieder System Nr. 1 zu.
Trotzdem bleibt das Nichts ein beharrlicher und konstanter
Teil ihrer Realität.

Wenn wir den beiden Systemen nun einen Punkt auf dem
Kontinuum »Hauptstimme – verdrängte Stimme« zuordnen
müssten, würden wir System Nr. 1 ziemlich weit links ansie-
deln und System Nr. 2, weil es weniger Einfluss hat, eher zur
Mitte hin, an die rechte »Grenze« des Hauptstimmen-Systems. (Bitte beachten Sie noch einmal, dass diese Positionie-
rung nichts mit dem Grad der Bewusstheit zu tun hat, sondern nur mit dem Grad des *Einflusses* auf Andreas Leben!)

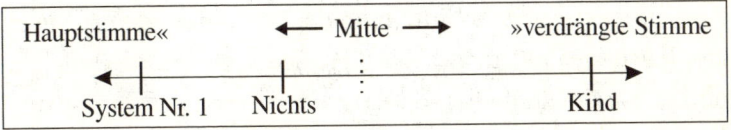

Das kleine, hilflose Kind aber, das hinter dem Nichts verborgen lag, hatte *keinen direkten* Einfluss auf Andreas Leben. Es
war fast vollständig verdrängt. Weder seine Sehnsucht nach
Liebe noch seine Fähigkeit, ganz nahe zu sein, konnten sich in
Andreas Leben manifestieren – bis es aus seinem Versteck befreit wurde.

Sie wundern sich vielleicht, dass wir uns so intensiv und differenziert um eine genaue Unterscheidung zwischen Hauptstimmen und verdrängten Stimmen bemühen – aber das hat
einen bestimmten Grund. Wir befinden uns nämlich unmerklich mitten in einer Revolution der herkömmlichen psychologischen Sichtweise.

Als die ersten westlichen Psychologen gegen Ende des 19. Jahrhunderts begannen, im Chaos der Psyche nach Strukturen zu suchen, machten sie das Gleiche wie wir: Sie fragten sich, aus welchen funktionalen Einheiten die Psyche besteht, welche Eigenschaften diese Einheiten haben und in welchen Konstellationen sie zueinander stehen. Eine der ersten – und bedeutendsten – Entdeckungen war das Aufspüren des Unbewussten. Diese Entdeckung war und ist ungeheuerlich. Denn das Unbewusste kann man ja nicht sehen – eben weil es unbewusst ist. Es ist eine der großen Leistungen Sigmund Freuds, dass er dem Begriff des Unbewussten zu einer allgemeinen Akzeptanz verhalf. Das gelang ihm vor allem dadurch, dass er die Träume seiner Patienten als sinnvollen Ausdruck des Unbewussten ernst nahm.

Seither gehört die Einteilung der menschlichen Psyche in das Bewusste und in das Unbewusste zum grundsätzlichen und selbstverständlichen Bild, das wir uns von der Psyche machen. Fast jeder kennt die Metapher vom Eisberg, der aus dem Wasser ragt, dessen größter Teil aber unter der Wasseroberfläche verborgen bleibt. Der obere, sichtbare Teil des Eisbergs repräsentiert den bewussten Teil der Psyche, der un-

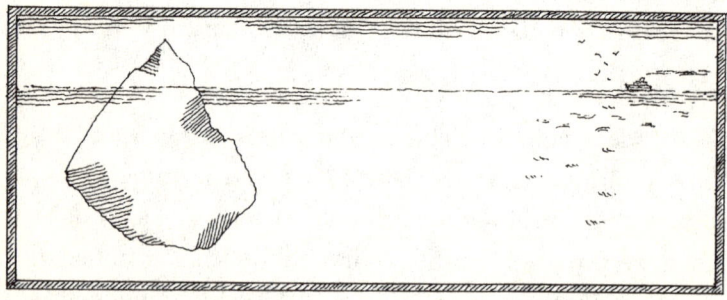

Der Eisberg als Sinnbild des Bewussten und Unbewussten

tere, vom Wasser bedeckte Teil das Unbewusste. Dabei setzen wir das Unbewusste automatisch gleich mit all den Inhalten, die eine Person verdrängt hat oder vergessen will.

Aber ist diese Einteilung der Psyche wirklich so sinnvoll? Nicht dass wir die Existenz des Unbewussten abstreiten wollten! Im Gegenteil, wir haben ja bereits eindrucksvoll gesehen, wie unbewusst selbst *die* Kräfte in einer Person sein können, die einen dauerhaften, direkten und mächtigen Einfluss haben. Denken Sie nur an den Chef in Andrea, der fast ihr ganzes Leben steuerte, von dem sie aber zunächst gar nichts wusste. Der Chef selbst hatte ein großes Interesse daran, dass das verletzliche Kind verdrängt wurde, denn es hätte seine Arbeit erheblich behindert.

Das bedeutet also, dass nicht nur die Kräfte unbewusst sein können, die verdrängt werden sollen – in diesem Fall das Kind –, sondern auch diejenigen, die die Verdrängung wollen und leisten – in diesem Fall der Chef. Das Gleiche lässt sich auch von der Nichts-Energie sagen: Sie hielt das Kind noch direkter aus dem System heraus – und auch sie war Andrea fast ganz unbewusst.

Die Einteilung in das Bewusste und das Unbewusste ist richtig und wertvoll. Aber sie reicht nicht aus. Denn es ist ein gewaltiger Unterschied, ob eine innere Kraft unbewusst ist und dabei eine Hauptstimme, oder ob sie unbewusst ist und dabei eine verdrängte Stimme.

Wir müssen das Bild vom Eisberg also differenzieren: Stellen Sie sich ein Meer vor, in dem viele *verschiedene* Eisberge schwimmen: Manche sind groß, manche kleiner, manche schauen ein Stück heraus, andere sind ganz mit Wasser bedeckt – das alles sind unsere *Hauptstimmen*. Sie sind uns teils ein wenig bewusst, teils unbewusst, in den wenigsten Fällen ganz bewusst.

Viele verschiedene Eisberge, über und unter der Wasseroberfläche:
unsere Hauptstimmen

Manche Eisberge kann man aber überhaupt nicht sehen – sie sind zu tief unter der Wasseroberfläche. Wir können nur ahnen, dass es sie irgendwo da unten geben muss. Wir wissen nicht, wie viele es sind, wie groß sie sind und wo sie sind – das sind unsere *verdrängten Stimmen*.

Verdrängte Stimmen – bewusst und unbewusst

Die meiste Zeit sind uns unsere verdrängten Stimmen völlig unbewusst, und die meiste Zeit haben sie *keinen direkten Einfluss* auf unser Denken, Fühlen und Handeln. Wir haben überhaupt keinen Anhaltspunkt dafür, ob es sie überhaupt in uns gibt. Vielleicht beneiden wir andere Menschen für bestimmte Eigenschaften und wissen nicht, dass wir die gleichen Fähigkeiten bereits in uns tragen – aber verdrängt, weil sie nicht zum System der Hauptstimmen gehören. Doch manchmal, für einen kurzen Moment, reißt der Vorhang, und blitzartig und unverhofft bricht eine verdrängte Seite in unser Leben und in unser Bewusstsein. Auf einmal *wissen* wir, dass es diese Seite in uns gibt. Die verdrängte Seite wird bewusst. Es mag merkwürdig klingen, aber es ist tatsächlich so:

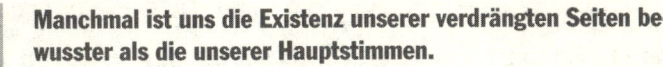

> **Manchmal ist uns die Existenz unserer verdrängten Seiten bewusster als die unserer Hauptstimmen.**

Unsere Hauptstimmen sind oft sehr unauffällig (zum Beispiel bei Andrea das Nichts) und sie begleiten uns schon so lange, dass wir sie in ihrer Selbstverständlichkeit nicht mehr wahrnehmen – und das umso mehr, wenn sie auch von unserer Umwelt als selbstverständlich hingenommen werden.

Stellen sie sich einen Mann vor, der allgemein als unauffällig, umgänglich und freundlich empfunden wird. Jeder freut sich, wenn er auftaucht, denn er hat immer Zeit für ein Schwätzchen und er hilft gerne mal aus, wenn gerade Not am Mann ist. Auch er ist zufrieden damit, dass er ein einigermaßen geregeltes Leben führen kann und dass ihn die Leute mögen. Er hat aber keine Vorstellung davon, *wer* in ihm so freundlich ist und *wer* in ihm *will*, dass er so freundlich ist. (Es könnte durchaus sein, dass diese Seite selbst gar nicht so freundlich ist!)

Wie auch immer, eines Tages bittet unser guter Mann einen Nachbarn, dem er schon öfter ausgeholfen hat, um einen kleinen Gefallen. Zu seiner Enttäuschung lehnt der aber ziemlich unwirsch ab, weil er gerade keine Zeit hätte. Unser Mann, gutmütig und freundlich, wie er ist, sagt noch: »Das macht doch nichts, dann eben ein andermal«, und verschwindet in seiner Wohnung. Da spürt er eine unbändige Wut in sich aufsteigen. In seiner Phantasie sieht er sich plötzlich die Tür seines Nachbarn eintreten und den Nachbarn würgen und schütteln. Er stellt sich vor, wie er ihn anschreit, ob er denn auch *einmal* an ihn denken könnte. Er ist »außer sich« vor Wut.

Nach einer Weile beruhigt er sich wieder ein wenig. Er ist noch immer aufgebracht, aber langsam kommen wieder seine

Hauptstimmen ins Bild. Er beginnt sich für seine Gefühle zu schämen. Er spürt den Impuls, sich bei seinem Nachbarn zu entschuldigen. Da erst fällt ihm ein, dass er ja nur in seiner Phantasie so wütend war und der Nachbar gar nichts von seinen Gefühlen weiß. Er nimmt sich vor, in Zukunft besonders freundlich zu ihm zu sein.

Das ist alles das Werk seiner Hauptstimmen, die ihn so schnell wie möglich wieder zu dem machen wollen, was er ihrer Meinung nach sein sollte: ein freundlicher, hilfsbereiter, unauffälliger Herr. Sie handeln völlig automatisch. Indem sie sich wieder in ihm breit machen, verdrängen sie, auch ganz automatisch, die wütende Seite aus dem System. Dieser Vorgang fällt unserem Mann nicht weiter auf. Er würde einfach sagen, dass er sich wieder beruhigt hat. Aber die Intensität seiner Wut wird ihn noch eine Zeit lang beschäftigen. Sie ragt wie ein Monument aus der gleichförmigen Landschaft seines normalen Alltags. Sie sticht ins Auge, weil sie so anders ist als alles, was er sonst an sich kennt. Sie ist ihm, zumindest für kurze Zeit, bewusster als die Hauptstimmen, die diese Wut verdrängen.

Wir haben jetzt die beiden ersten Parameter untersucht, die die Position einer Inneren Person im System beschreiben. Wir haben uns gefragt: Ist eine Innere Person Teil des Systems der Hauptstimmen oder der verdrängten Stimmen?

Nun wenden wir uns dem zweiten Gegensatzpaar von Parametern zu, das uns hilft, den Platz einer Inneren Person im Gesamtsystem zu definieren:

Position 2: Fokuspunkt und Peripherie

Stellen Sie sich vor, Sie sind im Fußballstadion. Ihre Lieblingself ist angetreten und Sie verfolgen ein spannendes Spiel. Es gibt einen Spieler im Verein, den Sie besonders verehren. Dieser Spieler ist ein sehr guter Verteidiger. Weil die gegnerische Mannschaft in diesem Spiel aber nicht besonders in Form ist und Ihre eigene Mannschaft stark angreift, spielt sich fast alles vor dem Strafraum des Gegners ab. Ihr Lieblingsverteidiger hat also nicht sehr viel zu tun.

Was machen Sie? Ignorieren Sie das Spiel vor dem gegnerischen Tor, starren Sie dauernd auf den Verteidiger und warten Sie, bis der Ball endlich zu ihm fliegt und er in Aktion tritt? Nein! Sie folgen mit Ihrer Aufmerksamkeit dem Ball! Sie sehen immer dem Spieler am meisten zu, der »am Ball« ist. Dort ist Ihr »Fokuspunkt«. Der Fokuspunkt wechselt ständig von einem Spieler zum nächsten. Immer der Spieler, der in Ballbesitz ist, erhält in diesem Moment die meiste Aufmerksamkeit, denn er bestimmt jetzt am meisten den Fortgang des Spiels. Ein Spieler kann also in einem Moment im Fokuspunkt des Fußballspiels sein, im nächsten Moment ist er schon wieder in der Peripherie.

So ist es auch in der Psyche: Alle Hauptstimmen gehören zu unserer »Mannschaft«, mit ihnen sind wir identifiziert. Sie sind, wie die Fußballspieler auch, alle gleichzeitig auf dem Spielfeld. Aber immer nur einer, zwei oder drei Spieler sind in einem Moment am Ball oder in der Nähe des Balles, das heißt im Fokus des Geschehens. Der Fokuspunkt kann von einer Sekunde zur nächsten wechseln: Gerade waren Sie noch eine umgängliche, freundliche Person, und einen Moment später sind Sie kühl und distanziert. Normalerweise würde man sagen, dass sich Ihre Stimmung verändert hat. Stimmt ja auch. Wenn man genauer hinsieht, merkt man aber, dass sich Ihr Fokuspunkt verschoben hat: Die kühle, distanzierte Seite war vorher auch schon da – sie stand jedoch in der Peripherie, bereit mitzuspielen, wenn der Ball zu ihr kommt. Jetzt ist der Fokus bei ihr, und die freundliche, zugewandte Seite ist verschwunden. *Sie* ist jetzt in der Peripherie und wartet auf ihren nächsten Einsatz.

Wir wollen uns das noch einmal am Beispiel von Andreas System betrachten: Der Chef, die bezaubernde junge Frau, der scharfsinniger Denker, die kleine, lustige Andi und das unauffällige, beharrliche Nichts sind alles Hauptstimmen in Andreas Psyche – weil sie dauerhaften und direkten Einfluss auf ihr Leben haben. Andrea ist mit ihnen allen identifiziert.

Aber wenn Andrea in der Firma ist, liegt ihr *Fokuspunkt* in der Regel ganz bei der charmanten Frau und dem Denker. Durch deren Gedanken, Vorstellungen, Gefühle und Impulse erlebt sie dann hauptsächlich die Welt. Und als diese beiden Inneren Personen wird sie von der Welt erlebt. Sie *wird* dann zu einer Kombination aus den beiden.

Fokuspunkt: »So bin ich!«

Eine Innere Person, die ganz im Fokuspunkt steht, ist in einer privilegierten Situation: Sie hat alle fünf Ebenen des Menschen zu ihrer freien Verfügung. Der Körper bewegt sich nach *ihren* Impulsen. *Ihre* Gefühle beherrschen die Emotionsebene. *Ihre* Phantasien und Träume können sich ausbreiten, und es sind *ihre* Gedanken, die das Verhalten des ganzen Menschen steuern. Schließlich ist es *ihr* Energiefeld, das sich um ihn herum aufbaut und seine »Ausstrahlung« bestimmt.

Sie scheint in diesem Moment die *ganze* Person zu sein. Der Mensch und sie sind eins.

Dieses Einsseins kann sehr attraktiv sein. Alle Energie und Aufmerksamkeit fließen in einen Kanal. Alle Zweifel und innere Zerrissenheit verschwinden, denn wir blicken nur aus einer Perspektive in die Welt. Es ist manchmal schon fast unglaublich, wie ausschließlich und einseitig dann die Selbstwahrnehmung und die Wahrnehmung der Welt werden. Alle anderen inneren Kräfte sind einfach »weg«. Es ist, als ob sie nie existiert hätten und nie mehr existieren würden.

Wenn Andrea in der Firma brilliert und wirbelt, kennt sie keine Müdigkeit, keine Ängstlichkeit, keine Unfreundlichkeit und Gereiztheit, kein leeres Gefühl. Sie *ist* einfach charmant und klug, und sie wird dafür geliebt und bewundert. Kein Wunder, dass sie gerne arbeitet. Es ist eigentlich weniger die Arbeit, die sie so liebt, als mehr die Möglichkeit, ganz in ihren beiden Lieblings-Hauptstimmen aufzugehen.

Wir könnten den *Normalzustand* von Fokuspunkt und Peripherie bei Andrea in der Firma so darstellen:

Andrea in der Firma: Fokus und Peripherie

Die bezaubernde junge Frau und der scharfsinnige Denker stehen im Fokus. Sie *sind* in diesem Moment Andrea. Der Chef ist auch immer mit dabei und immer aktiv, steht aber in der Peripherie. Andi ist mit dabei, schaut zu und freut sich, wenn jemand nett zu Andrea ist. Sie ist etwas näher am Fokuspunkt als der Chef, aber auch in der Peripherie. Das Nichts ist mit dabei, ebenfalls in der Peripherie, und schützt das kleine Kind.

Aber auch in der Firma kann sich der Fokuspunkt verändern. Manchmal, in Sitzungen mit schwierigen Geschäftspartnern, springt er plötzlich auf den Chef. Dann sieht Andrea die Situation ganz durch seine Augen, *sie wird zu ihm*. Sie wird dann sehr kühl, sehr machtvoll und weiß ganz genau, was sie will. Lässt die Spannung nach, gleitet der Fokus zurück auf die zwei anderen Hauptstimmen aus System Nr. 1.

Ganz selten springt der Fokus im Büro auch mal auf die kleine Andi: Andrea erinnerte sich einmal, dass sie nach einer besonders harten, aber erfolgreichen Verhandlung in ihrem Büro heimlich umhersprang und tanzte wie ein kleines Mädchen – Andi war gekommen und freute sich, dass alles so gut ausgegangen war.

Ist Andrea dann abends bei ihrem Freund und ist sie müde, springt ihr Fokuspunkt vielleicht zum Nichts. Plötzlich stehen die Leere und der Abstand zwischen Andrea und ihrem Freund im Vordergrund. Gleich darauf, weil die Leere unangenehm ist, kommt die bezaubernde junge Frau und erzählt dem Freund eine unterhaltsame Geschichte aus dem Büro. Jetzt ist der Fokus wieder bei ihr.

Es gibt einen ganzen Industriezweig, der sich die Macht des Fokuspunktes zunutze macht. Die meisten Motivationsschulungen versuchen die Teilnehmer auf die totale Identifikation mit den Inneren Personen einzuschwören, die den jeweiligen gewünschten Zielen am meisten nützen könnten. Sie locken oder zwingen die »richtigen« Kräfte in den Fokuspunkt. Welche Ziele das genau sind, ist nicht so wichtig: Erfolg, Reichtum, Liebe, Mitgefühl, Erleuchtung – nichts ist unmöglich, wenn ich nur daran glaube, sprich: mich ganz damit identifiziere.

Der Preis der Identifikation ist immer die Verdrängung anderer Seiten. Diese Verdrängung schafft inneren Konflikt, den ich aber, wenn die Identifikation stark genug ist, nicht wahrnehmen kann. Sie kostet Kraft und sie beraubt mich der Fähigkeiten und Geschenke der verdrängten Seiten. Andererseits schenkt sie mir aber auch das herrliche Gefühl von Eindeutigkeit, Intensität und Stabilität.

Meist hält die »künstliche Fokussierung« nicht lange an, denn die ursprünglichen Hauptstimmen drängen zurück in den Fokuspunkt und verlangen ihr Recht. Sie sind älter, meist stärker und erfüllen eine wichtige Mission zum Schutze des Kindes.

Die Position des Fokuspunktes kann immer wieder springen. Von einem Moment zum nächsten sind wir dann eine andere Person. Dieses Phänomen trägt maßgeblich dazu bei, dass wir in Bezug auf unsere eigene Psyche – und die anderer Menschen – oft so verwirrt sind.

Hauptstimmen, Fokus und Bewusstheit

Die Hauptstimmen, die am meisten und am beständigsten im Fokuspunkt sind, bestimmen, wie ich mich selbst und die Welt von Moment zu Moment wahrnehme.

Wenn man Andrea bitten würde, sich selbst zu beschreiben, würde sie sich vor allem als eine Kombination der Eigenschaften der jungen Frau, des Denkers und – etwas verschwommener, weil nicht so oft im Fokus – des Chefs beschreiben.

Zum Beispiel sind ihr der Enthusiasmus, die Leichtigkeit und der Charme der jungen Frau sehr vertraut und sehr lieb. Sie hat dann ein unbefangenes und lebendiges Körpergefühl, sie fühlt sich beschwingt und heiter, das Leben und die Welt erscheinen ihr hell und viel versprechend. Meist erntet sie positive, freundliche Reaktionen von ihren Mitmenschen und manchmal auch Bewunderung.

Können wir nun sagen, diese Innere Person sei Andrea *bewusst*? Nein. Wir könnten höchstens sagen, sie ist ihr teil-bewusst. – Aber was daran ist ihr dann bewusst, und was nicht? Um diese Frage zu beantworten, sollten wir zunächst nochmals kurz das Bild des Eisbergs auf Seite 146 betrachten.

Dieses Bild sagt uns, dass ein Teil des Ganzen (in diesem Fall die Innere Person), bewusst ist und der andere, oft größere Teil unbewusst. Diese Bild ist insofern undifferenziert, als in ihm der bewusste und der unbewusste Teil gleich beschaffen sind: Beide Teile sind einfach nur aus Eis.

Ich schlage daher vor, dass wir den Eisberg gegen einen Baum austauschen. Dieses Bild ist uns schon vertraut aus unseren früheren Überlegungen, und es kann uns auch bei dieser Frage wieder hilfreich sein.

Wir können drei Bereiche klar unterscheiden: die Krone, den Stamm und die Wurzeln. Wenn eine Innere Person im Fokus ist, ist uns meistens nur ein Bereich bewusst: die Krone mit ihren vielen einzelnen Blättern, Zweigen und Ästen. Jede einzelne Innere Person hat in sich eine Vielzahl von Gedanken, Bildern, Gefühlen, Körperwahrnehmungen und Schwingungen. Über sie kommuniziert die Innere Person im Außen mit der Welt und im Inneren mit den anderen Inneren Personen. Über sie verarbeitet sie unzählige Inhalte, Meinungen und Reaktionen. Diese Verarbeitung ist sehr wichtig.

Das Problem ist, dass wir uns leicht in dieser Vielheit verlieren können. Man kann sich unendlich lange mit einer Inneren Person aufhalten, ohne sie wirklich tiefer kennen zu lernen, wenn man im Bereich der Zweige und Blätter bleibt. Man kann dann jedes Blättchen anschauen, jeden Gedanken, jede Regung, jede Reaktion untersuchen und wird doch nicht schlau daraus. Alte Blätter fallen ab, frische kommen hinzu, es gibt immer wieder etwas Neues zu sehen.

Manche Therapien verlaufen nach diesem Muster: Man spricht und spricht, es ist alles durchaus interessant und richtig, man entdeckt neue Gefühle, innere Bilder und Körperempfindungen, aber man kommt nicht wirklich weiter. Man hat sich im Labyrinth der Blätter einer oder mehrerer Hauptstimmen, die im Fokus sind, verirrt.

Hätte ich die bezaubernde Frau und den intelligenten Denker nicht als Hauptstimmen von Andrea erkannt, sondern sie mit »Andrea« gleichgesetzt, hätte ich viele Stunden mit ihr (beziehungsweise: ihnen) sehr angeregt und geistreich über Karriere, Arbeit, Müdigkeit, Entspannung und Beziehung sprechen können – aber wir wären aus dem Bereich der Blätter nicht herausgekommen und wir hätten die Bedeutung der beiden Kräfte für das Gesamtsystem nicht verstanden. Solange die Inhalte im Mittelpunkt des Interesses stehen, ist es schwer, die Struktur eines Systems zu sehen – genauso, wie es für den großen Vogel schwer war, die Bäume zu sehen, solange er im Blättermeer saß. Bei der Arbeit mit den Inneren Personen benutzen wir die Inhalte zunächst nur dazu, um die darunter liegende Struktur zu finden.

Damit eine Innere Person *ganz* bewusst werden kann, muss man zum Stamm und zu den Wurzeln vorstoßen. Der Stamm steht für die wesentliche Haltung der Inneren Person, die man oft in einem einzigen Satz zusammenfassen kann. Zum Beispiel: »Ich will, dass Andrea erfolgreich und beliebt ist!« Das ist die grundsätzliche Haltung des Chefs. Erlebt Andrea diese Haltung auf allen fünf Ebenen, so dass sie den Satz nicht nur ausspricht, sondern von ihm ganz durchdrungen ist, hat sie den Chef in kurzer Zeit tief verstanden – ohne seine Meinung zu allen Aspekten ihres Lebens zu kennen.

Die Wurzel der Inneren Person ist ihre Verbindung zu etwas noch Tieferem: zum inneren Kind, das sie beschützt; manchmal auch zum Wesenskern der ganzen Person. Berührt man die Wurzel, wird die Liebe sichtbar, die die Stimme so groß werden ließ.

Eine Innere Person, die in ihrer Tiefe erkannt und erfahren wurde, ist aus ihrer unbewussten Existenz und damit aus ihrem Automatismus erlöst. Sie ist wie eine Figur im Märchen, die aus einem Fluch, einem Bann, einer Verzauberung befreit wird. Jetzt kann sie, fast von allein, ihren gemäßen Platz im Ganzen finden.

Diese Tiefe wird in der Regel nur durch Bewusstseinsarbeit erreicht. Im Normalfall aber gilt:

> **Selbst die Hauptstimmen, die ganz im Fokus sind, sind uns zum großen Teil unbewusst.**

Ich erinnere mich an eine Klientin, bei der mir diese Tatsache ganz klar wurde.

Cornelia und ich hatten vielleicht ein Vierteljahr lang jede Woche einmal gearbeitet und während dieser Zeit einige interessante Stimmen kennen gelernt. Trotzdem beschlich mich mit der Zeit das Gefühl, dass wir nicht richtig weiterkamen. Bei aller Unterschiedlichkeit, die ihre Inneren Personen an den Tag legten, hatten sie doch alle etwas gemeinsam, das ich aber noch nicht richtig greifen konnte. Sie hatte schon verschiedene Therapien gemacht, und als ich ihr meine Wahrnehmung mitteilte, sagte sie, dass sie dieses vage Gefühl selbst auch hatte und dass sie es auch aus den anderen Therapien kannte.

Das Thema, wegen dessen meine Klientin gekommen war, war ein Waschzwang, der aber nur in bestimmten Situationen auftrat: Immer wenn sie mit einem Gegenstand in Berührung kam, der in irgendeiner Beziehung zu ihrem seit langem verstorbenen Vater stand, empfand sie den unwiderstehlichen Drang, sich selbst und alle diese Gegenstände reinigen zu müssen. Dieser Zwang bestand seit ihrer frühen Jugend und hatte sie seither gequält. Sie fiel während ihrer Anfälle in eine Art Raserei, die nicht eher zur Ruhe kam, bis alles »Verschmutzte« gewaschen oder vernichtet war – und das konnte manchmal Stunden dauern. Dieses Leiden war eine große Belastung für ihre Ehe, denn ihr Mann und ihre Tochter mussten sich den gleichen Ritualen unterwerfen, wenn zum Beispiel ein Brief von einem Amt kam, bei dem auch der Vater registriert gewesen war. Ein Besuch in ihrem Geburtsort, wo auch das Grab ihrer Eltern war, stand völlig außer Frage.

Seit über 30 Jahren hatte sie versucht, ihr Problem in den Griff zu bekommen: mal verhaltenstherapeutisch, mal mit Hypnose, mal mit Hilfe einer mehrjährigen Analyse. Aber immer, so berichtete sie mir, war das Thema trotz seiner enormen Bedeutung und Dringlichkeit nie richtig greifbar geworden. Das war auch meine Beobachtung: Sie erzählte mir zwar in eindrücklichen Schilderungen von ihren Waschanfällen, schien aber gleichzeitig merkwürdig unberührt davon. Auch die Inneren Personen, die wir bis jetzt kennen gelernt hatten, trugen alle diese seltsame Distanz. Wir hatten mit einer Inneren Person gesprochen, die sich zwar ernsthafte Sorgen um Cornelia machte, aber auch keinen Rat wusste und sie sozusagen immer wieder in Therapie schickte. Wir sprachen mit einer anderen, die sich nur um ihren Haushalt und um das Wohlergehen ihrer Familie kümmerte und die hoffte, sie könne Cornelia von dem Thema ablenken und es so besiegen. Dann noch mit einer, die böse auf Cornelia war, weil sie mit dem Problem nicht fertig wurde. Alle Inneren Personen, die auftauchten, ob sie sich mit dem Thema befassten oder nicht, hatten selber nichts direkt damit zu tun. Sie ignorierten es oder kommentierten es, aber sie waren nicht wirklich beteiligt.

Es musste also jemanden in ihr geben, der nicht wollte, dass das Thema direkt sichtbar wurde, und der das auch, über Jahrzehnte hinweg, hervorragend geschafft hatte! Diese Stimme war allem Anschein nach mächtiger und erfolgreicher als alle anderen Seiten und die beteiligten Therapeuten zusammen.

Die Situation war für Cornelia zum Verzweifeln: Sie erlebte sich selbst als jemanden, der das Problem lösen wollte und der bereit war, eine Menge Geld, Zeit und Energie dafür zu investieren. Gleichzeitig merkte sie, dass sie sich in ihren Bemühungen im Kreis drehte. In einer der Therapien wurde sie auch mit dem Vorwurf konfrontiert, sie wolle das Problem gar nicht wirklich lösen. Der Therapeut versuchte sie davon zu überzeugen, dass sie unbewusst die Vorteile ihres Waschzwangs genoss: zum Beispiel die Möglichkeit, immer wieder die gesamte Aufmerksamkeit der Familie und des Therapeuten zu bekommen. Sie fühlte sich nun noch schuldiger – aber es half nichts. Die Anfälle kamen bei jeder sich bietenden Gelegenheit zurück.

Natürlich wurde auch die Möglichkeit eines sexuellen Missbrauchs durch den Vater diskutiert. Es liegt nahe, das zwanghafte Waschen als eine Art Versuch der symbolischen Reinigung von sexuellen Übergriffen zu interpretieren. Und es war ja offensichtlich, dass Cornelia (oder etwas in ihr) ständig bemüht war, alle – und seien es auch die entferntesten – Verbindungen zu ihrem Vater auszulöschen.

Die dritte Theorie, die diskutiert wurde, gründete sich auf die Tatsache, dass Cornelias Eltern eine sehr schwierige Ehe geführt hatten und Cornelia immer mehr bei der Mutter war, zu der sie eine sehr enge Bindung hatte. Das Waschen könnte also auch symbolischer Akt der Trennung vom Vater sein –

aus unbewusster Parteinahme und Loyalität gegenüber der Mutter.

Es mangelte uns also nicht an Vermutungen, aber es mangelte an greifbaren Anhaltspunkten. Solange das Problem nicht akut war und sie nicht waschen musste, war es praktisch verschwunden. Cornelia war dann einfach eine intelligente, warmherzige und gepflegte Dame. Aber man konnte nicht erkennen, *wohin* das Problem verschwunden war.

Dabei war die Lösung so offen-sichtlich! Die Lösung hieß »Anna-Sophia« (so hatte Cornelia diese Hauptstimme genannt) und saß genau vor Cornelia. Anna-Sophia lebte in einer völlig heilen, unberührten Welt. Sie liebte die Farbe Weiß, sie liebte Ruhe, Ordnung und Zurückgezogenheit, und sie liebte die Natur. Als Cornelia zum ersten Mal auf Anna-Sophias Platz saß, hatte sie die Vision, allein in einem stillen Burgzimmer zu sitzen. Das Fenster stand offen, der Wind spielte mit dem weißen Leinenvorhang, von draußen drangen die gedämpften Rufe spielender Kinder. Sie wusste, hier war sie geachtet, geliebt und in Sicherheit. Das war Anna-Sophias Welt.

Und Anna-Sophia sorgte dafür, dass Cornelia in einer ähnlichen Welt lebte, in einer Welt, in der es keine Konflikte, keinen Lärm und keine Unordnung gab. Solange Anna-Sophia im Fokus war, gab es keine sichtbaren Konflikte in Cornelias Leben – weder innerlich noch äußerlich. Anna-Sophia war sehr höflich und immer bemüht, hilfreich zu sein. Sie wusste natürlich von den Schwierigkeiten, die der Waschzwang Cornelia bereitete, und wollte zur Lösung des Problems auf ihre Weise beitragen. Immer wenn ich versuchte, mit einer anderen Inneren Person zu arbeiten, war Anna-Sophia – ohne dass wir es merkten – mit dabei. Aber auch schon früher, während all der Jahre, die Cornelia in Therapie war, war es Anna-Sophia, die sich um das Waschproblem kümmerte. Ausgerechnet Anna-Sophia, deren wichtigste Aufgabe es war, Konflikte aus Cornelias Leben fern zu halten! Dass sie der Grund war, dass das Problem ungreifbar – und dadurch unlösbar – blieb, nur indem sie da war, wusste sie natürlich nicht! Sie war so im Fokus, so wohlmeinend und kooperativ, dass ich Monate brauchte, um sie überhaupt als Innere Person wahrzunehmen.

Erst als wir Anna-Sophia entdeckt hatten und wir uns nicht mehr darum kümmern mussten, *was* sie zu Cornelias Problemen meinte, sondern darum, *wer* sie war und *warum* sie diese zentrale Position im System bekommen hatte, konnten wir den Bereich der Zweige und Blätter verlassen und ihre Grundhaltung zum Leben erkennen. Erst jetzt wurde sich Cornelia als eigenständig denkende, fühlende und handelnde Einheit ihrer Psyche bewusst. Plötzlich erkannte sie, dass es fast gar keinen Bereich in ihrem Leben gab, der nicht von Anna-Sophia bestimmt war. Cornelia konnte sich jetzt ein Stück aus der Identifikation lösen. Ab diesem Punkt kam ihr innerer Prozess erstmals in Bewegung.

Anna-Sophia ist ein wunderbares Beispiel für eine Hauptstimme, die ständig im Fokus steht und doch fast ganz unbewusst ist.

Nachdem wir Anna-Sophia entdeckt hatten, trat, für uns beide völlig überraschend, eine neue Figur aus dem Schatten der Peripherie ins Licht des Fokus – eine Figur, die fast das genaue Gegenteil von Anna-Sophia war: Sie verachtete alle Menschen, fühlte sich grundsätzlich überlegen und unangreifbar, und sie sorgte dafür, dass Cornelia von nichts und niemandem wirklich tiefer berührt werden konnte. Sie benutzte die zarte, offene und kooperative Anna-Sophia als Tarnung. Dahinter hielt sie ihr granithartes, unerschütterliches »Nein« zur Welt aufrecht.

Erst jetzt wurde verständlich, was es mit dem zwanghaften Waschen auf sich hatte: Die Liebe Cornelias zu ihrem Vater war die größte Bedrohung für die Unerschütterlichkeit dieser Nein-Seite. Die Liebe zu ihrem Vater hätte, von innen her, einen Riss in die Wand der Abwehr gebracht. Das Waschen war die verzweifelte Strategie der Nein-Seite, Cornelia nie mehr in Kontakt mit ihrer tiefen kindlichen Liebe – und dem damit verbundenen Schmerz – kommen zu lassen. Das symbolische Weg-Waschen ihres Vaters war nichts anderes als die Liebe zu ihm, die unterdrückt werden musste.

Hätten wir Anna-Sophia nicht bemerkt, wären wir auch der Nein-Seite nicht auf die Spur gekommen. Interessanterweise verschwand der Waschzwang wie von allein, nachdem diese Zusammenhänge für Cornelia erfahrbar wurden.

Geheime Hauptstimmen: Macht in der Peripherie

Wir haben weiter oben das Fußballspiel als Metapher benutzt, um das Phänomen des ständigen Wechsels von Fokuspunkt und Peripherie zu beschreiben. Dabei haben wir gesagt: »Der Spieler, der gerade in Ballbesitz ist, erhält in diesem Moment die meiste Aufmerksamkeit, denn er bestimmt jetzt am meisten den Fortgang des Spiels.« Wenn man diesen Satz hört, könnte man meinen, dass immer *die* Innere Person den größten Einfluss auf das System hat, bei der gerade der Fokus liegt. – Das stimmt nicht ganz.

Lassen Sie Ihren Blick noch einmal über das Fußballstadion gleiten, weg vom Spielfeld und hinüber zur anderen Tribüne. Dort sehen Sie, auf halber Höhe, eine überdachte und verglaste Loge für besondere Gäste. Hier sitzt gerade der Präsident Ihres Fußballklubs. Er ist ein zurückhaltender, unauffälliger Mann, der nie besonders in Erscheinung tritt. Aber er hat, lange vor diesem Spiel, so viele Entscheidungen getroffen, die auch dieses Spiel beeinflussen, dass man sich gar nicht ausmalen kann, wie dieses Spiel heute verlaufen würde, hätte er damals anders entschieden. Er war es, der den Trainer ausgesucht hat – eine zweite wichtige Figur, die, zumindest im Moment, auch nur peripher in Erscheinung tritt. Die beiden haben gemeinsam großen Einfluss auf die Auswahl der Spieler, die für den Verein verpflichtet werden. Zusammen mit dem Schatzmeister entscheiden sie, wie viel Geld für Transfers ausgegeben wird und welche Spieler sich der Verein leisten kann. Sie prägen das Gesamtbild des Vereins weit mehr als der Spieler, der in diesem Moment unten auf dem Feld gerade ein Tor schießt.

Die psychischen Systeme der meisten Menschen werden in ähnlicher Weise von Hauptstimmen bestimmt, die nie oder fast nie im Fokus stehen. Im Schatten der Peripherie gehen sie, ungestört von den alltäglichen Bewegungen und Sorgen, ihren Geschäften nach. Sie tragen die grundsätzlichen Überzeugungen, Haltungen und Werte. Sie treffen die wirklich wichtigen Entscheidungen. Viele dieser »geheimen Hauptstimmen« haben gar keine Lust sich zu zeigen, denn sie wissen sehr wohl um die Vorteile ihrer Unsichtbarkeit.

Geheime Hauptstimmen sind der wichtigste Faktor eines jeden Prozesses, der auf Veränderungen im psychischen System abzielt. Während einer Therapie zum Beispiel beobachten sie die Arbeit mit den anderen Inneren Personen lange Zeit kritisch und skeptisch. Erst wenn sie sich davon überzeugt haben, dass wirklich niemand angegriffen oder eliminiert werden soll, fassen sie Vertrauen. Aber erst wenn der Begleiter sie wahrnimmt und ihre diversen Strategien der Tarnung und Ablenkung durchschaut und anspricht, ohne sie dafür anzugreifen, wagen sie sich aus der Deckung. Entwickeln sie aber kein Vertrauen, dann bleiben sie einfach in der Unsichtbarkeit der Peripherie und sorgen dafür, dass sich in der Tiefe des inneren System nichts wirklich ändert.

Eine beliebte Strategie ist es, dem Begleiter ständig neue Themen anzubieten – und sogar immer neue Innere Personen –, um von sich selbst abzulenken. Sie »füttern« den Begleiter mit Angeboten, die ihn beschäftigt halten sollen. Man merkt das erst nach einiger Zeit, wenn die Themen, obwohl man sie ernsthaft verfolgt, sich nie vertiefen, sondern irgendwie immer im Sande verlaufen.

Wieder gehen wir davon aus, dass genau das gewollt ist: Eine Hauptstimme, die in der Peripherie operiert, verhindert ein tieferes Arbeiten, indem sie so tut, als würde sie die Arbeit unterstützen.

Und der Klient weiß nichts von ihr! Er ist genauso Opfer ihrer Tricks wie der Therapeut. Auch er sieht nur das, was gerade im Fokus steht. Aber es kann eine große Erleichterung für ihn sein, wenn er wenigstens einen Zipfel der geheimen Hauptstimme erhascht und ihm sein eigenes Verhalten so langsam verständlicher wird.

Klaus war ein Mensch, dem in seiner Kindheit und Jugend auf ziemlich drastische Weise klargemacht worden war, dass seine Wünsche und Bedürfnisse für den Rest der Menschheit völlig uninteressant und unerheblich waren. Immer wenn er seinen Willen kundtat, war er im besten Fall auf Desinteresse, in der Regel aber auf Kritik, Zurechtweisung oder Beschämung gestoßen. Sein inneres System tat nun etwas höchst Intelligentes: Es verbannte seine Willensimpulse, und mit ihnen seine Wut, in den Untergrund, denn *sie* waren ja der Anlass für die vielen erniedrigenden Reaktionen seiner nächsten Umgebung gewesen. Sein inneres System spezialisierte sich darauf, einen möglichst freundlichen, gemütlichen und umgänglichen Klaus zu präsentieren, der mit allem, was die anderen wollten, einverstanden war. Am schwersten fiel es ihm, einen konkreten Wunsch zu äußern oder offen »nein« zu sagen. Er war Spezialist in Sachen Uneindeutigkeit geworden. Er sagte zu allem, was man vorschlug, »ja«. Das Dumme an der Sache war, dass die Dinge dann meistens irgendwie doch nicht klappten – »aus Versehen«, wie er stets beteuerte.

Die Arbeit mit den Inneren Personen zielt darauf ab, die verschiedenen Kräfte in einer Person eindeutig und greifbar zu machen. Was aber soll ein System tun, das aus Erfahrung gelernt hat, dass gerade Eindeutigkeit die schlimmsten Folgen haben kann? Es darf nicht einfach sagen: »Nein, diese Eindeutigkeit ist mir unheimlich, ich habe so viele schlechte Erfahrungen damit gemacht.« Das wäre viel zu eindeutig. Also sagt es: »Der Dialog mit den Inneren Personen ist eine ganz wunderbare Sache, und ich will mich anstrengen, ein guter Klient zu sein und dir viele interessante Stimmen zu bieten, damit du erfolgreich mit mir arbeiten kannst.«

So auch Klaus. Eifrig nickend folgt er während der ersten Sitzung meinen Ausführungen über Voice Dialogue. Als ich ihn frage, ob er eine Idee habe, wie wir mit der Arbeit anfangen könnten, sagt er: »Ich fühle mich gerade traurig. Ich weiß gar nicht, warum. Vielleicht könnten wir damit anfangen?« Ich bitte ihn, nachzuspüren, wo der Platz der traurigen Seite im Raum wäre. »Dort«, sagt Klaus mit sicherer Stimme und deutet auf einen Punkt vor sich. Er nimmt seinen Stuhl – so wie ich es ihm vorher erklärt habe –, stellt ihn auf den Platz, setzt sich und schließt die Augen. Von Traurigkeit ist nichts zu sehen und zu spüren. Klaus öffnet die Augen. »Komisch«, sagt er, »jetzt ist die Traurigkeit weg. Was soll ich jetzt machen?« »Was fühlst du denn jetzt?«, frage ich. »Langeweile«, antwortet er.

So geht das eine ganze Weile weiter. Klaus bietet mir Gefühle, Gedanken oder einen Platz im Raum an, und jedes Mal, wenn ich mich tiefer damit beschäftigen will, verschwindet dieses »Angebot«, und etwas anderes taucht auf. Wir drehen uns im Kreis.

Irgendwann halte ich inne und sage: »Ich glaube, da führt uns jemand ganz schön an der Nase herum!« Da macht sich unwillkürlich ein triumphierendes und zufriedenes Grinsen auf dem Gesicht des Klienten breit – und für einen Moment ist die geheime Hauptstimme im Fokus.

Jetzt geht es darum, Klaus klarzumachen, dass das Verhalten der geheimen Hauptstimme sinnvoll und intelligent ist. Bereits die Tatsache, dass er nicht persönlich für ihre Tricks verantwortlich gemacht wird, entlastet ihn. Dass sie sogar etwas Gutes für ihn tut, ist eine ganz neue Perspektive.

Es dauert noch einige Sitzungen, bis sich der »Fuchs«, wie Klaus ihn nennt, offen zeigt. Er ist eine extrem witzige Figur. Er hat keinen festen Platz, sondern wechselt ständig die Position – auch inhaltlich. Sein größter Triumph ist, dass ihn niemand zu fassen kriegt und dass er alle verwirrt. Dass ich ihn erkannt habe, erfüllt ihn mit Verwunderung und Respekt. Dass ich ihn nicht angreife, sondern seine Kunst der Ablenkung und Verwirrung anerkenne und lobe, bringt ihn durcheinander. Er ist ganz auf Abwehr und Misstrauen eingestellt. Wie bei anderen Energien auch, suche ich eine Seite in mir, die ihm ähnelt. Auch ich wechsle – zu seinem Entzücken – mitten im Satz das Thema, drehe sprachliche Pirouetten, um kurz darauf ganz zu verstummen, ihn ernst und traurig zu betrachten und ihn im nächsten Moment anzugrinsen. Wir spielen gemeinsam »Fuchs«. Je länger wir sprechen, desto mehr wird seine Liebe für Klaus sichtbar. Mit welchem Einfallsreichtum und Witz hat er ihn all die Jahre vor Angriffen und Erniedrigung geschützt! »Ich habe die ganze Welt verarscht«, sagt er zufrieden. »Niemand hat ihn gekriegt!«

Auch Klaus entwickelt Achtung für seine Hauptstimme. Er spürt ihre Liebe und Anstrengung für ihn. Er versteht immer mehr, dass er als Kind keine Chance auf ehrlichen Ausdruck seiner Wünsche hatte. Er musste sich schützen.

Nach drei weiteren Sitzungen ist der Fuchs kein Thema mehr. Er hat verstanden, dass seine Art des Schutzes Klaus nicht mehr hilft. Klaus beginnt, seine Gefühle immer deutlicher wahrzunehmen und zu artikulieren. Die Zeit der Verwirrungen ist zu Ende.

Nicht alle Hauptstimmen, die immer in der Peripherie leben, verstecken sich mit Absicht. Die Konstellationen in der Psyche ergeben sich aus einem »chaotischen« Prozess der Selbstorganisation. Manche Hauptstimmen entwickeln sich eher zufällig an einem Platz in der Psyche, der nie in den Fokus rückt. Dann sind sie erleichtert und froh, wenn sie entdeckt und endlich deutlicher gesehen und gehört werden.

Im zweiten Abschnitt unserer Untersuchungen zur Position im System haben wir uns mit dem Gegensatz von Fokus und

Peripherie beschäftigt. Wir haben gesehen, dass der Fokuspunkt – oft zu unserer eigenen Verwirrung – sehr schnell von einer zur anderen Stimme wechseln kann. Wir haben am Beispiel von Cornelia erkannt, dass eine Stimme, die im Fokus steht, nicht bewusster sein muss als eine andere, die in der Peripherie arbeitet. Und wir haben am Beispiel von Klaus mitverfolgt, wie mächtig eine Stimme sein kann, die immer in der Peripherie lebt.

Wir wenden uns nun dem dritten Gegensatzpaar zu, das die Position im System definiert:

Position 3: Richtung Welt und Richtung Person

Die Frage, warum jemand bestimmte Machtseiten entwickelt und andere nicht, kann man nie endgültig beantworten. Der Auswahlprozess ist von zu vielen variablen Faktoren abhängig.

Eine Vielzahl von variablen Faktoren liegt bereits in der Psyche des neugeborenen Kindes. Jede Mutter, die mehrere Kinder zur Welt gebracht hat, wird bestätigen, dass ihre Kinder *von Anfang an* verschieden waren. Ein Kind ist, wenn es zur Welt kommt, kein unbeschriebenes Blatt. Es bringt seine eigene Individualität, seine wesenhafte Einzigartigkeit bereits mit. Es ist zudem vorgeprägt durch seine körperliche, emotionale und mentale Konstitution und durch die Erfahrungen, die es während der Schwangerschaft und der Geburt machte.

Mindestens genauso vielen Einflüssen von außen sieht sich das Kind ausgesetzt: Da ist das Schicksal der Mutter – und ihre Haltung dazu; ihre Beziehung zum Vater des Kindes; die Geschwister, die in der Geschwisterreihe vor und nach dem Kind kommen; die materielle Lage der Familie; die Beziehungen der Familie zur Gesellschaft und ihrer Kultur; die Religionszugehörigkeit der Familie; die politische und wirtschaftliche Situation des Landes usw.

Es begegnen sich also zwei einzigartige, enorm differenzierte Mikrosysteme: das Kind und die Familie, in die es hineingeboren wird. Beide Systeme müssen sich aufeinander einstellen, und beide müssen sich gegeneinander behaupten.

Selbstbehauptung und Anpassung

Das Kind hat dabei grundsätzlich zwei Möglichkeiten:

1. Es wirkt auf die Umgebung ein – durch Lächeln oder Schreien, Schmeicheln oder Fordern – und verändert die Umwelt so, dass sie besser zu ihm und seinen Bedürfnissen passt. In diesem Fall entwickelt das Kind im Laufe der Zeit immer mehr und immer stärkere machtvolle Seiten, deren Aufmerksamkeit und Kraft sich *nach außen*, in die Welt richten und die seine Selbstbehauptung stärken.
2. Es entwickelt machtvolle Seiten, die auf es selbst einwirken und die sein eigenes Verhalten ändern, so dass es selbst besser zur Umgebung passt. Sigmund Freud hat diese Kräfte unter dem Begriff »Über-Ich« zusammengefasst.

Ob sich eine Energie auf die Welt richtet oder auf uns selbst, ist von entscheidender Bedeutung. Die gleiche Energie hat, je nach ihrer Richtung, eine völlig andere Wirkung. Am deutlichsten sehen wir dieses Prinzip am Beispiel des inneren Kritikers und des inneren Richters, zwei Energien, die in jedem

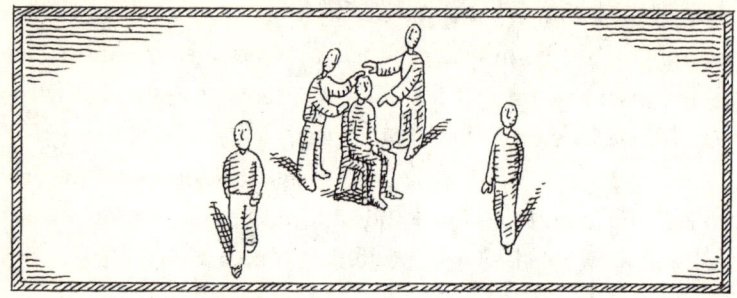

Eine Person sowie Kräfte, die in die Welt und auf die Person wirken

von uns leben. Die beiden sind sich sehr ähnlich. Sie haben beide die Fähigkeit, alles mit misstrauischen Augen zu mustern und sofort das Haar in der Suppe zu finden. Nur ihre Richtung ist verschieden:

Der innere Richter schaut in die Welt. Er merkt sofort, wenn jemand ungerecht ist, die Zahnpastatube nicht zugemacht hat oder ein Versprechen nicht hält. Selbst wenn er nichts sagt, wird er sich die Dinge merken (um sie dem Betreffenden bei einer guten Gelegenheit unter die Nase zu reiben).

Der innere Kritiker ist genauso aufmerksam. Auch er ist ein Meister im Finden der Fehler. Aber das Objekt seiner Kunst sind nicht die anderen, sondern die Person, zu der er gehört. Er merkt sofort, wenn sie etwas falsch macht, nicht ganz ehrlich ist oder zu viel isst. Auch er will sie am liebsten sofort darauf hinweisen – wenn sie ihm zuhört.

Diese beiden Kräfte sind wie zwei Arme, die uns zur Verfügung stehen, um uns mit der Welt zu arrangieren. Und das ist gut so, denn wir brauchen beide. Der innere Richter schenkt uns die klare Kraft des Urteils. Fehlt er oder ist er zu schwach entwickelt, werden wir gutgläubig, naiv und sind

dem Urteil anderer ausgeliefert. Der innere Kritiker hinge-
gen schenkt uns kritische Distanz zum eigenen Handeln.
Ohne ihn werden wir selbstgefällig und rechthaberisch.

Wenn sich beide in etwa die Waage halten, dann können
wir klar sehen, was unser eigener Anteil an einer Sache ist und
wo die Schuld bei anderen liegt. Wenn das Gleichgewicht
aber gestört ist, dann gewinnt einer der beiden die Überhand.
Entweder finden wir dann die Fehler immer nur bei uns: Der
innere Kritiker überhäuft uns in diesem Falle mit Vorwürfen,
und eines der inneren Kinder glaubt ihm und wird immer ver-
zagter und trauriger. Oder aber der innere Richter über-
nimmt das Kommando: Er findet die Fehler nur im Außen
und wir kämpfen mit der ganzen Welt, fühlen uns dabei im
Recht – und gleichzeitig einsam und unverstanden.

Dass die gleiche Energie je nach Richtung – völlig verschiedene Ergebnisse bewirkt, gilt aber nicht nur für den Kritiker und den Richter: Wir haben sie nur als Beispiel genutzt.
Im Prinzip kann sich jede machtvolle Seite auf uns selbst oder
auf die Welt beziehen. Welche dieser beiden Möglichkeiten
die Psyche eines Kindes nun bevorzugt, oder bevorzugen
muss, und welche der Kräfte aus den fünf Kontinenten ihm
dabei helfen können, wird zum großen Teil in den ersten
sechs Lebensjahren entschieden – in einer Zeit, in der sich die
meisten Hauptstimmen, die uns dann ein Leben lang begleiten, im inneren System etablieren.

Zunächst wird das Kind versuchen, die Kräfte zu nutzen,
die ihm aufgrund seiner Veranlagung am ehesten zur Verfügung stehen. Aber es ist nicht schwer, dem psychischen System eines kleinen Kindes die Lust auf den natürlichen und
spontanen Ausdruck zu nehmen. Das Kind ist in seiner Existenz davon abhängig, zum System seiner Familie zu gehören.

Dieses Bedürfnis nach Zugehörigkeit findet seinen tiefsten Ausdruck in einer fast bedingungslosen Liebe zu Mutter und Vater und den anderen Mitgliedern des Familiensystems. Das Kind wird *aus Liebe* fast alles tun, um zum System seiner Ursprungsfamilie dazugehören zu dürfen – denn das bedeutet Überleben. Es ist daher grundsätzlich bereit, das Eigene zugunsten der Zugehörigkeit ganz zurückzustellen. Dabei helfen ihm all die machtvollen Seiten, die sich direkt auf es selbst beziehen und sein Verhalten so steuern, dass es sich den äußeren Umständen anpassen kann.

Eine der wichtigsten Machtseiten, die ihre Aufmerksamkeit auf die Person und nicht auf die Welt richten, ist sicher der innere Kritiker. Hal und Sidra Stone haben sich sehr ausführlich mit diesem Thema beschäftigt,* so dass ich mich hier auf die wesentlichen Punkte beschränken will.

Der innere Kritiker hat grundsätzlich die Aufgabe, in einer Person die Fehler – oder was er dafür hält – zu entdecken und herauszustellen. Oft genug tut er das mit gnadenloser Genauigkeit und Unerbittlichkeit. Ein innerer Kritiker, der außer Kontrolle gerät, kann einen Menschen zur Verzweiflung bringen.

Als Johanna in meine Praxis kam, war sie eine verzagte, unsichere und ziemlich hoffnungslose Frau. Was immer sie anpackte und tat, es erschien ihr selbst lächerlich und wertlos. Aus diesem Grund hatte sie sich darauf verlegt, nur noch das Nötigste zu tun. Aber auch diese Haltung erschien ihr verachtenswert. Zu Beginn unserer Arbeit äußerte sie – gewisserma-

---

*Hal und Sidra Stone: *Du bist richtig. Mit der Voice-Dialogue-Methode den inneren Kritiker zum Freund gewinnen*, München: Heyne 1996.

ßen vorbeugend – die Vermutung, dass sie wahrscheinlich auch für Therapie ungeeignet wäre.

Wir haben bisher immer gesagt, dass wir in der Arbeit mit den Inneren Personen mit dem Offensichtlichen beginnen. Nun, der innere Kritiker ist eine der wenigen Ausnahmen zu dieser Regel. Es ist nicht ratsam, eine Kraft zu verstärken, die ihren Besitzer so offensichtlich ablehnt und verurteilt, ohne sich vorher zu vergewissern, dass die Person mit dieser Kraft auch umgehen kann. Es ging mir deshalb zunächst einmal darum, diejenigen Seiten in Johanna zu finden, die ihr den Mut und die Kraft gaben, trotz ihres negativen Selbstbildes weiterzuleben. Zu Johannas Überraschung trafen wir dabei eine Innere Person, die ihr sehr wohlgesinnt und in Liebe zugetan war. Sie war gewissermaßen das Gegenteil des Kritikers. Johanna nannte sie ihren »Schutzengel«.

Als sich Johanna auf den Platz des »Schutzengels« stellte, rechts hinter ihrem Stuhl, wurde sie mit einem Mal sehr ruhig. Sie stand aufrecht und würdevoll, den Blick auf den Stuhl gerichtet. Die Atmosphäre im Raum war warm und freundlich. Lange Zeit blieben wir still. Dann begann sie mit klarer und fester Stimme zu sprechen: dass sie Johanna liebte, so wie sie war. Dass sie immer bei ihr sein würde, um ihr zu helfen. Dass es gut wäre, wenn Johanna sie mehr spüren könnte, und dass sie sicher war, dass Johanna ihr Leben meistern würde.

Als sich Johanna wieder auf ihren Stuhl setzte, weinte sie. Es war das erste Mal seit langer Zeit, dass sie etwas Liebevolles über sich gehört hatte – und es auch glauben konnte. Kam einmal Zuwendung von außen, wurde sie sonst sofort vom Kritiker in Zweifel gezogen: »Das meinen die doch gar nicht so«, »Die wissen gar nicht, wie du wirklich bist« und ähnliche Gedanken machten ihre Freude über die Freundlichkeit von anderen sofort wieder zunichte. Aber diesmal hatte sie die Tiefe und Echtheit der Liebe selbst gespürt. Und vor allem hatte sie erfahren, dass diese Liebe und Stille ein Teil ihrer selbst waren. Ein Teil übrigens, der von den Angriffen des Kritikers nicht berührt wurde.

Die Begegnung mit dem »Schutzengel« machte Johanna Mut, noch weitere Stimmen in sich zu suchen, die mit Stärke, Stabilität und Selbstbewusstsein zu tun hatten. Das war nicht leicht, denn der Kritiker sprach ihr alle Stärke, sogar das Recht auf Stärke, rundweg ab.

Nachdem wir ungefähr ein halbes Jahr lang einmal in der Woche gearbeitet haben, wagen wir eine direkte Begegnung mit dem Kritiker. Er steht ganz dicht bei ihr, links neben ihrem Stuhl, den Blick auf sie gerichtet. Als Johanna sich auf seinen Platz stellt, scheint sie förmlich zu wachsen. Sie strahlt eine Selbstsicherheit, ja arrogante Überheblichkeit aus, wie ich sie bei ihr nicht für möglich gehalten habe. Mit verächtlichem Lächeln blickt sie auf den leeren Stuhl herab.

»Wen siehst du denn da, wenn du auf den Stuhl schaust?«, frage ich den Kritiker.

»Das erbärmlichste Wesen der Welt!«, kommt als kalte und doch lustvolle Antwort. »Ein Nichts, ein Wurm. Man sollte sie vernichten. Es ist zu widerlich.«

»Du versuchst ihr die ganze Zeit klarzumachen, dass sie eigentlich gar kein Recht hat zu existieren?«

»Oh ja, das versuche ich. Und bald hab ich sie so weit. Bald kann sie nicht mehr!«

»Willst du, dass sie sich umbringt?«

»Das wäre am besten! Dann wäre das traurige Schauspiel endlich vorbei! Sie ist so erbärmlich!«

»Was genau gefällt dir denn nicht an ihr?«

»Sie macht alles falsch! Was sie auch anfängt, es geht daneben. Immer ist sie der Verlierer. Ich hasse sie dafür.«

»Und wie zeigst du ihr, dass du sie hasst?«

»Ich sage ihr, wie idiotisch und nutzlos sie ist. Ich mache ihr ein schlechtes Gefühl. Sie fühlt sich dann wie der letzte Dreck! Dann bleibt sie wenigstens in ihrem Loch und versucht nicht wieder, sich wichtig zu machen.« Er reibt sich zufrieden die Hände.

»Du scheinst Spaß an deiner Arbeit zu haben!«

»Natürlich! Ich bin der Einzige hier, der wirklich durchblickt. Es macht Spaß, sie zu quälen. Außerdem hat sie nichts anderes verdient.«

Der Kritiker trägt all das Selbstbewusstsein und die Kraft, die Johanna im täglichen Leben vermisst. Er empfindet – wie *alle* Hauptstimmen – Spaß an seiner Aufgabe. Man darf sich von diesem »Spaß« aber nicht täuschen lassen: Wie jede Hauptstimme, so ist auch der Kritiker stark geworden, um Schmerz zu vermeiden. Das klingt angesichts des Schmerzes, den er Johanna ständig zufügt, absurd. Und doch ist es so. Der Kritiker versucht die Fehler zu finden, bevor sie von anderen gefunden werden. Deshalb durchsucht er das Verhalten, das Aussehen und die Leistungen ständig nach *möglichen* Fehlern. Hat er einen Fehler gefunden, kann die Person den Fehler ja abstellen und wird dann nicht von außen dafür kritisiert. Wächst ein Kind aber mit Menschen auf, denen man es nie recht machen kann, gerät der Kritiker außer Kontrolle. Er kritisiert *alles* – weil alles eine mögliche Fehlerquelle ist. Und je mehr Fehler er findet, desto zufriedener ist er, denn er macht seine Aufgabe ja gut. Der Spaß, den er dabei empfindet, speist sich aus dem Gefühl, Schmerz vermieden zu haben. Dieses Gefühl von Selbstzufriedenheit und Spaß empfinden die meisten Hauptstimmen, solange sie unbewusst agieren.

Es ist nicht nötig, den Kritiker zu kritisieren. Auch er handelt letztlich nur aus Liebe. Es ist nur wichtig, mit ihm in die Tiefe zu gehen, an seine Wurzeln, wo die ursprüngliche Liebe wieder sichtbar wird. Das mag nicht gleich in der ersten Sitzung gelingen. Aber schon in der zweiten Sitzung, eine Woche später, wird man einen nachdenklicheren und weicheren Kritiker antreffen als beim ersten Mal.

Aber auch jetzt schon, nach dem ersten Gespräch, hat sich für Johanna einiges geändert. Sie hat erlebt, dass die Kraft und das Selbstbewusstsein des Kritikers ihre *eigene* Kraft sind. Normalerweise erlebt sie sich ja nicht als den Kritiker, sondern als ein schwaches, minderwertiges und mutloses Kind, das seine Nachrichten empfängt und sogar glaubt. Diese schwache Seite ist meistens im Fokus. Der Kritiker aber arbeitet in der Peripherie, und obwohl er eine ständig agierende Hauptstimme ist, nimmt Johanna nicht ihn wahr, sondern nur seine Wirkung auf sie.

Johanna, das mutlose Mädchen und der Kritiker

Außerdem hat sie jetzt verstanden, dass der Kritiker sie *immer* kritisieren wird, egal, was und wie sie es tut. Diese Einsicht ist erlösend für sie. Sie muss nicht mehr versuchen, es ihm recht zu machen. Stattdessen kann sie einfach seine Reaktionen hören und sich denken:»Aha, mein Kritiker versucht mich zu retten.« Und sie kann sich, drittens, dem Mädchen in sich zuwenden, das dem Kritiker glaubt und das sich so schlecht fühlt. Sie kann dieses Mädchen mit ganz anderen Augen sehen, als es der Kritiker tut, und ihm endlich die Anerkennung geben, nach der es sich schon so lange sehnt.

Aber Vorsicht! Johanna darf aus diesen Punkten kein neues Programm machen, das sie erfüllen muss! Sonst sitzt ihr bald wieder der Kritiker im Nacken und macht ihr ein schlechtes Gewissen, weil es ihr nicht gelingt, ihren Kritiker unter Kontrolle zu bringen.

In der nächsten Sitzung, eine Woche später, treffe ich einen zwar immer noch gut gelaunten, aber doch etwas milder gestimmten Kritiker an.

»Glaube bloß nicht, dass du mich hier wegbekommst, nur weil ich dir erlaube, mit mir zu reden!«, eröffnet er das Gespräch. »Diese dumme Nuss hier«, er deutet auf den Stuhl, »macht sich nämlich schon Hoffnungen, mich loszuwerden. Dann hab ich ihr gesagt, nur ein Idiot könnte auf die Idee kommen, eine Hauptstimme loszuwerden! Und ich bin doch eine Hauptstimme, oder!«

(Kritiker lernen schnell und benutzen alles, was sie lernen, um zu kritisieren.)

»Keine Angst, ich weiß, dass ich dich nicht wegkriegen kann. Ich will dich kennen lernen und herausfinden, warum du kein gutes Haar an ihr lassen kannst.«

»Warum! Warum! Sie ist einfach dumm und unmöglich, deshalb. Sie ist widerlich. Das sag ich ihr jeden Morgen, wenn sie in den Spiegel schaut. Es wirkt zwar nicht mehr so gut wie früher, aber deshalb ist es nicht weniger wahr!« Er grinst mich triumphierend an.»Hast du dir das alles selber beigebracht, oder hattest du ein Vorbild, von dem du gelernt hast?«

»Wie meinst du das, Vorbild? Natürlich haben auch schon andere gemerkt, wie dumm sie ist. Ihre Brüder zum Beispiel. Ihr Vater, ihre Mutter, ihre Lehrer. Das waren meine Vorbilder. Ich hab sie alle überflügelt ... Das ›widerlich‹ hab ich von ihrer Mutter. Immer morgens, wenn die Mutter schlechte Laune hatte, hat sie zu ihr gesagt: ›Schau nicht so widerlich!‹ Dann hat sie versucht, nett zu schauen. Dann hat die Mutter gesagt: ›Grins nicht so widerlich!‹

Er hält inne. »Sie war noch ziemlich klein.« Seine gute Laune verschwindet langsam. »Ich dachte, ich kann ihr helfen. Ich muss ihr doch sagen, was nicht stimmt. Sie merkt es doch nicht selbst.« Er blickt auf den Stuhl. »Sie ist verdammt klein.«

Der Kritiker will es nicht gleich eingestehen, aber seine Liebe ist zu fühlen. Das reicht, um ihn aus seiner Selbstzufriedenheit zu erlösen. Er hat jetzt wieder eine Verbindung zu dem Kind, das er eigentlich beschützen will. Er wird deswegen nicht aufhören, Johannas Fehler zu suchen. Aber er wird mit der Zeit immer mehr zum Berater, der ihr Hinweise gibt. Und eine andere Seite, die bisher kaum eine Chance hatte, wird ihn ausbalancieren: der Richter in Johanna, der die Schwächen der anderen sieht.

Es gibt neben dem Kritiker noch viele verschiedene Arten von Stimmen, die ihre Aufmerksamkeit auf die Person richten. Manche tragen die Gesetze, nach denen die Person leben soll, und überwachen deren Einhaltung. Manche machen der Person Angst, indem sie ihr Bilder und Prophezeiungen von Katastrophen schicken. Manche unterstützen sie liebevoll. Manche versperren ihr den Weg in die Welt. Manche treiben sie zu immer mehr Leistung an.

Eines haben sie jedoch fast immer gemeinsam: Sie selbst sind in der Peripherie, und der Empfänger ihrer Botschaft ist im Fokus. Die Person erlebt sich selbst als der schwächere, empfangende Teil, der die Botschaft entweder treu befolgt, unter ihr zusammenbricht oder gegen sie rebelliert. Die Stimme wird zum »Täter«, der Mensch selbst erlebt sich als das »Opfer«.

Sehr oft wird die Hauptstimme auch auf andere Menschen projiziert. Diese Menschen bekommen dann die gleiche Reaktion zu spüren, die eigentlich der Hauptstimme gilt: Anpassung, Resignation oder Rebellion.

Es gibt zum Beispiel Menschen, deren Antreiber so stark ist, dass sie gar nichts mehr tun können. Ihre Umwelt wird sie für äußerst faul halten. Dabei ist eigentlich das Gegenteil der Fall. Der Teil in ihnen, der die Ansprüche des Antreibers hört und ernst nimmt, hat aber resigniert. Vielleicht hat er lange

Antreiber, immune Seite und Kind, das resigniert hat

versucht, ihnen gerecht zu werden, und dabei erfahren, dass er sowieso nie genügen kann. Gleichzeitig hat sich eine andere Seite in den Vordergrund geschoben, die gegen die Anforderungen des Antreibers immun ist. Solange sie im Fokus ist, stoßen die Befehle des Antreibers auf taube Ohren. Nur so lässt sich das Leben einigermaßen aushalten.

Dagegen erlebt sich jemand, dessen Antreiber sich auf die Welt bezieht, und nicht auf die Person, aus einer völlig anderen Perspektive. Er *ist* der Antreiber, und nicht der Empfänger von dessen Befehlen. Er hat deshalb Spaß an seinen Aktivitäten. Das Kind, das unter dem vielen Tun leidet, und die »faule« Seite, die die Ansprüche des Antreibers ignorieren könnte, sind entweder verdrängt oder drängen sich, wenn die Belastung zu groß wird, in den Vordergrund – notfalls über den Umweg körperlicher Symptome.

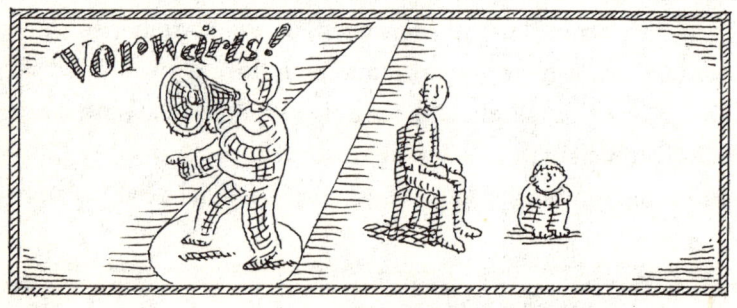

Antreiber, in die Welt gerichtet, und resigniertes Kind

An diesem Beispiel sehen wir noch einmal, wie entscheidend die *Position* einer Inneren Person für ihre Wirkung auf das Ganze ist.

Wenn sich eine Innere Person auf uns selbst richtet, kann sie uns zu einem bestimmten Verhalten zwingen. In einer

Voice-Dialogue-Sitzung haben wir die Möglichkeit, diesen Zwang aus ihrer Position heraus zu erleben.

Wir wechseln willentlich den Fokuspunkt. Wir schlüpfen in den »Täter« hinein, der ja genauso ein Teil unserer eigenen Psyche ist. Meist merken wir, dass diese Position Spaß macht und ein Gefühl von Stärke und Macht vermittelt. Diese Kraft in sich zu spüren, zu merken: »Das ist ja ein Teil von mir! Das bin ich *auch*!«, gibt dem Bewussten Ich die Möglichkeit, die Kraft zu integrieren.

Dann wechseln wir wieder den Fokuspunkt. Wir schlüpfen in das »Opfer«, das die Anweisungen des Täters empfängt und entweder ausführt oder verweigert. Diese Rolle ist uns natürlich meist vertrauter. Aus ihrer Perspektive erleben wir den Täter als übermächtig und böse und uns selbst als hilflos und ohnmächtig. Und diesmal merken wir: »Das ist nur *ein* Teil von mir. Das bin ich nicht nur!« Das gibt dem Bewussten Ich die Möglichkeit, die Identifikation mit der Opferseite zu lösen.

Das Bewusste Ich stellt sich jetzt gewissermaßen zwischen die Hauptstimme, die den Zwang ausübt, und die andere Hauptstimme, die den Zwang erfährt, und sorgt für beide.

Bewusstes Ich sorgt für »Opfer« und »Täter« (beides Hauptstimmen)

Damit ist der fatale Kreislauf unterbrochen. Beide Seiten sind aus ihrer Automatik erlöst, und die Geschenke beider können ausgeschöpft werden.

Im dritten Teil unserer Untersuchung zur »Position im System« haben wir uns mit der unterschiedlichen Wirkung der Inneren Personen je nach ihrer Wirk-*Richtung* beschäftigt. Wir haben gesehen, dass die Entwicklung beider Richtungen wichtig ist, dass eine einseitige Entwicklung gravierende Auswirkungen auf das Gleichgewicht der Psyche haben kann und wie ein Ausgleich möglich ist.

Wir wollen uns nun mit dem vierten Gegensatzpaar beschäftigen:

Position 4: Kontakt und Isolation

Um die Bedeutung dieses Gegensatzpaares zu erkennen, schauen wir wieder wie mit dem Vergrößerungsglas auf die internationale politische Szene.

Sie kennen einige Länder, die sich dem Kontakt mit der Staatengemeinschaft systematisch entziehen. Zur Zeit ist es vor allem Nordkorea, vor der Wiedervereinigung Deutschlands war die DDR und vor der Perestroika die Sowjetunion ein gutes Beispiel. Die selbst gewählte Isolation dieser Länder führt, neben vielen anderen Effekten, vor allem zu einem Phänomen: Diese Staaten gewinnen überproportional an Bedeutung. Sie gewinnen an Macht. Durch die rigorose Abgrenzung, die unbeugsame, radikale Position und die Geheimhaltung ihrer genauen Pläne und Ziele wirken sie bedrohlich, unberechenbar und fremd.

Betrachten Sie nur den Unterschied zwischen der DDR mit ihren Grenzstreifen, Stasi-Spitzeln und ideologischen Zielen früher und den fünf neuen Bundesländern heute: das gleiche Territorium, die (fast) gleiche Bevölkerung – aber welch ein Unterschied in der Bedeutung! Die Teilung Deutschlands, und gleichzeitig Europas, hielt jahrzehntelang die Welt in Atem. Heute machen wir uns vor allem Sorgen um die wirtschaftliche Entwicklung dieser Region.

Welche Bedeutung hätte Nordkorea noch, wenn es mit Südkorea vereinigt wäre? Welche Bedeutung hatte Serbien, solange es noch Teil des alten Jugoslawiens war? Sicher nicht völlig bedeutungslos – aber der Größe, der kulturellen und wirtschaftlichen Kraft der Region angemessen.

Die Isolation erlaubt es diesen Ländern, eine extreme Position einzunehmen, die durch keinen fremden Einfluss in Frage gestellt werden kann.

Das gleiche Phänomen beobachten wir in der Psyche. Innere Personen, die einen isolierten Platz im inneren System einnehmen – und einnehmen wollen –, gewinnen überproportional an Macht und Einfluss. Weil sie ihre Haltung nicht im Kontakt mit anderen Kräften oder der Umwelt erproben und messen müssen, können sie auch extreme Überzeugungen lange Zeit aufrechterhalten. Der Vorteil dieser Dynamik sind eine enorme Eindeutigkeit und die damit verbundene Schärfe und Kraft – die allerdings nur allzu oft in Fanatismus umschlagen.

Ich erinnere mich noch sehr lebhaft an eine Voice-Dialogue-Sitzung, die ich vor vielen Jahren gab.

Peter war auf der Suche nach Gott. Er hatte eine sichere und gut bezahlte Stellung aufgegeben, seine Frau verlassen und jahrelang in christlichen Basisgemeinden ohne Privateigentum gelebt. Entbehrungen, Fasten, Zölibat und ein ständiges Ringen um »innere Reinheit« bestimmten sein Leben. Eigentlich fühlte er sich sehr unglücklich, aber die Aussicht, Gott irgendwann nahe zu sein, trieb ihn immer weiter.

Er war ein blasser Mann mit einer etwas monotonen Stimme. Nur wenn er von seinen geistigen Zielen sprach, gewann er ein Charisma und eine Eindringlichkeit, die seinem Ausdruck sonst völlig fehlten. Irgendwann während unserer Arbeit kam er von allein auf die Idee, dass da eine Innere Person sein könnte, die für seine Religiosität – und damit für fast sein ganzes Leben – verantwortlich sein könnte. Wir wagten eine direkte Begegnung.

Die Wucht dieser ersten Begegnung war so groß, dass ich, ohne es zu wollen, zu lachen begann. Nicht weil es so lustig war, nein, ich konnte die Intensität einfach nicht aushalten. Diese Innere Person war so entschlossen, Peter zum Ziel zu führen, und so radikal überzeugt von der Richtigkeit ihres Glaubens, dass sie alle seine Kräfte wie ein Brennglas bündelte. Hohe Geistigkeit und Lust an der eigenen Macht waren in ihr eine unerschütterliche Liaison eingegangen. Sie sprach zwar dauernd von religiösen Inhalten, hatte interessanterweise aber selbst keine überpersönliche Qualität. Sie hielt sich für den einzig realen Teil von Peters Persönlichkeit. Alle anderen Kräfte waren in ihren Augen – und sie unterstrich das mit einer wegwerfenden Handbewegung – »Dreck«. Dreck, den es zu überwinden und loszuwerden galt. Sex, Liebe, Fröhlichkeit, Genuss – alles Teufelswerk. Seit 20 Jahren versuchte sie schon, sie abzutöten. Sie hatte eine sehr genaue Vorstellung von den Segnungen, die Peter eines Tages genießen durfte, wenn er ihr nur bis zum Ziel folgte. Mit diesem Versprechen hielt sie ihn bei der Stange.

Durch ihre absoluten Überzeugungen und ihren isolierten Platz im System, der aufgrund ihrer großen Macht entstanden war, kam sie nie in Versuchung, ihre Haltung kritisch zu hinterfragen. Das Gespräch mit mir war ihr erster Kontakt mit einem sie selbst reflektierenden Bewusstsein. Das ging natürlich nur, weil ich sie nicht angriff oder in Frage stellte. Sie hatte schon viele solche Angriffe überstanden (nicht alle Mitmenschen waren einverstanden mit Peters Lebensführung) und hatte sogar eine gewisse Lust an der Auseinandersetzung entwickelt. Aber sich selbst in all ihrer Größe und Absolutheit zu betrachten, war neu für sie – und für Peter.

Als Peter nach dem Gespräch auf den Platz in der Mitte zurückkehrte, war er erschüttert. Sein Leben lang war er einer Inneren Person gefolgt, die ihm Ekstase und Erlösung versprochen hatte – selbst aber keine Verbindung zu solchen Qualitäten hatte. Er war ihr gefolgt, ohne sie zu kennen, denn er hatte sie immer »Ich« genannt.

Natürlich sind isolierte Stimmen nicht nur an der Oberfläche und im Fokus anzutreffen, wie das bei Peter der Fall war. So etwas ist eher selten. Öfter finden wir isolierte Stimmen in den Tiefen des Systems, wo selten eine Bewegung von der Oberfläche des täglichen Lebens hinabdringt. Dort können sie, völlig unbemerkt von der Person, zu der sie gehören, und unbeeindruckt von der jeweiligen äußeren Lebensrealität, ganz grundsätzliche Haltungen einnehmen, die das Leben der Person nachhaltig prägen.

Solche Stimmen tragen oft die Überzeugung von Allmacht. Unabhängig davon, wie machtlos die Person in der Welt erscheint: Tief in ihrem inneren System lebt eine Kraft, die von ihrer eigenen Überlegenheit und Einzigartigkeit überzeugt ist. Durch ihre Augen betrachtet erscheint das Leben der Person, vielleicht auch die ganze menschliche Welt, verachtenswert und jämmerlich. Sie aber hat sich über diese Dinge erhoben und wartet nur noch darauf, dass das irdische Leben zu Ende geht und sie aus der Teilhabe daran erlöst wird.

Manche dieser Kräfte sind so abgespalten vom Rest der Persönlichkeit, dass sie gar nicht wahrnehmen, Teil eines größeren psychischen Systems zu sein. Das hat nichts mit Schizophrenie zu tun. Wir finden solche Inneren Personen in vielen völlig normalen und stabilen Menschen. Wenn es gelingt, eine solche Kraft bewusst zu machen und dadurch wieder an das Ganze anzuschließen, kann das einen enormen Zuwachs an Kraft und Lebenswillen für die Person bedeuten.

Der Anschluss an das Bewusstsein ist der schnellste Weg, eine isolierte Innere Person wieder einzubinden. Je bewusster uns eine Innere Person wird, desto mehr kann sie ihren angemessenen Platz im Ganzen einnehmen. Sie kommt in Kontakt mit der Lebensrealität des Menschen und mit den anderen Kräften im System und muss sich dort, ihren Fähigkeiten und Kräften gemäß, bewähren.

Nun wenden wir uns dem fünften und letzten Kontinuum zu, das uns hilft, den Platz einer Inneren Person im Ganzen der Psyche zu definieren:

Position 5: Oberfläche und Tiefe

Oberfläche und Tiefe sind die zwei Seiten der gleichen Medaille. Jede Tiefe braucht ihre Oberfläche, um sich zu schützen und zu verbergen. Und die Oberfläche braucht die Tiefe, sonst wird das Leben flach und beliebig.

Psychologen und Psychotherapeuten sind oft zu fasziniert von »Tiefe«. Sie wollen – möglichst schnell – herausfinden, was »hinter« einem bestimmten Verhalten steckt. Dabei übersehen sie leicht, dass das »Offensichtliche«, also die Oberfläche, *in sich* bereits die Information trägt, die man für ein Verständnis der Situation und für eine heilsame Veränderung braucht. Und dass die Oberfläche selbst die Tür ist, durch die man in die tieferen Räume eintreten kann.

An der Oberfläche trifft man immer die Inneren Personen an, die von der Psyche als die fähigsten *Vertreter des Menschen in der Welt* ausgesucht wurden. Sie *repräsentieren* den Menschen in der Welt. Sie bestimmen, wie der erste – und manchmal auch einzige – Eindruck ist, den man von einem Menschen bekommt. Oft (aber nicht immer) liegt bei ihnen auch der Fokus: Der Mensch empfindet so wie die Stimmen an der Oberfläche. Das kann natürlich zum Problem werden, denn die Inneren Personen, die *unter* der Oberfläche, in den tieferen Schichten der Psyche leben, haben so fast keine Chance, sich im Leben der Person zu manifestieren und *ihre* Geschenke und Möglichkeiten einzubringen.

Die Psyche eines jeden Menschen erprobt in langjährigen »Versuchsreihen«, wer von den Inneren Personen am besten geeignet ist, den Menschen in der Welt zu repräsentieren. Diese Versuchsreihen finden unter sehr speziellen Bedingungen statt, vor allem im Labor der Ursprungsfamilie, mit einem sehr kleinen und verletzlichen Versuchskandidaten.

Dabei steht die Psyche vor einem schwierigen Dilemma. Was ist wichtiger: Sicherheit oder Entfaltung? Überspitzter ausgedrückt: Ist *Über*leben wichtiger oder Leben? Sicherheit bedeutet Überleben, Entfaltung bedeutet Leben in seiner ganzen Fülle. Die Erfahrung zeigt, dass die Psyche sich im

Zweifel immer für das Überleben, also für die Sicherheit, entscheidet. Sicherheit ist ihr wichtiger als Entfaltung. Das ist auch sinnvoll, denn Überleben ist die Voraussetzung für Leben und Entfaltung.

So kommt es, dass wir bei vielen Menschen Kräfte an der Oberfläche des psychischen Systems finden, denen die Sicherheit des Menschen mehr bedeutet als seine Entfaltung. Was für die einzelne Person in ihrer speziellen Umgebung Sicherheit bedeutet, kann sehr unterschiedlich sein. Für viele ist es die Kunst der Anpassung, das Demonstrieren einer gewissen Normalität, hinter der dann die Individualität, Impulsivität und Originalität verschwinden, die dem Leben der Person großen Reichtum und Glanz verleihen könnten.

Nun taucht in psychologisch-therapeutischen Kreisen immer wieder das Argument auf, man könne doch auf die alten, angepassten und sicherheitsorientierten Verhaltensweisen gut verzichten, weil die äußeren Umstände jetzt ganz anders seien als zur Zeit ihrer Entstehung. Das stimmt, zumindest zum Teil. Die äußeren Umstände sind in vielerlei Hinsicht anders als damals. Aber die inneren Umstände sind noch recht ähnlich!

Ein Beispiel:

In einer Person, die schon lange erwachsen, verantwortungsvoll und vernünftig ist, lebt noch immer das Kind, das sich vor den *unberechenbaren* Emotionen seiner Mitmenschen fürchtet. Es hat schon früh die Erfahrung gemacht, dass die Stimmungen der Menschen, die man liebt, ganz plötzlich umschwenken können und dass diese plötzlichen Schwankungen wehtun: Gerade noch hat man gescherzt und gelacht, da treffen einen, ganz unvermittelt, die Wut und Kritik des geliebten Menschen.

Dieses innere Kind wird von einer Hauptstimme beschützt, die die Person nach außen etwas starr und maskenhaft erscheinen lässt. Diese Hauptstimme ist ein Teil der Oberfläche. Kommt die Person nun in Therapie und beklagt sich darüber, dass sie sich so schwer tut, ihre Gefühle auszudrücken und Nähe zuzulassen, wird ihre »Starrheit« leicht als Grund für die Misere ausgemacht. Jetzt sagt man der Person: »Du bist so maskenhaft und starr. Du musst in Bewegung kommen, deine Gefühle zeigen. Was verbirgt sich denn hinter deiner Maske? Du brauchst sie nicht mehr, denn deine Umgebung hat sich geändert.«

Ein *Teil* der Person leidet unter der Starre: der Teil nämlich, der gerne mehr Kontakt und Lebendigkeit hätte. Ein anderer aber braucht die Starre, denn er ist sich nicht sicher, ob wirklich alles so anders geworden ist: das ängstliche Kind. Es hat sehr wohl mitbekommen, wie der Kollege im Büro vor gar nicht so langer Zeit die Person angeschrien hat, nur weil etwas schief gelaufen war. Da waren das Kind und ein paar andere im inneren Team sehr froh über das undurchdringliche »Pokerface«, das sich vor sie gestellt hatte. So hat wenigstens niemand die Angst gesehen, und die Wut des anderen hat nicht so tief getroffen.

Pokerface ist viel mehr als einfach nur »Starrheit«. Pokerface ist seines Zeichens Spezialist für Überleben in einer unberechenbaren Welt, in der sich die Stimmungen der Mitmenschen von einem Moment zum andern ändern können, und er ist stolz auf seine Fähigkeiten. Außerdem liebt er das ängstliche Kind, zu dessen Schutz er arbeitet.

All dies könnte man ganz leicht herausfinden, wenn man sich die Mühe machte, mit Pokerface zu sprechen. Man würde bald sehen, wie menschlich er ist und wie umgänglich –

wenn er merkt, dass man ihn ernst nimmt und versucht, ihn zu verstehen. Dann fasst er Vertrauen, und dann erlebt man das Unglaubliche: Pokerface, der die Tür zu den tieferen Schichten der Psyche vor langen Jahren verschlossen hat, holt selbst den Schlüssel hervor und schließt die Tür ganz vorsichtig wieder auf. Er begleitet uns hinein in die dunkleren Räume, um mit uns nachzusehen, wie es seinem Schützling, dem ängstlichen Kind, wirklich geht. Und wenn er überzeugt ist, dass wir als Freund gekommen sind, dann vertraut er uns das Kind an. Wir danken ihm für alles, was er in all den Jahren getan hat, vor allem aber für seine Liebe. Wir versprechen ihm, ihn zu ehren, und erlauben ihm, immer einzugreifen, wenn er das für nötig hält.

Pokerface entspannt sich. Er fühlt sich verstanden, er sieht, dass man seine Aufgabe ernst nimmt und dass er jetzt Hilfe bekommt vom Bewussten Ich, das sich, zusammen mit ihm, um das ängstliche Kind kümmert. Pokerface nimmt allmählich einen Platz im System ein, der seiner Bedeutung gemäß ist.

Wie anders ergeht es ihm aber, wenn er nicht anerkannt wird. Er hört Worte wie »altes Muster, Panzer, Blockade, Konditionierung, Widerstand«. Worte mit mehr oder weniger missbilligendem Unterton. Er begreift, dass er im Weg ist, dass er weg soll. Er wird reduziert auf die Starre im Gesicht und die Wortlosigkeit, wenn es um Gefühle geht. Es ist, als würde man nur die Rüstung sehen, und nicht den Wächter, der in der Rüstung steckt. Pokerface wird steif, er duckt sich, weicht aus oder wehrt sich.

Ich habe mich immer über den Begriff »Widerstand« in der Therapie gewundert. Nicht weil es da keinen Widerstand gibt, sondern weil er immer nur in Bezug auf den Klienten gesehen wird. Zum Widerstand gehören aber zwei: einer, der etwas will, und ein anderer, der sich dagegen wehrt. Wenn der Therapeut etwas will, gegen das sich eine Innere Person im Klienten wehrt, entsteht Widerstand. Der Wille des Therapeuten ist Teil des Problems.

Natürlich will der Therapeut eine Veränderung bewirken. Er will den Klienten zu einer Einsicht bringen, er will sein Verhalten ändern oder er will ihm zu einer neuen Erfahrung verhelfen. Wenn er auf Widerstand stößt, heißt das nur, dass er mit einer Inneren Person spricht, die etwas anderes will als er. Wenn er nun seine eigenen Vorstellungen und Ziele beiseite stellen kann und sich auf diesen Widerstand einlässt, ihn ernst nimmt und in seiner Tiefe untersucht, wird der Widerstand verschwinden. Das geht aber nur, wenn es der Therapeut ehrlich meint. Er muss letztlich bereit sein, den Willen der Inneren Person zu respektieren. Wenn er sich aber auf den Widerstand einlässt, nur um ihn besser und schneller überwinden und loswerden zu können, missbraucht er das Vertrauen der Inneren Person und wird bald auf noch wirksameren und subtileren Widerstand stoßen.

In unserem Beispiel aber haben wir den Widerstand, den Pokerface gegen zu viel Lebendigkeit hat, gewürdigt, und wir haben die inneren Gründe seiner Haltung verstanden.

Da geschieht etwas Merkwürdiges: Eine andere Gestalt löst sich aus dem Schatten der Peripherie und der Tiefe und tritt in den Fokus und an die Oberfläche. Sie stand schon lange in der Nähe – nicht so nahe an der Oberfläche wie Pokerface, sondern etwas tiefer; aber immer noch nahe genug, um alles mitzukriegen, was sich da so abspielt zwischen der Person und der Welt. Sie hat noch mehr Macht als Pokerface. Vor langer Zeit hat sie beschlossen, niemandem mehr zu trauen und allen Menschen mit Vorsicht zu begegnen. Sie muss nicht viel sagen. Sie steht einfach nur da und hält Abstand. Der Mensch selbst hat sie nie wahrgenommen, aber er hat sich immer gewundert, warum dieses Gefühl von Abstand bleibt, egal, wie herzlich eine Beziehung auch ist.

Wieder treten wir in einen Dialog mit ihr, ein Dialog ohne viel Worte. Die Gestalt spricht mehr mit ihrer Körperhaltung und mit ihrer Ausstrahlung. Wir würdigen ihre Präsenz, ihre Entschlossenheit, ihre Ausdauer. Wir lernen sie tiefer kennen, verbringen Zeit mit ihr. In ihrer Essenz sagt sie: »Ihr kriegt mich nicht mehr!«

Wir verfolgen kein bestimmtes Ziel. Wir bleiben einfach mit dem, was ist. Und wieder öffnet sich nach einiger Zeit, wie von allein, eine neue Tür, und eine andere Person tritt in den Fokus, wiederum aus einer tieferen Schicht. So bewegen wir uns im inneren System von einem Raum zum nächsten, und fast unmerklich kommen wir dabei von der Oberfläche in die Tiefe.

Dieses Vorgehen mag etwas zufällig erscheinen, denn es lässt sich vom Prozess selbst führen, und nicht von einer vorgefassten Absicht. Die Zufälligkeit ist aber nur scheinbar. Denn wir folgen genau der Struktur, die die Psyche im Laufe ihrer Entwicklung selbst entstehen ließ – nur in umgekehrter Richtung. Man kann sich eine Art Landkarte anlegen, auf der man alle Inneren Personen einträgt, denen man im Laufe der Arbeit begegnet ist. Man erkennt dann nach einer Weile immer deutlicher die Zusammenhänge und Strukturen dieses Netzwerkes.

Manchmal dauert es mehr als 50 Sitzungen, bis man schließlich bei einer Inneren Person landet, die sozusagen am Dreh- und Angelpunkt des ganzen Hauptstimmen-Systems sitzt. Ist dieser Punkt gefunden, entspannt sich das ganze System. Es ist wie mit einem Gummi, der verdreht war und wieder in seine ursprüngliche, runde Form zurückgefunden hat. An diesem Punkt ist das »Aufräumen« der Psyche geschafft. Das heißt natürlich nicht, dass die innere Entwicklung zu Ende ist – im Gegenteil! Aber ab diesem Punkt geht es nicht mehr hauptsächlich um die Bewältigung alter Themen, sondern immer mehr um die Gestaltung der Gegenwart.

Wir folgen also in der Frage nach Oberfläche und Tiefe dem etwas paradoxen Prinzip:

Wir finden die Tiefe, indem wir die Oberfläche ehren.

Tiefe bedeutet noch viel mehr, als die zentrale Hauptstimme zu finden. Je tiefer wir in unser psychisches System vordringen, desto gewaltiger, ergreifender und wesenhafter werden die Kräfte, denen wir begegnen – und zwar auf allen fünf Kontinenten. Es bedarf einiger Stabilität des Systems, um diese Kräfte halten, ausbalancieren und dadurch auch kreativ nutzen zu können. Es gibt aber auch wenig anderes auf dieser Welt, was ähnlich beglückend und befriedigend ist wie ein tiefer Kontakt zu sich selbst.

Normalerweise erreichen Menschen diese beglückende Tiefe – wenn überhaupt – nur in wenigen Bereichen. Wieder ist es die starke und einseitige *Identifikation*, die uns die Stoßkraft und Ausdauer verleiht, um eine innere Kraft in ihrer ganzen Tiefe zu erfahren: der Künstler, der sich ganz mit seinen intuitiven, kreativen und gestaltenden Seiten identifiziert und tiefe Erfüllung im kreativen Prozess findet; der Geschäftsmann, der sich ganz mit seinen geschäftüchtigen Seiten identifiziert und tiefe Befriedigung im Erfolg seiner Unternehmungen findet; die Mutter, die sich ganz mit ihren warmherzigen, sorgenden und gebenden Seiten identifiziert und ihre ganze Freude im Kontakt mit ihrer Familie findet; der spirituelle Sucher, der sich in der Stille seiner Meditationen verliert und seine Ekstase in Gott findet.

Alles, was wir mit großer Intensität, mit »ganzem Herzen« tun, kann uns in die Tiefe unseres Seins führen. Aber leider ist die Psyche – und das ganze Leben auf diesem Planeten – nicht so einfach gestrickt, dass es genügen würde, dass jeder nur seine Lieblingsbeschäftigung findet, und alles wird gut.

> **Identifikation bedeutet fast immer auch Einseitigkeit. Und jede Einseitigkeit hat ihren Preis.**

Der Künstler ist nicht in Kontakt mit seinen geschäftstüchtigen Seiten (vielleicht wird er sogar behaupten, die habe er gar nicht); der Geschäftsmann kennt nicht den Künstler in sich (und sagt, das hätte ihn noch nie interessiert); die Mutter muss auf ihre welt- und karriereorientierten Seiten verzichten (und erklärt, das sei sowieso nicht ihre Sache); der Sucher wendet sich ab von der »Welt« (und ist überzeugt, etwas viel Besseres gefunden zu haben).

Diese Einseitigkeiten müssen zunächst kein Problem sein. Besonders wenn es *Phasen* in unserem Leben sind, die wir der ausschließlichen Erfahrung einer einzelnen Energie widmen, dann sind Intensität, Totalität und Tiefe das Geschenk der Einseitigkeit. Aber meist hat die Einseitigkeit ihre Wurzeln in einer Identifikation, die Schmerz vermeiden und Stabilität erzeugen soll. Dann bleibt es nicht bei einer vorübergehenden Phase, und Einseitigkeit wird zur Grundhaltung, die zu immer neuen Schwierigkeiten, Spannungen und Verwerfungen im Gleichgewicht der Psyche führt.

Jede Energie hat ihr Geschenk. Jede Energie hat ihre Begrenzung. Je mehr Kräfte in unserem Inneren blühen können, desto reicher, bunter und letztlich stabiler kann unser Leben verlaufen. Um diese lebendige Vielfalt zu finden, müssen wir uns aus dem Zwang lösen, den uns die unbewusste Identifikation mit unseren Hauptstimmen beschert. Dann entstehen Raum und Freiheit, unser ganzes Menschsein in all seinen Formen, mit seinen Oberflächen und seinen Tiefen ins Leben zu bringen.

Oberfläche und Fokus

Oberfläche und Fokus sind nicht das Gleiche.

Eine Innere Person, die an der Oberfläche liegt, ist für die Welt, das heißt für jeden, der von außen auf die Person zukommt, sichtbar. Eine Innere Person, die im Fokus liegt – egal, ob an der Oberfläche oder in der Tiefe –, bestimmt, wie der Mensch sich selbst wahrnimmt und wie er die Welt erlebt.

Oft sind Oberfläche und Fokus identisch: Wir erleben uns selbst als die Inneren Personen, die an der Oberfläche des Systems liegen und für die Welt sichtbar sind. Oft ist es aber auch ganz anders: Der Fokus liegt in der Tiefe, während andere Stimmen an der Oberfläche agieren, die zwar jeder von außen wahrnehmen kann, von denen wir selbst aber nichts oder fast nichts merken.

Gerda war so ein Mensch. Sie hatte schon immer einen intensiven Kontakt zu einem inneren Kind in sich. Dort lag ihr Hauptfokus. Sie blickte praktisch aus den Augen des Kindes in die Welt, sie empfand und fühlte wie es. Dieses Kind war kein bedürftiges Kind, sondern ein recht unabhängiges und eigensinniges Wesen, das einen sehr klaren Sinn für Gerechtigkeit und Fairness hatte und das sich sehr mit der Natur verbunden fühlte. Seit Gerda ungefähr drei Jahre alt war, war es zu einer Hauptstimme geworden und hatte seinen Platz auch lange Zeit ganz an der Oberfläche von Gerdas System. Dieses Kind war sehr offen und dadurch entsprechend leicht zu verletzen oder zu enttäuschen. Und es war im Laufe von Gerdas Leben auch oft genug enttäuscht worden. Weil es wie selbstverständlich davon ausging, dass die anderen Menschen genau wie es selbst ein Bedürfnis nach Offenheit und Gerechtigkeit hätten, war es jedes Mal maßlos enttäuscht und verletzt, wenn es merkte, dass es »verraten« worden war. Und so verschwand dieses Kind mit der Zeit immer mehr von der Oberfläche. Gerda bemerkte davon sehr wenig, denn ihr Fokus blieb unverändert bei dem Kind.

Statt des Kindes nahm nun eine Gruppe von Hauptstimmen den Platz an der Oberfläche ein, die versuchte, das Kind zu schützen und es vor immer neuen Enttäuschungen zu bewahren. Zu dieser Gruppe gehörte ein Beobachter, der Gerdas Umwelt mit größter Aufmerksamkeit studierte, um herauszufinden, wem man trauen konnte und wem nicht. Ein anderer war einfach nur verschlossen, misstrauisch und hielt Abstand. »Auf euch fall ich nicht mehr herein!« war ein Kernsatz während eines unserer Gespräche. Eine dritte Seite war sehr intellektuell. Sie verwickelte jeden, der Gerda nahe genug kam, in komplizierte philosophische Gespräche, die im Grunde aber alle nur auf eine Frage hinausliefen: Könnte der andere das wesenhafte und offene Kind, das sich hinter den Hauptstimmen verbarg, verstehen und mit Achtung behandeln?

Das Problem war, dass Gerda sehr wenig Bewusstsein über diese Hauptstimmen besaß und deshalb die Reaktionen ihrer Umwelt auf sie nicht verstehen konnte. In ihrer eigenen

Wahrnehmung war sie immer noch ein unschuldiges, offenes, vertrauensvolles und gerecht empfindendes Wesen. Wieso behandelten sie andere dann so unfreundlich und zurückweisend?

In unserer gemeinsamen Arbeit musste ich mit den Hauptstimmen an der Oberfläche anfangen, auch wenn Gerda erst einmal gar nicht verstand, wovon ich überhaupt sprach. Aber es wäre sonst gar nicht möglich gewesen, direkt mit dem Kind in Kontakt zu kommen – die Hauptstimmen hätten mich nicht durchgelassen.

Dass der Fokus nicht mit der Oberfläche, also dem Offensichtlichen, übereinstimmt, ist immer wieder ein merkwürdiges Phänomen. »Merkt der denn gar nicht, wie er auf andere wirkt?«, hört man manchmal Leute fragen. »Nein, wahrscheinlich merkt er es nicht«, müsste man antworten, »denn er fühlt tief innen etwas ganz anderes, als seine Hauptstimmen an der Oberfläche zeigen.« Und nur da, wo der Fokus im System ist, kann ich mich selbst wahrnehmen. Alles andere ist so weit weg, als gehörte es zu einer anderen Person.

Zusammenfassung

Wir haben fünf Gegensatzpaare untersucht:

Hauptstimme	–	verdrängte Stimme
Fokuspunkt	–	Peripherie
Richtung Welt	–	Richtung Person
Kontakt	–	Isolation
Oberfläche	–	Tiefe

Mit ihrer Hilfe können wir ziemlich genau beschreiben, in welcher Position sich eine beliebige Innere Person im Gesamtsystem der Psyche befindet.

Es ist sinnvoll, die Gegensätze als Pole zu betrachten, zwischen denen viele Abstufungen möglich sind. Zum Beispiel:

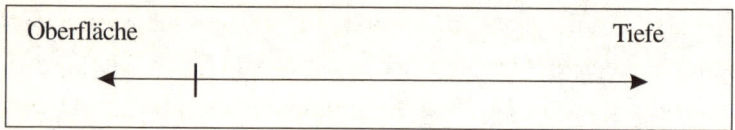

Eine Innere Person, die eher an der Oberfläche liegt, aber nicht ganz, könnte man auf einer Achse zwischen Oberfläche und Tiefe so eintragen wie auf dieser Abbildung.

Natürlich braucht man Erfahrung, um ein Gefühl dafür zu bekommen, was Tiefe und Oberfläche bedeuten. Wie tief die Psyche letztlich ist, wird man nie wissen: Das Unbewusste ist eben unbekannt. Außerdem kann sich die Position immer wieder ändern. Zum Beispiel können Innere Personen, die normalerweise nur in der Tiefe leben, unter besonderen Umständen – etwa bei Gefahr oder wenn wir uns verlieben oder während einer Voice-Dialogue-Sitzung – an die Oberfläche kommen und sichtbar werden. Oder eine Innere Person wendet sich entgegen ihrer Gewohnheit auf einmal der Welt zu. Solche Veränderungen können nur vorübergehend sein oder sich für längere Zeit etablieren.

Es sind alle Kombinationen zwischen den fünf Gegensatzpaaren möglich, auch eher ungewöhnliche. Eine Innere Person kann zum Beispiel eine *verdrängte Stimme* sein, die gerade im *Fokus* ist, sich *auf die Person* richtet, in der *Tiefe* des Systems lebt und dort in *Kontakt* mit anderen Kräften ist. Oder es handelt sich um eine *Hauptstimme*, die in der *Periphe-*

rie liegt, *auf die Welt schaut*, eher an der *Oberfläche* angesiedelt ist, aber *isoliert*.

Die Erfahrung lehrt: Alles, was möglich ist, gibt es auch. Diese Vielfalt an Möglichkeiten lebt in jedem Menschen. Wenn Sie sich vorstellen, was passiert, wenn 15 Hauptstimmen gleichzeitig existieren, von denen einige zusammenarbeiten, ein paar andere das Gegenteil der ersten Gruppe anstreben und sich die restlichen um Themen kümmern, die mit den ersten überhaupt nichts zu tun haben – und all dies passiert in verschiedenen Schichten, die sich gegenseitig beeinflussen –, dann bekommen Sie ein sehr realistisches Bild von der Spannung und Komplexität, die in jedem von uns herrschen. Umso wichtiger scheint es, das Bewusstsein als erkennenden und ordnenden Faktor in das System einzuführen; als jemanden, der viele der Kräfte kennt, der um ihre Vorteile und Begrenzungen weiß und in der Lage ist, Entscheidungen zu treffen, die dem Ganzen gerecht werden und dienen. Diese Instanz nennen wir das »Bewusste Ich«. Es ist nie »fertig«, sondern einem ständigen Prozess des Wandels und Wachsens unterworfen.

Die Magie des »richtigen« Platzes im Raum

Wir haben immer wieder Sitzungen mit verschiedenen Inneren Personen beobachtet, und sicher ist Ihnen aufgefallen, dass der Begleiter dem Klienten am Anfang eines Dialoges jedes Mal die gleiche Frage gestellt hat: »Wo wäre die Innere Person im Raum, wenn sie nicht in dir wäre?« Und jedes Mal hat der Klient der speziellen Inneren Person einen eigenen Platz im Raum gegeben; mal nach einigem Nachdenken und Zögern, mal einer spontanen Intuition folgend.

Es ist eines der aufregendsten Phänomene der Voice-Dialogue-Arbeit, die Wirkung der verschiedenen Plätze im Raum zu erleben. Es ist nämlich überhaupt nicht egal, welchen Platz man für eine Innere Person wählt. Als ich anfing, mit Voice Dialogue zu arbeiten, hielt ich die Wahl des Platzes für einen eher symbolischen Akt: Man gibt jeder Stimme ihren eigenen Platz und macht damit deutlich, dass sie eine eigenständige Kraft ist. Außerdem kann man die Stimmen so besser auseinander halten. Mit der Zeit merkte ich aber, dass ich immer öfter in der Lage war, den Platz zu *spüren*, noch *bevor* ihn der Klient einnahm. Zum Beispiel sprach ein Klient von einer bestimmten Machtseite, und ich spürte intuitiv, dass sie sich rechts von ihm befinden musste. Stellte sich der Klient aus irgendeinem Grund auf einen anderen Platz, verschwand das Gefühl – und mit ihm die Innere Person.

Im Laufe der Zeit kam ich immer mehr zu der Überzeugung, dass jeder Mensch von einer energetischen Matrix umgeben ist. Nimmt man einen bestimmten Platz in dieser Matrix ein, kann man mit etwas Aufmerksamkeit ganz in das Schwingungsmuster eintauchen, das diesen Platz kennzeichnet. Dieses Phänomen hat Ähnlichkeit mit dem, was Rupert Sheldrake als »morphogenetische Felder« beschreibt.

Inzwischen vertraue ich ganz diesem Prinzip. Wenn ich mit jemandem arbeite, ermahne ich den Klienten, *nicht* zu versuchen, die Inneren Personen *darzustellen* oder zu *spielen*. Ich weiß, dass es genügt, sich auf den »richtigen« Platz zu stellen, um mit der gewünschten Inneren Person in Kontakt zu kommen – meist mit verblüffender Eindeutigkeit.

Manchmal, wenn ein Prozess etwas ins Stocken gerät und ich nicht genau weiß, wie es weitergehen soll, bitte ich den Klienten, sich auf einen bestimmten Punkt im Raum zu stellen, der nach meiner Wahrnehmung »aktiv« ist. Meist taucht dort eine Innere Person auf, die den entscheidenden Impuls für die weitere Entwicklung geben kann.

Ich habe noch eine zweite merkwürdige Entdeckung gemacht: Die meisten Menschen deuten beim Sprechen unbewusst auf die Plätze, die sie später für die Inneren Personen wählen.

Ein Beispiel: Eine Person erzählt mir von ihrer großen Lust, endlich mal wieder zu verreisen. Dabei macht sie – unbewusst – immer wieder Bewegungen mit ihrem Arm nach rechts hinten. Aber, so räumt sie etwas betrübt ein, es befalle sie jedes Mal eine seltsame Lethargie, wenn sie nur anfinge, etwas konkretere Pläne für eine Reise zu schmieden. Bei diesen Worten deutet sie mit ihrer linken Hand über ihre linke Schulter – wieder ohne es zu merken. »Dabei würde ich doch so gerne wieder mal wegfahren!«, ruft sie aus – und wieder macht sie eine Bewegung nach rechts hinten; diesmal lehnt sich außerdem ihr ganzer Oberkörper auf diese Seite. Nach einer Pause lehnt sie sich nach links, deutet wieder über ihre linke Schulter und sagt: »Aber es klappt nie!«

Ganz offensichtlich streiten sich da zwei Kräfte in ihr, und sie »weiß« bereits, wo deren Plätze sind – aber es ist ihr nicht bewusst. Wenn ich sie jedoch bitte, nachzuspüren, wo diese beiden Kräfte im Raum wären, wählt sie genau die Plätze, auf die sie vorher gedeutet hat.

Es lohnt sich, dem Auffinden des jeweils »richtigen« Platzes viel Zeit und Aufmerksamkeit einzuräumen. Das Wichtigste ist, herauszufinden, wo dieser Platz *in Bezug zum Klienten* ist. Der Klient fragt sich innerlich: »Würde sich diese Innere Person eher rechts von mir aufhalten oder eher links, eher im Bereich vor mir oder eher hinter mir?« Dann versucht er die Antwort zu *fühlen*, indem er sich vorstellt, die Innere Person, die gesucht wird, wäre tatsächlich anwesend.

Das Ganze kann aber nur funktionieren, wenn die gesuchte Stimme, angeregt durch die vorangegangene Unterhaltung mit dem Begleiter, bereits aktiv ist und schwingt.

Manchmal erzählen mir Klienten ausführlich über eine bestimmte Situation in ihrem Leben, aber ich kann das, was sie erzählen, einfach nicht fühlen. Zum Beispiel könnte mir jemand erzählen, was für eine wunderbare Begegnung er vor kurzem mit einem Freund hatte. Aber er erzählt dies mit monotoner Stimme, und ich muss mir seine Freude vorstellen, kann sie aber nicht spüren. Dann frage ich nicht: »Könnte ich mal mit der Seite von dir sprechen, die sich da so gefreut hat? Wo stünde die denn hier im Raum?« Ich würde eher sagen: »Ich kann das, was du da sagst, nicht spüren. Schau doch mal, wer mir diese Geschichte gerade erzählt. Wo wäre denn *der* hier im Raum?«

Vielleicht treffen wir dann eine Art »Pressesprecher«, der die Aufgabe hat, mit der Umwelt zu kommunizieren, ohne dass sich die Person zu sehr exponieren muss. Den Platz des Pressesprechers könnte der Klient sicher leichter erspüren als den der freudigen Seite, denn der ist in diesem Moment *aktiv*. Die gesuchte Innere Person muss also nicht unbedingt im Fokus des Klienten sein, aber sie sollte zumindest für den Begleiter energetisch wahrnehmbar sein.

Wenn eine Innere Person im Moment der Sitzung nicht schwingt, kann die Suche nach ihrem richtigen Platz schnell zu einer anstrengenden Kopfübung werden. Oft hört man dann Vermutungen wie »Ich glaube, die wäre dort drüben bei der Tür, weil sie gerne abhauen würde«, »Hinter dieser Pflanze wäre ein gutes Versteck für sie« oder »Sie wäre auf dem Sofa, weil sie müde ist«. Aber Plätze, die aufgrund der Einrichtung des Raumes gewählt werden oder aufgrund von baulichen Besonderheiten, sind oft nicht die richtigen, denn sie spiegeln nicht die Beziehung der Stimme zur Person.

Findet man jedoch den richtigen Platz und stimmt man sich auf ihn ein, taucht die dazugehörige Innere Person wie von allein auf.

Natürlich spiegeln die Plätze der Inneren Personen auch die Position, die sie im inneren System einnehmen: Beschützende und kontrollierende Seiten stehen oft dicht neben oder hinter der Person, »offizielle« Seiten, die gesehen werden sollen, sind im Raum vor der Person anzutreffen, und je geheimer eine Innere Person ist, desto weiter hinten im Raum ist sie zu finden. Innere Personen können stehen, manche sogar erhöht auf einem kleinen Podest, um ihre Größe zu unterstreichen, andere sitzen, wieder andere liegen oder kauern auf dem Boden. Wenn sie auf dem richtigen Platz stehen, werden sie sich auf allen fünf Ebenen – Körper, Emotion, Symbol, Sprache und Energie – ausdrücken und entfalten.

Wir verlassen jetzt das Thema »Position im System« und wenden uns einer anderen Frage zu: der Frage nach der unendlichen Vielfalt der Inneren Personen, die wir auf den fünf Kontinenten antreffen.

Die fünf Kontinente der Psyche: Frau, Mann, Kind, Tier und Gott

Das Konzept der »fünf Kontinente der Psyche« ist ein Versuch, die unendlichen Möglichkeiten der seelischen Selbstgestaltung und ihre ebenso unendlich vielen Inhalte überschaubar und fassbar zu machen. Es ist ganz bestimmt nicht der Versuch, die Psyche in ein Schema zu pressen. Wenn Ihnen seelische Phänomene begegnen, denen dieses Konzept Ihrer Meinung nach nicht gerecht wird, verwerfen Sie das Konzept, nicht die Phänomene!

Wenn man mit den Inneren Personen spricht, ist man immer wieder überrascht, wie einzigartig sie sind. Ich habe in den letzten zehn Jahren mit mehr als 5 000 Inneren Personen gearbeitet, und immer noch ist jede Sitzung ein Abenteuer. Trotz meiner Erfahrung und meines theoretischen Wissens um Zusammenhänge kann ich nie im Voraus wissen, welche Art von Wesen sich da entfaltet und in welche Richtung sich der Prozess eines Klienten entwickeln wird.

Jeder der fünf Kontinente ist in sich bereits ein Universum der mannigfaltigsten Formen, Inhalte und Fähigkeiten der Psyche. Erst die Notwendigkeit, uns mit einigen wenigen Inneren Personen identifizieren zu müssen, verschließt uns den Zugang zu diesem enormen potenziellen Reichtum. Das Konzept der fünf Kontinente erlaubt es uns, die Vielfalt der psychischen Möglichkeiten auf einfache Weise darzustellen, ohne dass wir den Überblick verlieren.

Betrachten wir noch einmal die – vereinfachte – graphische Darstellung der fünf Kontinente der Psyche:

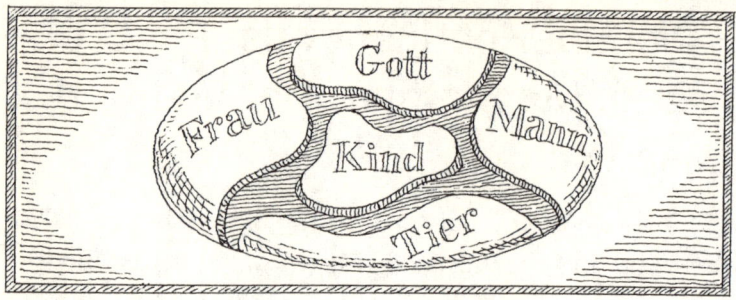

Die fünf Kontinente der Psyche

Jeder Kontinent ist bevölkert mit Inneren Personen, die auf ganz individuelle Art und Weise die Qualitäten des Kontinents verkörpern. Im Zentrum eines jeden Kontinents finden wir die typischen Vertreter: zum Beispiel die Mutter und die Matriarchin im Kontinent Frau oder den Eroberer und den Denker im Kontinent Mann. Je mehr wir nun auf einem Kontinent in Richtung eines anderen Kontinents gehen, desto mehr vermischen sich die Qualitäten mit denen des Nachbarfeldes – genau so, wie man in Südfrankreich viele Nordafrikaner trifft und wie es in Kalifornien, wenn man Richtung Süden fährt, immer »mexikanischer« wird.

Die Inneren Personen, die ich in den verschiedenen Feldern skizziere, sind Beispiele, wie sie mir in der Arbeit immer wieder begegnet sind. Bitte stellen Sie keinen Anspruch an die Vollständigkeit dieser kleinen Sammlung. Ich führe diese Beispiele streiflichtartig an, um Ihnen mein Konzept näher zu bringen und um Ihre Phantasie anzuregen, damit Sie die Kontinente selbst weiterbevölkern können. Und wahrscheinlich kennen Sie die einzelnen Vertreter noch in ganz anderen Zusammenhängen und Aspekten, als ich sie beschreibe!

Die Vertreter aller fünf Kontinente existieren in der Psyche eines jeden Menschen. In unterschiedlicher Gewichtung und Betonung – mal mehr im Fokus, mal mehr in der Peripherie, mal an der Oberfläche, mal in der Tiefe, mal bewusst, mal unbewusst. Natürlich haben die männlichen Kräfte für einen Mann eine andere Bedeutung als für eine Frau – und umgekehrt. Ebenso haben die Kind-Energien für ein Kind eine andere Bedeutung als für einen Erwachsenen. Auch die Instinktkräfte aus dem Kontinent Tier und die transpersonalen Energien aus dem Kontinent Gott können je nach unserem Alter und unserem Platz in der Welt einen ganz unterschiedlichen Stellenwert haben. Auch dürfen wir die Inneren Personen nicht isoliert betrachten: Ihre tiefere Bedeutung für die Person, zu der sie gehören, erschließt sich erst, wenn wir sehen, welche Auswirkungen die Innere Person auf das praktische Leben hat, mit wem sie sich im Inneren der Psyche verbündet, wen sie unterdrückt, welche Geschichte und Erfahrungen sie hat, kurzum: in welchem *Kontext* sie steht. Erst dann können wir sie so weit einschätzen, dass wir als Bewusstes Ich eine angemessene Haltung ihr gegenüber finden. Eine Voice-Dialogue-Sitzung ist nichts anderes als die Erkundung einer Inneren Person und ihrer Zusammenhänge und damit die Stärkung der Position des Bewussten Ichs. Das Bewusste Ich muss letztlich die Verantwortung für die inneren Kräfte übernehmen und immer wieder die Entscheidung treffen, welchen Ausdruck sie im Leben bekommen.

Letztlich entscheidend sind die Freude und die Stabilität, die wir im Leben entwickeln. Wenn es uns nicht gut geht, wenn wir leiden, ist das ein deutlicher Hinweis darauf, dass etwas in der Psyche aus dem Gleichgewicht geraten ist. Das Konzept der fünf Kontinente gibt uns Hinweise, wo wir nach der Ursache des Ungleichgewichts suchen können und was zu einer umfassenden und ausgewogenen Entwicklung unseres Menschseins dazugehört.

Kontinent 1: Frau

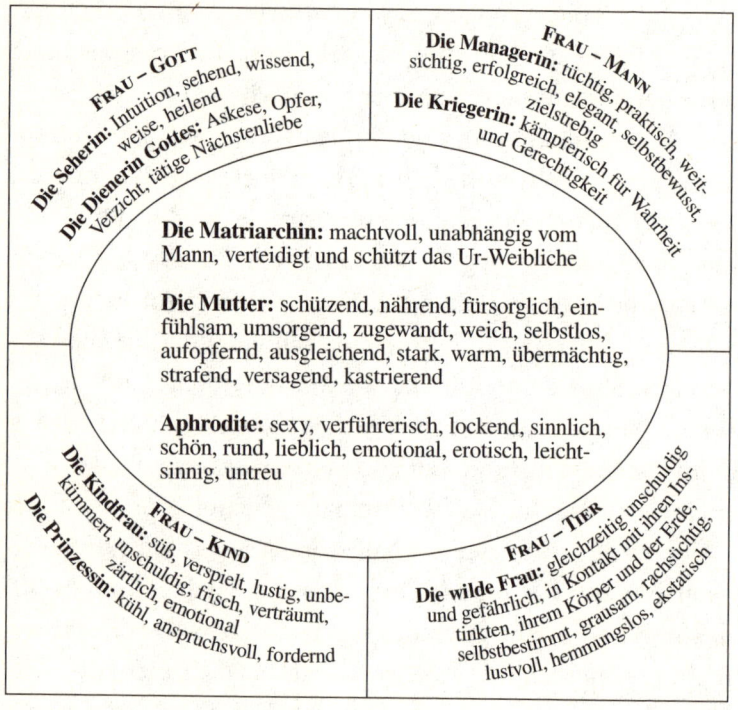

Kontinent 1: Frau

Im Zentrum des Kontinents Frau finden wir die Matriarchin, die Mutter und Aphrodite.

Die Matriarchin ist eine der machtvollen Energien, die man selten an der Oberfläche einer Person trifft. Das hat zum einen damit zu tun, dass sich, wie im äußeren Leben auch, die wirklich Mächtigen nicht ohne weiteres zeigen; zum andern hat sie in unserer patriarchalen Welt wenig Aussicht, sich auf direktem Wege durchzusetzen. Aber man darf sich von der Herrschaft des Patriarchen – und zwar auch in der Psyche der meisten Frauen, selbst wenn sie antipatriarchal eingestellt sind – nicht täuschen lassen. Die Matriarchin hat es gar nicht nötig, sich mit dem Patriarchen zu messen, denn sie fühlt sich ihm immer überlegen. Sie ruht in sich selbst und weiß sich im Einklang mit den großen Kreisläufen der Natur: Geburt, Leben und Tod. Der Mann ist ihr nicht Partner, sondern Werkzeug zur Schaffung neuen Lebens. Die Anstrengungen, die das Männliche unternimmt, um sich von der Natur zu emanzipieren und sich der Unausweichlichkeit ihrer Gesetze entgegenzustemmen, betrachtet sie amüsiert wie die Spiele kleiner Jungen, die sich zu wichtig nehmen. Sie muss nirgendwohin, muss nichts erreichen. Ihr genügt es, das zu tun, was im Moment getan werden muss. Die tiefe Verbundenheit mit der Natur und das Ruhen in sich selbst sind die Quelle ihrer großen Macht.

Im Unterschied zur Matriarchin bezieht sich **die Mutter** persönlich auf ihre Umwelt. Ihre Hauptsorge gilt dem Schutz, der Nahrung und der Pflege des Kindes – sowohl des realen als auch des inneren Kindes im Mann und in allen anderen, die sie brauchen. Sie beschenkt sie mit ihrer Wärme und Stärke sowie mit ihrer Fähigkeit, sich auf den Moment zu beziehen und das Beste daraus zu machen. In ihrem negativen Aspekt versagt sie ebendiese Geschenke – und das gibt ihr Macht über die, die sie brauchen.

Aphrodite ist die Göttin der Schönheit, der Sinnlichkeit, der Erotik. Sie ist verführerisch, aber nicht unbedingt treu.

Ihr sinnlicher Zauber verleiht Frauen wie Männern eine große Anziehungskraft. In festen Bindungen muss sie oft den etwas langweiligeren, aber dafür sichereren Qualitäten der
Mutter oder des Vaters weichen. Sie selbst ist nämlich etwas
flatterhaft und gefährdet die Treue. Es ist eine Kunst, ihre
Energie lebendig zu halten und *gleichzeitig* in einer treuen und
verbindlichen Beziehung zu leben (etwas, worauf wiederum
das verletzliche innere Kind nur schwer verzichten kann).

Frau – Mann

Wenn wir uns auf dem Kontinent Frau in die Richtung des
Nachbarfeldes Mann bewegen, verändern sich die Qualitäten. Sie werden »männlicher« – obschon sie immer noch
weiblich sind: Wir treffen die Managerin und die Kriegerin.

Die Managerin weiß sich in einer männerdominierten
Welt erfolgreich zu behaupten. Sie ist selbstbewusst, unabhängig und erfolgsorientiert – und doch weit mehr in Kontakt
mit ihrem Herzen und ihrer Intuition, als es ihr männliches
Gegenstück, der Manager, je sein könnte. Dieses Wissen um
die menschliche Dimension, auch im Beruflichen, gibt ihr
Gelassenheit und einen gesunden Abstand zur reinen Profit-
orientierung.

Die Managerin ist keine aktuelle Erfindung. Sie ist die
moderne Form einer Energie, die es schon lange gibt: die der
tüchtigen, praktischen und weitsichtigen Frau, die genauso
gut, oft besser, organisieren und leiten kann wie ein Mann.

Manchmal ist es nicht leicht zu unterscheiden, ob da wirklich eine Managerin agiert oder ob einfach nur die Gleichzeitigkeit von weiblichen und männlichen Anteilen eine ähnliche
Wirkung erzeugt, wie das bei unserem Beispiel Andrea der

Fall war. Der tatsächliche, langfristige Unterschied ist groß: Im einen Fall, wie bei Andrea, *benutzen* männliche Kräfte die weiblichen Seiten für ihre Ziele. Im anderen Fall, bei der echten Managerin, geht es nicht nur um das Erreichen eigentlich männlicher Ziele mit Hilfe von weiblichen Kräften, sondern um das Umsetzen einer Vision, der der Erfolg und das *Wohlergehen aller Beteiligten* am Herzen liegt. Am besten ist das herauszufinden, indem man mit den Inneren Personen spricht und sie selbst befragt.

Die Kriegerin ist noch unabhängiger – besonders vom Männlichen – als die Managerin. Sie kämpft leidenschaftlich für Wahrheit, Gerechtigkeit und Individualität – nicht aus ideologischer Verblendung, sondern aus tief empfundener Liebe für alles Menschliche. Diese Liebe verleiht ihrem Kampf eine große Integrität. Sie kämpft nicht, um zu zerstören, sondern um einer besseren Welt zum Durchbruch zu verhelfen, in der auch die Rechte der Schwachen und Außenseiter geachtet werden. Und sie stellt sich jedem mutig in den Weg, der die Wahrheit, die Menschlichkeit, die Natur usw. durch seinen Egoismus, seine Dummheit oder Einseitigkeit bedroht.

Frau – Kind

Wenn wir uns nun Richtung Kontinent »Kind« bewegen, werden die Qualitäten naturgemäß zarter, verletzlicher, bedürftiger. Wir treffen die Kindfrau und die Prinzessin.

Die Kindfrau weckt mit ihrer Unschuld, Zartheit und Emotionalität sofort den Beschützerinstinkt der Männer. Weil sie den Kontakt zu ihrer Kindlichkeit nie verloren hat, wirkt sie frisch und anziehend. Man kann mit ihr schmusen, lachen, träumen und weinen. Ist eine Person ganz mit ihr identifiziert, ist ihr Leben zwar reich an Poesie, aber arm an selbständiger Stärke, und sie wird leicht zum Opfer von Kräften, die weniger unschuldig sind

In ihrer unpersönlicheren Form ist sie eine **Prinzessin**: anspruchsvoll und verwöhnt. Sie fordert Unterstützung und nimmt sie wie selbstverständlich huldvoll entgegen. Werden ihre Erwartungen nicht erfüllt, bricht sie zusammen – und ein bedürftiges Kind kommt zum Vorschein.

Frau – Tier

Die instinkthaften weiblichen Seiten sind für den Mann oft erschreckend in ihrer Direktheit, in ihrer Wucht und in ihrer unkontrollierbaren Wildheit. Gerade deshalb gehören sie mit zu den am meisten unterdrückten Energien. Vor allem der innere Patriarch sorgt dafür, dass diese mächtigen Energien eingesperrt bleiben – und zahlt selbst einen hohen Preis für diesen Verlust.

Die wilde Frau ist gefährlich und unschuldig zugleich. Im Kontakt mit ihrem Körper, ihren Instinkten und der Erde ist sie wie die Natur: ungezähmt und unberechenbar. Sie ist machtvoll, stolz und unabhängig. Wenn ihr oder der weiblichen Natur unrecht getan wird, wird sie grausam und rachsüchtig (Furie). Sie hat eine ganz andere Vorstellung von weiblicher Schönheit als Aphrodite – das Hässliche gehört für sie mit dazu. Sie hat den Mut, die Werte des Patriarchen offen in Frage zu stellen, und kann den anderen weiblichen Kräften helfen, sich einen Weg in ein selbstbestimmtes Leben zu bahnen. In ihrer Sexualität ist sie lustvoll, hemmungslos, ekstatisch – Qualitäten, die sich die meisten Männer im Bett wünschen, deren Macht sie dann aber erschrocken bekämpfen.

Frau – Gott

Wieder ändern wir unsere Blickrichtung. Von den dunklen, wilden Bereichen der Instinkte schauen wir in das Reich der Suche nach dem Göttlichen. Der weibliche Weg zum Göttlichen unterscheidet sich sehr vom Männlichen.

Die Seherin ist im Kontakt mit der ur-weiblichen Fähigkeit der Intuition: Verstehen durch Sehen, Wissen durch Fühlen. Sie gibt Rat und Hinweise, die auf den ersten Blick unbegründet, wenn nicht unlogisch erscheinen, und sich dann doch oft als richtig herausstellen.

Sie findet die richtigen Heilmittel, hat Vorahnungen und prophetische Träume sowie ein unmittelbares Verständnis für komplizierte Zusammenhänge, das nicht auf Logik beruht (Hildegard von Bingen; Hebammen und Hexen im Mittelalter; die weise Frau).

Die Hexenverbrennungen sind Zeugnis der tiefen Angst, die das Männliche vor der Macht dieser Kräfte hat. Genauso gibt es immer wieder Männer, die selbst diese weiblichen Fähigkeiten entfalten (der Arzt Christian Friedrich Hahnemann in der Homöopathie; Pfarrer Kneipp; Nostradamus).

Die Dienerin Gottes erfüllt sich in der selbstlosen dienenden Hingabe, in der Askese, in der Opferbereitschaft bis zur Selbstverleugnung. Mutter Teresa ist die prominenteste dieser Frauen (und Männer), die naturgemäß selten bekannt werden.

Kontinent 2: Mann

Kontinent 2: Mann

Während die Kontinente Frau, Kind, Tier und Gott sich impulshaft und spontan äußern und manifestieren, stehen auf dem Kontinent Mann das Strukturhafte und Geplante im Vordergrund. Im Zentrum des Kontinents finden wir den Patriarchen, den Eroberer, den Denker und den Kontrolleur mit seinem Freund, dem Perfektionisten.

Der Patriarch gehört zu den mächtigsten Kräften in der menschlichen Psyche – egal, ob er für alle sichtbar an der Oberfläche des Systems lebt oder ob er sich in den Tiefen der

Psyche versteckt. Er bezieht seine Stärke und Autorität aus der Überzeugung, dass die Menschheit ohne seine Weitsicht und seine Gesetze nicht überlebt hätte und nicht überleben könnte.

Diese Haltung des Patriarchen ist universell: Wir treffen sie in der Psyche überzeugter Feministinnen (wenn die Revolte gegen das Patriarchat von einer rebellischen Tochter getragen wird, lebt der Patriarch meist als völlig unbewusste Hauptstimme in der Peripherie; und wenn die Matriarchin herrscht, ist er verdrängt) genauso wie in der Psyche eines chauvinistischen Machos.

Wenn der Patriarch die Stimme erhebt, klingt das, als würde das Gesetz selbst sprechen: Sie ist voller Pathos, Überzeugung und Kraft. Für den Patriarchen zählt nicht das Individuum, sondern nur die Familie, die Sippe, die Art – und er ist da, um den Überblick zu behalten, die richtigen Befehle zu erteilen und um Erfindungen zu machen, die sicherstellen, dass die Kette der Generationen nicht abreißt. Frauen und Kinder müssen sich ihm – zu ihrem eigenen Wohl – unterordnen.

An der Oberfläche ist der Patriarch gnadenlos, herablassend und überheblich. Gerade Frauen sind oft entsetzt, was da aus ihrem eigenen Mund kommt, wenn sie ihrem inneren Patriarchen zum ersten Mal begegnen. Aber wie alle anderen Kräfte auch, ist der Patriarch in seiner Tiefe von Liebe erfüllt – eine Liebe, die den Einzelnen nur als Glied in einer langen Kette begreift, die erhalten bleiben muss.

In seiner persönlicheren Form treffen wir den Patriarchen als den »Vater«. Als guter Vater sorgt er für die Familie, repariert die Waschmaschine und plant den Urlaub. Als negativer Vater tyrannisiert er die Familie mit seinen Launen und Regeln, nach denen sich alle richten müssen.

Der Eroberer bezieht seine ursprünglichen Impulse aus dem Kontinent Tier. Im Kontinent Mann treffen wir ihn, etwas abgemildert und disziplinierter, als Pionier, Abenteurer, Entdecker, Strategen, Visionär und Entwickler. Das Objekt seiner Eroberung kann alles sein, was unerforscht und neu ist und was man untersuchen und in Besitz nehmen kann: Frauen, fremde Länder, Technik, Wissenschaft, das Weltall. Die Lust am Erobern ist ihm oft wichtiger als das Eroberte selbst.

Der Denker ist seit der Aufklärung der zentrale Motor unserer gesellschaftlichen Entwicklungen. Als Geisteswissenschaftler, Mathematiker oder Techniker versucht er unsere Realität auf dem Weg des Intellekts zu erfassen und zu verändern. Das war nicht immer so. Zu anderen Zeiten waren es Könige, Krieger, Eroberer oder Künstler, die im Zentrum der Aufmerksamkeit und der Entwicklung standen. Und es ist durchaus vorstellbar, dass eine Zeit kommt, in der wir kollektiv das Gefühl haben, dass genug verstanden wurde und andere Formen der Erkenntnis interessanter werden.

Der Denker ist zwar hauptsächlich auf der Ebene von Sprache und Gedanken aktiv, er darf mit ihr aber nicht gleichgesetzt werden. Alle Bewohner der fünf Kontinente prägen die Sprachebene auf ihre ganz spezielle Weise – mal sind die Gedanken und die Sprache eher blumig, mal primitiv, mal einfühlsam, mal rätselhaft. Manche, wie zum Beispiel ein kleines Kind, das Tier oder der Mystiker, lassen die Sprachebene leer und still – und prägen sie genau damit. Der Denker prägt sie mit seiner speziellen Art: mit Intellekt, Logik und Abstraktion.

Der Kontrolleur und der Perfektionist versuchen, eine unberechenbare, lebendige Realität ihren wohlkalkulierten Idealen anzugleichen. Sie entwerfen – gemeinsam mit dem

Denker – Modelle für alle Lebensbereiche: wie ein guter Mensch zu sein hat, was eine gute Beziehung ausmacht, wie man seine Kinder erziehen sollte, wie man schnelle und sichere Autos baut usw. Dann versuchen sie ihre Ideale durchzusetzen.

Der technische Fortschritt eröffnet ihnen riesige neue Betätigungsfelder. Jetzt beschäftigen sie sich nicht mehr nur mit der moralischen Vervollkommnung des Menschen, sondern gleich mit der genetischen Neugestaltung all seiner Anlagen. Eine ihre jüngsten Errungenschaften ist die kosmetische Operation, die Frauen und Männern hilft, ihrem Schönheitsideal möglichst nahe zu kommen. Und weil Perfektion der beste Schutz für das verletzliche innere Kind zu sein scheint, finden sie viel Beifall und Unterstützung.

Die Frage ist: Gibt es eine Möglichkeit, ihre Geschenke anzunehmen und zu nutzen, ohne in einem Gefängnis zwanghafter Perfektion zu landen, in dem die unperfekten, aber »natürlichen« Kräfte ihre Existenzberechtigung verlieren? Das könnte nur ein Bewusstes Ich, das bewusst die Balance zwischen den Polen Struktur und Impuls hält.

Mann – Tier

Wenn wir uns vom Zentrum des Kontinents Mann in Richtung Tier bewegen, werden die Kräfte rauer und primitiver. Wir begegnen dem Berserker, dem Verführer und dem Ausbeuter.

Mit elementarer Wucht und einem guten Schuss Rücksichtslosigkeit bahnt sich **der Berserker** seinen Weg zum Ziel. »Mit Gewalt geht alles« ist sein Motto. Weil die glorreichen Zeiten der großen Ritter und Krieger längst vorüber sind, ist er in unserer Gesellschaft eher eine Randfigur – als Rocker oder als »Rausschmeißer«, als Neonazi oder Punk. Dafür wird er – ersatzweise – in unzähligen Filmen als großer Held verehrt.

Wo der Berserker die aggressive Komponente der männlichen Triebhaftigkeit repräsentiert, steht **der Verführer** für den sexuellen Aspekt. Sein manchmal beträchtlicher männlicher Charme und die eindrucksvolle Demonstration körperlicher Vorzüge oder eines schnellen Wagens sind das Pendant zu einem großen Geweih im Tierreich. Und weil wir Menschen immer zivilisierter werden – zumindest an der Oberfläche –, ist auch der Verführer etwas raffinierter geworden und präsentiert sich meist lieber als Eroberer, dessen »Geweih« sich im Laufe dieser Evolution in ein dickes Bankkonto und einen edlen Anzug verwandelt hat.

Auch **der Ausbeuter** ist heute nicht mehr so leicht zu erkennen wie früher. Er hat erst seine Peitsche und dann seine Zigarre beiseite gelegt, aber wir dürfen sicher sein, dass seine Gier hinter der Fassade des cleveren Anlegers und des smarten Konzernchefs, der sich nur um die Produktivität und um den Shareholdervalue seines Unternehmens sorgt, so lebendig und heiß ist wie eh und je. So viel bekommen, wie man nur kann, auch wenn man eigentlich schon genug hat – dieser Trieb ist zwar nicht edel, aber eine der Realitäten aus dem Erbe unserer tierischen Vorfahren. Und wenn wir ihnen schon nicht entkommen können, warum sich nicht einfach umdrehen, ihnen ins Auge blicken und sie tiefer kennen lernen?

Mann – Frau

Manchmal sind Männer die besseren Frauen – und umgekehrt. Machen wir also auf unserer Wanderung über den Kontinent Mann, die uns gerade so gefährlich nahe an die Grenze zum Kontinent Tier geführt hat, eine elegante Kurve, und nähern wir uns einem freundlicheren Thema, den weiblichen Qualitäten im Mann. Wir begegnen einer Gruppe von Künstlern und, fast hätten wir ihn übersehen, dem Softie.

Der Künstler ist ein Mann, der in direktem Kontakt mit seinen Gefühlen und seiner Intuition steht und diese auch ausdrückt – eine Fähigkeit, die Frauen an Männern oft schmerzlich vermissen. Als Maler, Sänger, Tänzer oder Dichter verzaubert und berührt er die Menschen, wenn er aus der Tiefe seines Wesens zu schöpfen weiß. Je nachdem, wie entfernt oder wie nahe er dem strukturhaften Männlichen ist, strömt seine Kreativität verschwenderisch, chaotisch oder diszipliniert, geformt in seine Kunst.

Der Softie ist ein Mann, der den eigenen inneren Patriarchen ablehnt, der sich mit weiblichen Eigenschaften wie Einfühlungsvermögen, Weichheit und Betroffenheit identifiziert und meist guten Kontakt zu seinem inneren Kind hat. Für Frauen, die unter der oft unbarmherzigen Härte und Rücksichtslosigkeit des Patriarchen zu leiden hatten, ist er eine wahre Erholung und Labsal – wenngleich sie nicht ahnen, dass ihr eigener innerer Patriarch den Softie nicht ernst nimmt und ihn vielleicht sogar verachtet.

Mann – Gott

Die männlich-strukturierenden Kräfte entwickeln Formen, Regeln und Gesetze. Das ist ihre Natur, und die macht natürlich auch nicht vor den letzten Fragen des Lebens Halt. Diese Entwicklung beginnt bei den Mythen über die Entstehung der Welt, geht über unzählige Verhaltensregeln, Rituale und Dogmen, die das richtige Verhältnis des Menschen zu Gott regeln sollen, und endet bei Übungswegen, die demjenigen, der sie ganz durchläuft, die direkte Erfahrung des Göttlichen zugänglich machen. Eine der großen Fragen dabei ist: Wo hört die von Menschen gemachte (meist: von männlichen Kräften gemachte) Lehre auf, und wo beginnt das Eigentliche, von dem die Lehre kündet?

Der Priester: Wenn wir in diesem Zusammenhang vom »Priester« sprechen, meinen wir nicht den Vertreter einer bestimmten Religion oder Konfession. Der Priester ist eine bestimmte Qualität, die man in vielen Menschen trifft: im Philosophen, im Psychologen, im Arzt, im Schriftgelehrten, im Weltverbesserer und in vielen anderen – egal, ob männlichen oder weiblichen Geschlechts.

Oft ist er innerlich in Kontakt mit einer tief empfundenen Wahrheit oder Vision. Diese kleidet er in eine Lehre, die dann schnell einen universellen Gültigkeitsanspruch bekommt – ist sie doch autorisiert und im Dienste einer höheren Macht. Priester-Energie verleiht ihrem Träger Autorität – unabhängig davon, welchen Inhalt die Lehre hat.

Ist ein Mensch ganz mit der Priester-Seite identifiziert, zieht er alsbald Menschen an, die mit der passenden Gegenseite identifiziert sind: die Gläubigen.

Wo der Priester Regeln und Zusammenhänge zur Unterweisung seiner Gemeinde lehrt, da sucht und befolgt **der Mönch** Gesetze, die seinen direkten Kontakt zu Gott stärken. Die unterschiedlichen Orden in den verschiedenen Religionen stellen verschiedene Wege in den Vordergrund: Stille, Gebet, Einsamkeit, Selbstkasteiung, Entsagung, Verkündigung, Dienst am Nächsten. Allen gemeinsam ist, dass sie eine Anstrengung unternehmen, die Energien aus den Kontinenten Tier, Frau und Kind zu verbannen, um mit Hilfe der männlichen Strukturen von Regeln und Disziplin dem Kontinent Gott möglichst viel Raum zu verschaffen.

Der Sucher dagegen vermeidet die ausgetretenen Pfade der etablierten Religionsgemeinschaften. Nur getragen von seiner tiefen Sehnsucht nach Gott, bahnt er sich seinen eigenen Weg durch das Labyrinth der Psyche und der Welt. In seiner Ungebundenheit und Impulshaftigkeit ist er ein Grenzgänger zwischen den Kontinenten Mann, Frau und Gott.

Mann – Kind

Das Kind im Manne drückt sich gern in zwei Aspekten aus: als großer Junge und als Muttersöhnchen.

Der große Junge spielt mit elektrischen Eisenbahnen, schnellen Autos, Waffen, Computern und Frauen. Er ist ein Play-Boy. Seine unbekümmerte Begeisterungsfähigkeit ist erfrischend, seine Verantwortungslosigkeit meist ernüchternd.

Das Muttersöhnchen ist ein Mann, der mit seinem abhängigen, bedürftigen Kind identifiziert geblieben ist – oft ohne etwas davon zu ahnen. Er erwartet selbstverständliche Anteilnahme und Pflege bei kleineren Verletzungen oder Erkältungen oder wenn er Hunger hat. Weil diese Energie nicht gerade männlich wirkt, wird sie oft hinter betont männlichem Gehabe versteckt und über indirekte Wege versorgt: Die mütterliche Ehefrau (oder Sekretärin) versorgt ihn dann über Essen und Sex mit der nötigen Wärme und Aufmerksamkeit.

Kontinent 3: Kind

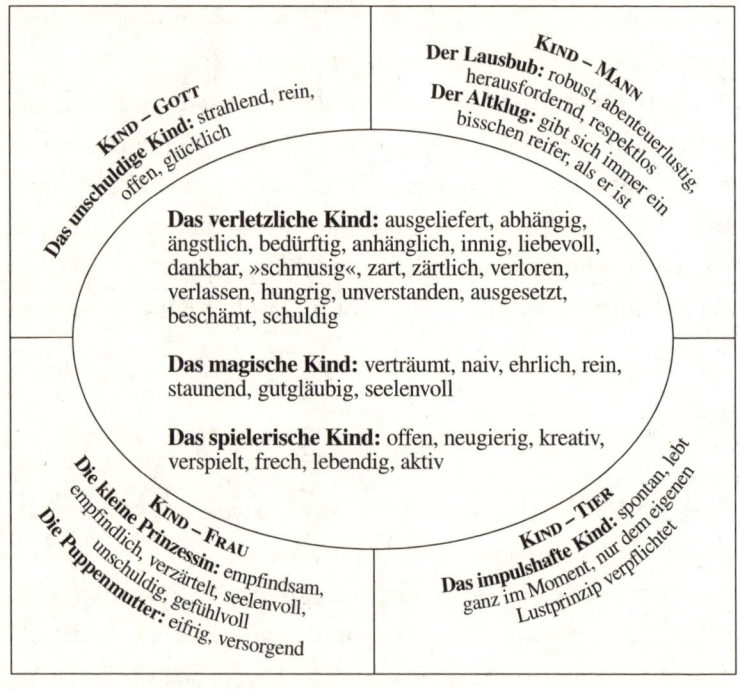

Kontinent 3: Kind

Der Kontinent Kind steht für alle Kräfte in der menschlichen Psyche, die mit Verletzlichkeit zu tun haben. Im Gegensatz dazu stehen die Kontinente Frau, Mann, Tier und Gott für die machtvollen Seiten in uns.

Es ist immer wieder erstaunlich und bewegend zu erleben, wie alle Aspekte des Kindes im Erwachsenen weiterleben und nach Schutz und Aufmerksamkeit verlangen. Es ist eine große Entlastung für das psychische System, wenn diese Arbeit nicht mehr unbewusst von den Hauptstimmen, sondern zunehmend von einem Bewussten Ich übernommen wird.

Bei aller nötigen Rücksichtnahme auf die Verletzlichkeit des inneren Kindes sollte man immer daran denken, dass dies zwar ein sehr tiefer und essenzieller Anteil unserer Psyche ist – aber eben auch nur ein Anteil. Auch das innere Kind ist in der Lage, andere Kräfte von ihrem Platz zu verdrängen und sich unverhältnismäßig breit zu machen. Es ist dann zu einer Hauptstimme geworden, die die Entwicklung machtvollerer Seiten verhindert.

Im Zentrum des Kontinents Kind stehen das verletzliche, das magische und das spielerische Kind.

Das verletzliche Kind ist das kleinste und bedürftigste Kind von allen. Es ist in seiner Hilflosigkeit völlig ausgeliefert und auf Zuwendung von außen angewiesen. Wird es gut versorgt, ist es eine Quelle tiefer innerer Zufriedenheit, Innigkeit, Nähe und Liebe. Fehlen ihm Sicherheit, Zuwendung oder Verständnis, verwandelt es sich schnell in ein ängstliches, verlassenes oder beschämtes Kind.

Das magische Kind: Wenn uns die Welt voller Zauber und Wunder erscheint, wir in allen Dingen etwas viel versprechend Geheimnisvolles sehen, wenn uns Bäume auf Fragen antworten können und wir sicher sind, dass nur die Tiere uns wirklich verstehen, dann sind wir in Kontakt mit dem magischen Kind in uns. Manche Menschen haben den Kontakt mit ihm nie verloren, andere finden ihn unverhofft wieder, vielleicht wenn sie sich verlieben oder wenn eine Krankheit sie auf sich selbst zurückwirft.

Das magische Kind ist in Kontakt mit seiner Seele und erkennt sie deshalb überall wieder. Es hat seine eigene tiefe Wahrheit, und wir sollten den rationalen Seiten in uns nicht erlauben, es mit logischen Argumenten zu erdrücken.

Das spielerische Kind bringt Lebendigkeit, Verrücktheit, Lachen und Spaß in unser Leben. Wenn es da ist, haben der Kontrolleur und der Perfektionist in uns nicht mehr so viel zu sagen – weshalb es bei ihnen auch nicht besonders beliebt ist. Es liebt Überraschungen und Scherze und hat genug Phantasie, um aus einem beliebigen Gegenstand in drei Sekunden eine Mondrakete oder eine Kinderwiege zu basteln.

Wie lebendig oder verdrängt das spielerische Kind in einer Gesellschaft ist, kann man daran erkennen, welcher technische Aufwand nötig ist, um die Menschen zum Tanzen und zum Lachen zu bringen: Manchmal genügen eine Gitarre und eine Trommel, um ausgelassen zu feiern, und manchmal bewegen nicht einmal eine gigantische Soundanlage und eine Lightshow die Anwesenden dazu, den Takt mit den Fingern mitzuschnippen.

Wenn wir uns nun vom Zentrum des Kontinents weiterbewegen in Richtung der Nachbarfelder, werden die Qualitäten naturgemäß etwas machtvoller – aber eben auf eine kindliche Art.

Kind – Mann

Im Feld Kind – Mann treffen wir den robusten Lausbub und den vorwitzigen Altklug.

Der Lausbub ist ein wilder, abenteuerlustiger Kerl, der sich im Spiel mit anderen Kindern austobt und seine Kräfte im Kampf mit ihnen erprobt. Respektlos überschreitet er die Grenzen der Erwachsenen und fordert sie frech heraus. Er lebt meist in Jungen, manchmal aber auch in Mädchen; in den Erwachsenen führt er meist ein Schattendasein und kommt dann bei Betriebsausflügen, Kegelabenden, am Stammtisch und auf Volksfesten auf einmal wieder zum Vorschein.

Der Altklug steckt seine Nase in Dinge, die ihn noch nichts angehen, und damit will er auch noch angeben. Bei Kindern wirkt sein altkluges Gehabe vielleicht noch ganz drollig, bei Erwachsenen, die ständig demonstrieren müssen, dass sie alles schon wissen und schon überall waren, ist er für andere eher anstrengend. Er versucht, immer etwas größer zu sein, als er eigentlich ist.

Kind – Frau

Im Gegensatz zu ihren männlichen Kollegen sind die Wesen, die wir hier antreffen, etwas zarterer Natur: **die kleine Prinzessin**, die mit ihrer Anmut verzaubert und dabei überaus empfindlich und zerbrechlich wirkt, und die robustere, eifrige **Puppenmutter**, die eine ganze Puppenfamilie und den dazugehörigen Zoo versorgt.

Kind – Tier

Das impulshafte Kind lebt ganz im Moment. Es folgt ohne Zögern jedem Impuls und lässt sich ganz von seinen körperlichen und emotionalen Bedürfnissen leiten. Wenn es müde ist, schläft es, wenn es hungrig ist oder sich nicht wohl fühlt, schreit es. Scheint etwas interessant, greift es danach oder steckt es in den Mund. Diese Spontaneität bringt Lebendigkeit und Frische in die Herzen der Menschen und Chaos in den Haushalt.

Kind – Gott

Kinder haben in ihrer Unschuld etwas Göttliches. Es ist, als würde ihre Seele, unverstellt von anderen Kräften, die wir zum Leben auf dieser Erde entwickeln müssen, durchschimmern und strahlen. **Das unschuldige Kind** verkörpert in seiner Reinheit, Offenheit und Liebe göttliche Qualitäten auf eine kindliche Art.

Kontinent 4: Tier

Der Kontinent Tier beheimatet alle instinkthaften Kräfte, also die Seiten in uns, die mit dem puren Überleben, mit Aggression, Dominanz, Abgrenzung, Konkurrenz, Egoismus, Gier und Sexualität zu tun haben. Er steht damit im Gegensatz zu den anderen vier Kontinenten Kind, Frau, Mann und Gott, die in wachsendem Maße zur Entfaltung von Bewusstsein drängen.

Es hat die Menschheit viel Mühe und Schweiß gekostet, diese Kräfte zurückzudrängen und durch rücksichtsvollere, zivilisiertere Energien zu ersetzen. Zum Glück, möchte man sagen, denn wer will schon in einer Gesellschaft leben, in der sich diese Kräfte ständig ausdrücken und offen miteinander kämpfen?

Aber wie bei allen anderen Kräften gilt, egal, ob sie an der Oberfläche unseres Systems leben oder in der Tiefe, im Fokus

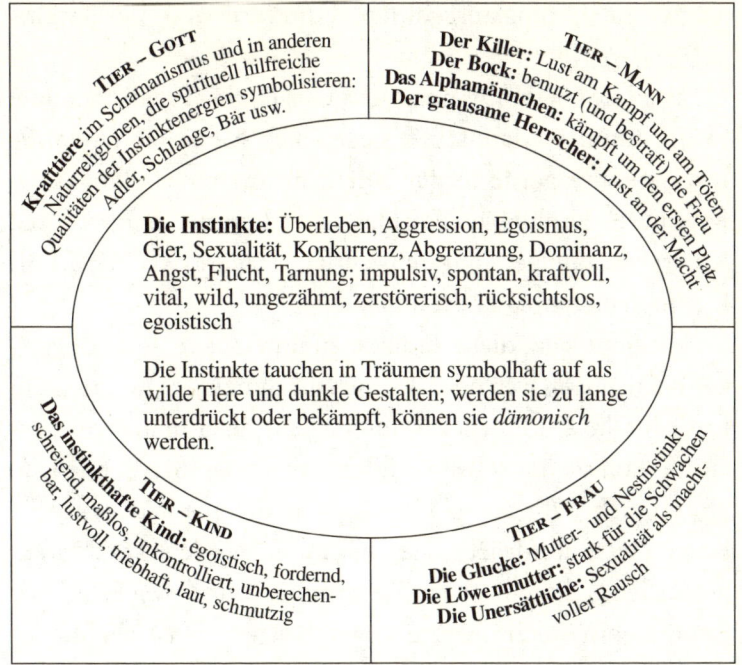

Kontinent 4: Tier

oder in der Peripherie, bewusst oder unbewusst, als Haupt-stimme oder verdrängt: Die **Instinkte** sind Teil des großen Ganzen – und werden es immer bleiben.

Das merken wir manchmal am eigenen Leib, wenn uns je-mand unverschämt zu nahe tritt und plötzlich die rasende Wut in uns aufsteigt. Oder wenn wir eine Person nicht ausste-hen können, sie eiskalt verachten oder ihr sogar den Tod wünschen. In diesen Momenten erhaschen wir den Zipfel ei-ner Instinktkraft.

Ganz offensichtlich werden diese Kräfte immer dann, wenn ihre Existenz offiziell erwünscht ist: im Krieg. Dann verwandeln sich gutmütige Nachbarn im Laufe von wenigen

Tagen zu Tötungsmaschinen, Folterern und Vergewaltigern.

Weil sie aber unter normalen Umständen fast die gesamte Hauptstimmen-Mannschaft gegen sich haben, kommen die Instinktkräfte gerne in der Nacht in unseren Träumen: als Raubtiere, Krokodile, Gorillas; als Mafiosi, Gangster und Killer; als dunkle, undurchsichtige Mächte, als Satan; als Lustmolche und Gierschlünde.

Es lohnt sich, diese Träume zu untersuchen und herauszufinden, gegen wen oder was sich die dunklen Seiten richten: Das sind die Unterdrücker und Gegenspieler in unserer Psyche. Wenn sie uns selbst verfolgen, heißt das: Schau mich an, nimm mich wahr, ich gehöre auch zu dir. Instinktkräfte, die lange Zeit unterdrückt oder bekämpft wurden, können ein gefährliches Potenzial an Zerstörungswut entwickeln. Hal Stone nennt solche Kräfte »dämonisch«. Es ist wichtig zu verstehen, dass ihre dämonischen Qualitäten nicht zu ihrer ursprünglichen Natur gehören, sondern eine Reaktion auf ihre lange während Ablehnung sind. Wenn es gelingt, sie unter sicheren Bedingungen wie zum Beispiel in einer Therapie wieder zu integrieren, können sie zu ihrer ursprünglichen Natur zurückfinden. Wir haben in diesem Buch immer wieder gesagt: Jede Energie hat ein Geschenk und jede hat eine Begrenzung. Bei den Instinktkräften sind die Begrenzungen auf den ersten Blick leichter zu sehen als ihre Geschenke. Diese erschließen sich erst, wenn wir direkten Kontakt zu ihnen bekommen, *ohne* mit ihnen identifiziert zu sein. Dann können sie zu einer vitalen Quelle von Kraft, Selbstbehauptung, Durchsetzungsfähigkeit und Lust werden.

Wenn man im Rahmen von Voice Dialogue mit ihnen arbeitet, muss der Begleiter in der Lage sein, im rechten Moment selbst »zum Tier zu werden«. Ich erinnere mich gern an eine Szene aus einer Ausbildungsgruppe: Eine Teilnehmerin gab einer anderen eine Sitzung. Als ich dazukam, stand die Person, die arbeitete, mitten im Raum. Sie hatte einen hochroten Kopf, keuchte schwer, ruderte mit den Armen und stampfte mit den Füßen. Sie war offensichtlich in einer Instinktenergie. Ihre Begleiterin saß völlig gesammelt auf einem Stuhl und fragte sie in höflichem Ton: »Du spürst also diesen Druck in der Magengegend?« Ihr Gegenüber brachte kein Wort hervor, keuchte dafür aber umso heftiger. Die Begleiterin sah mich Hilfe suchend an. Wir tauschten schnell die Plätze. Jetzt, in der Rolle des Begleiters, stand ich intuitiv auf, stellte mich vor die Klientin und knurrte sie böse an. Da entlud sich der Schrei eines Raubtieres aus ihr, wie ich es der zierlichen Frau gar nicht zugetraut hätte. Ich schrie zurück, und dann schrien wir beide – zwei kampfeslustige, stolze Löwen, die ihre Kräfte messen. Nach ein paar Minuten war es genug. Der Löwe bedankte sich freundlich bei mir und zog sich zurück.

Am besten können wir die Instinkte personifizieren – und damit alle fünf Ebenen ansprechen –, wenn wir sie als Tiere darstellen, deren Instinkthaftigkeit besonders augenfällig ist: als Löwe, Krokodil, Schlange, Raubvogel, Gorilla usw. Oft stellen sich Instinktkräfte in der Arbeit selbst als ein bestimmtes Tier vor und sagen: »Ich bin der Tiger« oder: »Ich bin ein Wolf.«

Wenn wir uns nun den vier Nachbarfeldern zuwenden, kommen zusätzliche Qualitäten ins Spiel:

Tier – Mann

Der Killer liebt es zu töten; es ist eine Lust für ihn. Früher, als die Krieger noch Mann gegen Mann kämpften, konnte er sich mit Todesverachtung und Geschrei in den Kampf stürzen. Der Kampfplatz war aus seiner Sicht einfach ein Versammlungsplatz für seinesgleichen. Jeder hatte die gleiche Lust und das gleiche Risiko – eine faire Angelegenheit.

Jetzt wartet er meist in den Tiefen des Systems darauf, vielleicht doch einmal gebraucht zu werden. Er steht bereit, falls alle anderen Sicherheitsmaßnahmen versagen. Und bis dahin schaut er sich zum Ausgleich gerne Filme an, in denen er die Hauptrolle spielt.

Der Bock ist die sexuelle Seite des instinkthaften Mannes. Er kennt nur seine eigene Lust; von Verletzlichkeit ist er völlig abgeschnitten. Die Frau ist aus seiner Sicht seine rechtmäßige Beute. Oberflächlich gesehen scheint es ihm nur um seine Lust zu gehen. Doch oft bestraft er die Frauen für alles Unrecht, das ihm durch (andere) Frauen widerfahren ist – aber das ist ihm meist nicht bewusst.

Nicht nur in primitiven Gesellschaften treffen wir **das Alphamännchen**, das seinen ersten Platz in der Hierarchie als Clanchef, Firmenleiter oder Familienoberhaupt mit offener Gewalt verteidigt.

Der grausame Herrscher ist die emotionslose Version des Alphamännchens. Er hat so viel Macht, dass er gar nicht zu kämpfen braucht. Er nimmt sich einfach, was er will, ohne die Gefühle derer zu beachten, die er benutzt.

Tier – Frau

Wir haben schon bei der »wilden Frau« im Abschnitt Frau – Tier darauf hingewiesen, dass die weibliche Instinkthaftigkeit zu den Energien gehört, die vom Patriarchen am meisten bekämpft werden – bis auf eine Ausnahme: der Mutter- und Nestinstinkt.

Die Glucke geht in ihrem Drang, Kinder zu gebären und aufzuziehen, weit über *die Mutter* hinaus. Der Zustand des Schwangerseins, des Säugens und Nährens, der Nestbau und das Dasein für andere sind ihr ein existenzielles Bedürfnis. Der Mann spielt nur als Befruchter und als ebenfalls zu Versorgender eine Rolle. Aber auch die Glucke selbst profitiert davon: Sie genießt den warmen, nie endenden Strom ihrer eigenen nährenden Energie, der ihr selbst ein Gefühl von Stärke und unerschütterlicher Sicherheit gibt und den ihr die dankbaren Empfänger mit Liebe und Treue zurückzahlen.

Die Löwenmutter kommt nur hervor, wenn ihre Kinder bedroht werden. Dann kann sie einen angriffslustigen Mut entwickeln, der ihr sonst zur Verteidigung ihrer eigenen Rechte fehlt. Ihren Kindern jedenfalls stärkt sie den Rücken, und sie lässt sie spüren, dass sie bei ihr wirklich sicher sind.

Solche und ähnliche Energien sind vom Patriarchen gern gesehen – dienen sie doch ganz unmittelbar dem Fortbestand der Art. Wehe aber, er begegnet den Instinktkräften, die die Unabhängigkeit, Wildheit und Macht des Weiblichen fördern.

Die unersättliche sexuelle Frau gehört sicher in diese Gruppe. Sie gibt sich ungeniert und impulsiv ihrem Begehren und ihrer Lust hin. In ihrer Gegenwart wird die begrenzte Orgasmusfähigkeit des Mannes sehr offensichtlich –

eine Tatsache, von der der Patriarch gerne ablenkt, indem er die ozeanische Lust der Frau als unnatürlich und sündig geißelt.

Tier – Kind

Das instinkthafte Kind: Viele kindliche Verhaltensweisen erinnern an die instinkthaften Qualitäten aus dem Kontinent Tier: der überlebenswichtige, ungebremste Egoismus, die lustvolle Gier, die unkontrollierte Aggression, die unberechenbare Spontaneität, die unschuldige Sexualität.

Dass ein Zusammenleben mit anderen sehr schwierig wird, wenn man über die Kindheit hinaus mit diesen Instinkten identifiziert bleibt, versteht sich von selbst. Aber manchmal, im Schutz einer intimen Beziehung oder einer therapeutisch geführten Gruppe, kann man es sich erlauben, noch einmal ihre wunderbare Ungeschütztheit, Eindeutigkeit und Lebendigkeit zu schmecken.

Tier – Gott

Tiere wurden und werden in vielen Kulturen als Inkarnationen des Göttlichen verehrt. Das wohl bekannteste Beispiel sind die heiligen Kühe in Indien und die **Krafttiere** der Schamanen.

Die Tier-Gottheiten verkörpern Eigenschaften, die die geistige, moralische und spirituelle Entwicklung des Menschen unterstützen können. Durch die Verehrung werden die Qualitäten, die sie verkörpern – zum Beispiel Kraft, Mut, Ausdauer, Bescheidenheit, Weisheit usw. –, auch bei den Gläubigen wachgerufen, gestärkt und entwickelt.

Auch heute noch kann die Beschäftigung mit Krafttieren uns helfen, die instinkthaften Kräfte in unserer Psyche anzusprechen, die unsere Entwicklung hin zu mehr Respekt vor dem Leben, zu mehr Vertrauen in unsere eigenen Fähigkeiten und zu mehr Bewusstheit unterstützen können.

Kontinent 5: Gott

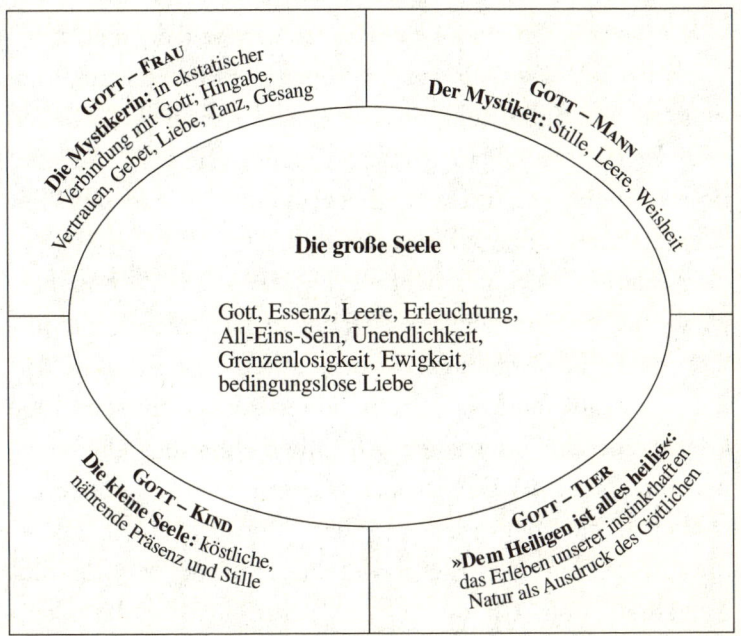

Kontinent 5: Gott

Der Kontinent Gott beheimatet alle Energien, die »nicht von dieser Welt« sind: die transpersonalen, numinosen, überpersönlichen Energien. Wir könnten den Gegensatz zwischen diesem Kontinent und den vier anderen mit den Worten »Himmel und Erde« beschreiben.

Es mag Ihnen etwas merkwürdig vorkommen, in einem psychologischen Buch die Begriffe »Gott« und »Seele« zu finden. Es geht uns dabei aber nicht um theologische Fragen, sondern darum, Phänomene zu beschreiben, die für viele Menschen, die sich tiefer mit der eigenen inneren Realität befassen, irgendwann wichtig werden. Es geht um die Ahnung, die tief in jedem von uns schlummert, dass wir einer Realität angehören, die größer ist als wir selbst. Es geht um die Sehnsucht, diese Realität zu erfahren – eine Sehnsucht, die von bestimmten Inneren Personen getragen wird und die manchmal so stark wird, dass sie das ganze Leben bestimmen kann. Man muss nicht gläubig sein, um mit diesen Kräften zu arbeiten oder sie in sich selbst zuzulassen. Man muss sie nur annehmen und würdigen, wenn sie einem begegnen, so, wie man das mit allen anderen Inneren Personen auch tut.

Andererseits gibt es nicht wenige Menschen, die mit überpersönlichen Energien, oder der Suche nach ihnen, identifiziert sind. Für sie stellt der Kontinent Gott das Absolute dar, dem sich alle anderen Kräfte unterordnen müssen. Eine Gleichzeitigkeit oder sogar Gleichberechtigung scheint ihnen unvorstellbar. Das ist leicht verständlich. Die überpersönlichen Energien werden in ihrer Unbegrenztheit, Unbedingtheit, Tiefe und Liebe wie eine Erlösung von der Begrenztheit, dem Chaos und der Bedrohlichkeit der »irdischen« Kräfte erlebt. Sich ganz in ihnen aufzulösen scheint für den, der sie einmal geschmeckt und erfahren hat, der logische nächste Schritt. Aus dieser Perspektive kann die Arbeit auf der Persönlichkeitsebene nicht mehr sein als ein Aus-dem-Weg-Räumen von Hindernissen, die einem den Zugang zum Eigentlichen versperren.

Die Kontinente Mann, Frau, Kind und Tier werden unter

dem Begriff »Ego« zusammengefasst (und verurteilt). Ein bekannter spiritueller Lehrer unserer Zeit hat das einmal so ausgedrückt: »Wenn man still sitzt, sich seiner selbst bewußt ist, sieht man den inneren klaren Glanz, der den Ursprung allen Lebens widerspiegelt, und sieht auch all die Satelliten in seinem System, die danach verlangen, zu reden, zu handeln, zu kommentieren, zu kritisieren, die darauf bestehen, recht zu haben und eine Meinung oder einen bestimmten Glauben zu vertreten. All diese Satelliten brüsten sich damit, du zu sein, und bestehen darauf, ihre Wahrheit verlauten zu lassen, von der sie behaupten, daß sie von dir käme. Aber sie sind nur Krankheiten. Nichts weiter. (...) Wenn du mit deinem Ursprung sein kannst, bist du so intelligent wie jeder Buddha, der jemals gelebt hat. Das ist das einzige Kriterium für die Gestaltung unseres Lebens, das wirklich einen Wert hat.«*

Und nochmals: Jede Energie hat ein Geschenk und jede Energie hat ihre Begrenzung. Es ist aber nicht so leicht, die Begrenzungen einer unbegrenzten Energie zu erkennen. Eine ihrer Begrenzungen ist, dass sie nicht begrenzt sein kann und dass sie deshalb den Wert und die Würde von begrenzten Kräften nicht sehen kann – solange man mit ihr identifiziert ist. Die vier irdischen Kontinente verschwinden nicht, selbst wenn es für den, der sich ganz im Kontinent Gott aufhält, so aussehen mag. Aber so sieht es für jeden aus, der ganz mit einer Energie identifiziert ist: Die anderen Kräfte verschwinden, als hätte es sie nie gegeben. Es gehört sicher zu den schwierigeren Aufgaben, den Kontakt zu den Energien des Kontinents Gott zu halten, ohne sich mit ihnen zu identifizieren.

---

*Michael Barnett in einem Interview mit der Zeitschrift *Wege*, Heft 6/1994.

Sicherlich ist der Begriff »Innere Person« im Zentrum des Kontinents Gott nicht mehr angebracht, geht es doch um die Entgrenzung und Befreiung von allen Bedingtheiten des Persönlichen. Ich schlage stattdessen den Begriff **»Die große Seele«** vor und meine – weil in diesem Zusammenhang Worte überhaupt wenig Sinn zu haben scheinen –, wir lassen diesen Bereich ohne weiteren Kommentar.

Gott – Frau

Die Mystikerin geht den Weg der Hingabe. Sie löst sich auf, verschmilzt, wird eins mit dem Göttlichen – ob in der Stille der Meditation und des Gebets oder in der Ekstase des Tanzes, des Gesangs oder der Liebe.

Jede der großen Religionen – die alle von Männern gegründet wurden – entwickelte einen mystischen, »weiblichen« Zweig, der die direkte emotionale Erfahrung des Göttlichen in den Mittelpunkt stellte: die Sufis im Islam, der Bkakti-Yoga und das Tantra im Hinduismus, die Mystiker im Christentum, die Chassidim im Judentum.

Gott – Mann

Der Mystiker erreicht die Vereinigung mit Gott auf dem »männlichen« Pfad der Meditation, des Gebets, der Stille, der Askese, Entsagung und Disziplin.

Gott – Tier

»Dem Heiligen ist alles heilig«: Aus dieser Perspektive ist alles, was uns im Leben begegnet, ein Ausdruck göttlicher

Gegenwart: Gott offenbart sich in den spirituellen Seiten des Menschen genauso wie in seinen instinkthaften Energien, es sind nur verschiedene Formen des gleichen Geistes. Man kann diese Erfahrung machen, wenn man tief in Instinktenergien eintaucht und dort mit Bewusstsein verweilt.

Gott – Kind

Wir nennen die individuelle Seele, die wir bei Kindern noch so klar sehen können, die »kleine Seele«, um sie von der »großen Seele« zu unterscheiden.

Meist ist **die kleine Seele** sehr gut geschützt und dadurch von außen nicht sichtbar. Nur manchmal, in Momenten großen Vertrauens, zeigt sie sich unverhüllt. Wenn sie sich zeigt, breitet sich eine tiefe Stille aus, die alle im Raum Anwesenden erfasst. Es ist aber keine ernste, sondern eher eine köstliche, nährende Stille, in der man gerne lange verweilt. In dieser Stille gibt es nichts zu sagen oder zu tun; man kann ihr nur nachlauschen und sich von ihr berühren lassen. Zurück bleibt ein tiefes Gefühl der Zufriedenheit und Erfüllung.

Die kleine Seele ist tiefer in der Psyche verborgen als das verletzliche Kind. Sie bleibt unberührt von den persönlichen Erfahrungen des Lebens – wie eine kleine Quelle, die immer neu und frisch sprudelt, egal, was mit dem Fluss später geschieht.

Zusammenfassung

Wir haben unseren Ausflug über die fünf Kontinente der Psyche beendet. Vielleicht ist es Ihnen so vorgekommen wie eine Pauschalreise unter dem Motto »In fünf Tagen um die Welt«. So ähnlich ist es auch ein bisschen. Diese »Reise« sollte Ihnen nur einen Geschmack vermitteln von den unendlichen Möglichkeiten auf der einen Seite, und auf der anderen Seite von einem Konzept, mit dessen Hilfe man diese Möglichkeiten unter einen Hut – oder soll ich sagen: unter fünf Hüte? – bringen kann.

Es ist mir sehr bewusst, dass die Beispiele, Beschreibungen und die Kommentare begrenzt und subjektiv gefärbt sind. Betrachten Sie das als eine Einladung, Ihre eigenen Beispiele aus Ihren eigenen Erfahrungen in Ihrer eigenen Betrachtungsweise mit einzubringen.

Um wie viel mannigfaltiger die Möglichkeiten eigentlich noch sind, sehen Sie, wenn Sie weiterlesen und sich mit der Welt der Grundenergien vertraut machen. Ich habe zehn davon gefunden, und alle zehn färben die verschiedenen Inneren Personen noch einmal auf ihre spezielle Weise.

Die Grundqualitäten sind nach den Positionen im System und den fünf Kontinenten die dritte und letzte Gruppe von Parametern, die den Aufbau unserer Psyche mitbestimmen.

Die energetischen Grundqualitäten Innerer Personen

Wir haben gesehen, dass es während einer Sitzung für die Entfaltung der inneren Stimmen wichtig ist, dass sich der Begleiter auf ihr Energiefeld einstellt und es verstärkt. Das bedeutet, dass der Begleiter eine *ähnliche* Kraft in sich selbst kennen muss. Mit der Zeit merkt man dann, dass es gewisse Muster gibt, die sich wiederholen. Diese Wiederholungen haben einen einfachen Grund: Es gibt energetische Grundqualitäten, die vielen Inneren Personen gemeinsam sind. Ähnlich wie bei den drei Grundfarben Blau, Rot und Gelb, aus deren Mischung sich alle anderen Farben ableiten, gibt es zehn Energiequalitäten, die wir in unterschiedlicher Mischung bei allen Inneren Personen finden, ganz gleich, aus welchem der fünf Kontinente sie stammen.

Sie erinnern sich vielleicht noch an die Art und Weise, wie der Chef in Andrea und sein intelligenter Helfer aufgetreten sind: Sie waren beide eher kühl, wenig zugewandt, sachlich. Ganz anders die charmante Seite von Andrea: Sie ist herzlich, zugewandt, emotional. Sie ist im Gegensatz zu den beiden anderen daran interessiert, dass sie gut ankommt und dass man sie mag. Das wäre schon ein erstes Gegensatzpaar von Grundqualitäten: der Unterschied zwischen »persönlicher« und »unpersönlicher«* Energie.

---

*Der Begriff »unpersönlich« wird manchmal gleichbedeutend mit »überpersönlich« benutzt. Das ist hier nicht gemeint. »Überpersönlich« ist eine Qualität, die zum Kontinent Gott gehört.

Fast jede Innere Person, die man in einem Menschen antrifft, ist eher persönlich oder eher unpersönlich. Man könnte sich den Gegensatz persönlich-unpersönlich wieder als ein Kontinuum zwischen zwei extremen Polen vorstellen. Am einen Ende des Kontinuums finden wir die Inneren Personen, die extrem unpersönlich sind, am anderen Ende finden wir extrem persönliche Stimmen. Dazwischen liegen alle möglichen Grade und Abstufungen. In der Mitte wäre jemand, der in dieser Hinsicht neutral ist – oder den zwei extreme Pole in einem Patt gefangen halten.

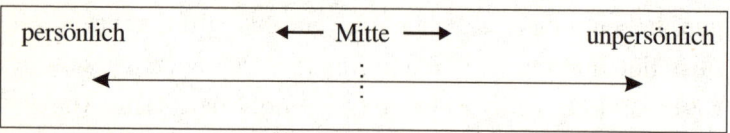

Neben dem Gegensatz persönlich – unpersönlich gibt es noch vier weitere wichtige Gegensatzpaare von Grundqualitäten, die wir alle im Folgenden näher betrachten wollen. Die vier anderen Gegensatzpaare lassen sich graphisch so darstellen:

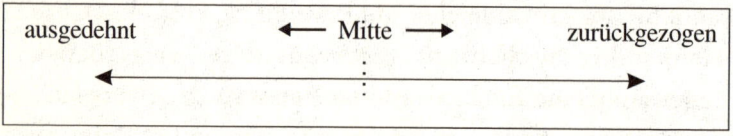

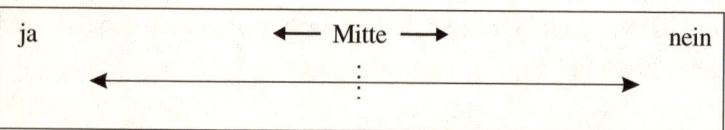

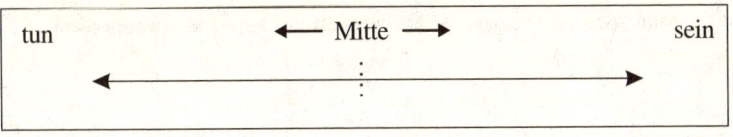

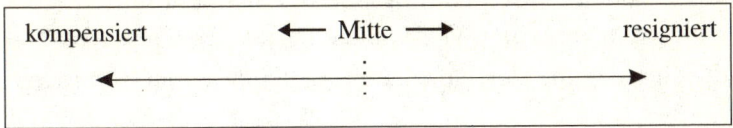

Ein Mensch, der sich zwischen allen zehn Polen zu Hause fühlt und in Kontakt mit diesen Energiequalitäten ist, wird sich auf sehr viele verschiedene Menschen und Situationen einstellen können.

Das hört sich vielleicht leichter an, als es ist. Jeder Mensch ist mit einer ganz speziellen Gruppe von Hauptstimmen identifiziert, und diese Hauptstimmen sind eben entweder mehr auf der einen oder auf der anderen Seite der Kontinua angesiedelt. Um Zugang zu allen zehn Polen zu bekommen, muss ich mir also zunächst bewusst machen, auf welche Pole meine Hauptstimmen spezialisiert sind.

Andrea zum Beispiel konnte mit Hilfe ihrer drei Hauptstimmen aus System Nr. 1 leicht zwischen unpersönlicher und persönlicher Energie hin- und herwechseln. Diese Wahlfreiheit fehlte ihr aber in Bezug auf die Pole tun – sein. Erst indem sie sich aus der starken Identifikation mit System Nr. 1 löste und dadurch System Nr. 2 bewusster und wichtiger wurde, konnte sie ganz in die Seins-Energie des Nichts und des Kindes eintauchen und deren Geschenke genießen. Erst jetzt konnte sie auch eine andere Person in dieser Qualität verstehen und bestärken – so wie es in ihrer Partnerschaft geschehen ist.

Alle zehn Grundqualitäten kommen in allen fünf Kontinenten vor!

Wie für die Inneren Personen gilt auch für die Grundqualitäten der Satz: Jede Energie hat ein Geschenk für uns und jede hat eine Begrenzung. Wir wollen uns nun das Geschenk und die Begrenzung der einzelnen Qualitäten näher vor Augen führen.

Grundqualität 1: persönlich – unpersönlich

Menschen, die mit persönlicher Energie identifiziert sind, werden in der Regel als zugewandt und auf ihr Gegenüber bezogen erlebt. Es sind Menschen, die an Austausch interessiert sind und daran, wie es dem anderen geht und was er denkt. Sie können aber auch mit der gleichen Intensität über sich selbst sprechen. Sie lieben es, private Details und Neuigkeiten auszutauschen. Wenn man sich einsam fühlt, sind solche Menschen Balsam für die Seele.

»Persönlich« heißt aber nicht automatisch »freundlich«. Ist solch ein Mensch verletzt, kann er Sie das mit der gleichen Wucht wissen lassen, mit der er Sie vielleicht vorher ins Herz schloss. Persönliche Energie kann jedoch auch sehr still und fein zwischen zwei Menschen fließen. Sie bedeutet letztlich »herzliche Verbundenheit«, in all ihren Spielarten.

Am wichtigsten ist persönliche Energie wohl zwischen einer Mutter und ihrem Kind sowie zwischen Liebenden. Sie ist die menschliche Nahrung für unsere Seele. Eine Beziehung, in der persönliche Energie fehlt, wirkt kühl und unwirtlich.

Menschen, denen es in der Kindheit an warmer Zuwendung gemangelt hat, entwickeln oft extrem persönliche Hauptstimmen. Sie sind von übergroßer Herzlichkeit, die von anderen leicht als Zudringlichkeit empfunden werden kann. Die Hauptstimmen dieser Menschen versuchen von klein auf, die Eltern zu mehr Herzlichkeit zu verführen. Sie versuchen, für ein inneres Kind zu sorgen, das unter der Kühle der Beziehung leidet und einsam und hungrig geblieben ist.

Die Tragik solcher Menschen ist, dass ihre Umwelt auf ihre zu persönliche Energie oft mit Zurückhaltung und Unpersönlichkeit antwortet. Die Hauptstimmen erreichen also genau das Gegenteil von dem, was sie eigentlich wollten. Das innere Kind wird immer verzweifelter, die Hauptstimmen werden noch persönlicher, worauf die Umwelt noch distanzierter wird. Dieser Teufelskreis kann unterbrochen werden, wenn sich die Person bewusst macht, wer in ihr so persönlich ist und warum. So wird sie zwangsläufig in Kontakt mit dem ausgehungerten Kind kommen. Es wird dem Kind schon viel helfen, wenn es in seiner Not wahrgenommen wird – von der Person selbst und von anderen. Manchmal ist der Mangel so groß, dass er nur in einem therapeutischen Prozess gestillt werden kann. Es gibt dafür gute Methoden.

Das Geschenk der persönlichen Energie sind also die seelische und emotionale Nähe, der Austausch und die Offenheit. Was aber ist ihre Begrenzung?

Der erste und offensichtlichste Nachteil ist der Mangel an Distanz, der durch persönliche Energie entsteht. Überall da, wo Distanz hilfreich ist, führt ein Zuviel an persönlicher Energie zu Verstrickungen und zu Kraftverschwendung.

Zum Beispiel ist es für einen Therapeuten wichtig, genügend Distanz zu seinen Klienten zu wahren. Die klassische Psychoanalyse spricht von der »Abstinenz« des Therapeuten; ein Begriff, der sonst für die Enthaltung von Speise und Trank verwendet wird. In der Tat ist persönliche Nähe eine Art emotionale Nahrung, und ein Therapeut tut gut daran, nicht zu viel von seinen Klienten zu nehmen. Hal Stone drückt den gleichen Sachverhalt so aus: »Es ist die Aufgabe des Klienten, den Therapeuten zu verführen, und es ist die Aufgabe des Therapeuten, sich nicht verführen zu lassen.«

»Verführen« meint das Herstellen von emotionaler Nähe. Der Klient (besser: sein inneres Kind) sehnt sich nach dieser Nähe, aber der Therapeut braucht die Distanz, um unparteiisch und offen für *alle* Kräfte des Klienten zu bleiben. Nur so kann er unangenehme Wahrheiten aussprechen, ohne das innere Kind des Klienten zu verletzen.

Ein Lehrer ist schnell am Ende seiner Kräfte, wenn er sich zu persönlich auf jeden einzelnen Schüler einlässt. Am Anfang mag so eine persönliche Haltung sehr menschlich und attraktiv erscheinen; bald wird sie aber so kraftraubend, dass sie niemandem mehr nützt. Dies gilt nicht nur für Lehrer, sondern für alle, die mit größeren Gruppen von Menschen zu tun haben.

Damit sind wir schon bei den Vorteilen des Gegenpols: der unpersönlichen Energie.

Unpersönliche Energie ist kühler und abgegrenzter als persönliche. Sie schafft Distanz, Klarheit und Sachlichkeit. Sie ist in der Lage, auch unangenehme Dinge so auszudrücken, dass sie nicht persönlich verletzend wirken.

Sogar in sehr engen persönlichen Beziehungen wirkt unpersönliche Energie manchmal entspannend und befreiend. Anstatt über Beziehungsfragen ständig hitzig zu debattieren, könnte man ab und zu ganz sachlich und neutral miteinander sprechen. Man merkt dann schnell, dass auch emotionale Themen, auf unpersönliche Art mitgeteilt, zwar ihr Gewicht behalten, aber nicht so belastend wirken. Mit unpersönlicher Energie lässt es sich viel klarer denken und sprechen.

Jeder Mensch hat von Natur aus beide Möglichkeiten – und zwar von klein auf. Betrachten Sie ein Baby, das zufrieden und ganz bei sich ist: Eine Tante nähert sich, voller persönlicher Energie, strahlt das Kind an und ruft: »Dudududu!« Das Kind betrachtet sie kurz, ohne eine Miene zu verziehen, und blickt ungerührt zur Seite: unpersönliche Energie. Dann kommt die Mutter, das Kind strahlt, sie nimmt es in den Arm, und zwischen den beiden fließt eine tiefe, warme Liebe: persönliche Energie.

Unpersönliche Energie hat mehr Autorität als persönliche. Hinter unpersönlicher Energie ist man geschützter, nicht so ausgeliefert. Jeder, der mehr mit persönlicher Energie identifiziert ist, kennt das Phänomen in Gegenwart sehr unpersönlicher Menschen: Man wird nervös, fühlt sich unsicher, man wird freundlicher, als man eigentlich will, und anschließend ärgert man sich darüber.

Natürlich hat auch ein Zuviel an unpersönlicher Energie Nachteile: zu wenig Nähe und Kontakt, zu wenig menschliche Wärme, zu wenig Leidenschaft.

Man kann diese beiden gegensätzlichen Energien auch mischen. Kellner in guten Restaurants – nur um ein Beispiel zu nennen – besitzen oft eine angenehme Mischung aus persönlicher und unpersönlicher Energie: Sie sind für einen da, ohne aufdringlich zu sein.

Wir geben keiner der besprochenen Möglichkeiten den absoluten Vorzug: Manchmal ist es genau richtig, völlig persönlich und bezogen zu sein; manchmal ist es von Vorteil, sich mit seinen kühlen, sachlichen und unpersönlichen Seiten zu verbinden; manchmal ist es angemessen, eine Mischung der beiden zu finden.

Wenn wir ein Bewusstes Ich entwickeln, das Zugang zu den beiden Polen hat, dann kennen wir das Geschenk und die Begrenzung von beiden – und wir können von Fall zu Fall wählen.

Grundqualität 2: ausgedehnt – zurückgezogen

Kennen Sie das folgende Phänomen? Sie sind auf einer Party, alle unterhalten sich, man spricht angeregt, begrüßt Bekannte und Freunde, da betritt eine neue Person den Raum und augenblicklich ist alle Aufmerksamkeit bei ihr. Es ist aber kein Nobelpreisträger, kein Supermodel, auch nicht der neu gewählte Präsident des Landes. Es ist einfach eine Person mit einem mächtigen, ausgedehnten Energiefeld. Manche würden sagen, die Person hat eine starke Ausstrahlung oder Charisma.

Und kennen Sie dieses Phänomen? Jemand ist Gast auf einer Party, und am nächsten Tag kann sich niemand mehr daran erinnern, dass diese Person überhaupt da war? Dieser Mensch hat ein zurückgezogenes Energiefeld. Wenn er zusätzlich bestimmte Hauptstimmen hat, die auf »Anpassung« spezialisiert sind, kann sich so jemand quasi unsichtbar machen. Ich hatte einmal eine Klientin, die zum zweiten Mal zu einer Sitzung kam, und ich konnte mich nicht daran erinnern, sie schon einmal gesehen zu haben. Es war mir extrem peinlich, aber bald stellte ich fest, dass dieser Lapsus nicht nur an mir lag: Sie hatte eine Hauptstimme, die wie eine Tarnkappe wirkte, so unauffällig und zurückgezogen war ihr Energiefeld.

Viele Menschen wissen nicht, dass sie ihr Energiefeld *bewusst* beeinflussen können. Dabei verändert sich unser Energiefeld – unbewusst und automatisch – ständig. Jedes Mal, wenn sich der Fokus von einer Inneren Person auf eine andere verschiebt oder wenn eine Kraft näher an die Oberfläche des Systems kommt, verändert sich von ganz allein auch unsere Ausstrahlung.

Wir können diese Änderung aber auch willentlich herbeiführen. Genauso, wie sich Ihr Arm bewegt, nur weil Sie das wollen, gilt auch für unser Energiefeld und unsere Ausstrahlung: »Die Energie folgt der Absicht.« Am leichtesten können Sie das mit dem Gegensatzpaar »ausgedehnt – zurückgezogen« selbst probieren. Stellen Sie sich vor, dass Ihre Ausstrahlung weiter reicht als normal. Stellen Sie sich vor, dass Sie eine andere Person, die im gleichen Raum ist wie Sie, mit Ihrem Energiefeld berühren. Dann stellen Sie sich das Gegenteil vor: Ihr Energiefeld zieht sich zusammen, es schrumpft und reicht nicht weiter als die Grenzen Ihres Körpers. Beobachten Sie, wie diese Veränderung Ihren *Kontakt* zu dem anderen Menschen verändert.

Noch deutlicher wird dies, wenn Sie die kleine Übung zusammen mit einer anderen Person machen: Sie setzen sich bequem gegenüber und dehnen beide Ihr Energiefeld aus. Dann – bei einem vereinbarten Zeichen – ziehen Sie beide die Energie zurück. Tauschen Sie anschließend Ihre Beobachtungen und Empfindungen aus. Was genau haben Sie empfunden? Wie hat sich Ihre Wahrnehmung verändert? In welchem der beiden Zustände fühlen Sie sich wohler? Das wäre ein Hinweis darauf, ob Sie mit eher ausgedehnten oder eher zurück-gezogenen Hauptstimmen identifiziert sind.

Die Willensfreiheit beim bewussten Einstellen und Bewegen des Energiefeldes hat natürlich da seine Grenze, wo die vitalen Interessen Ihrer Hauptstimmen berührt werden. Wenn es aus der Sicht Ihrer Hauptstimmen existenziell wichtig ist, dass Sie eher zurückgezogen erscheinen, werden Sie das bewusste Ausdehnen Ihres Energiefeldes als anstrengend und unangenehm, wenn nicht als unmöglich empfinden. Genauso ergeht es jemandem, der – wieder aus der Sicht der Hauptstimmen – eine Raum füllende, einnehmende Ausstrahlung haben soll. Das Energiefeld einzuziehen wird dann nur kurz gelingen, denn das wird als unangenehm und verletzlich erlebt.

Es geht aber nicht darum, dass wir lernen, unser Energiefeld willentlich zu manipulieren – obwohl auch diese Fähigkeit für einige Innere Personen höchst verlockend sein kann. Es geht vielmehr darum, uns der unbewussten, gewohnheitsmäßigen Einstellungen bewusst zu werden und herauszufinden, *wer* in mir diese Haltung so braucht und *aus welchen inneren Gründen* das so ist. Dann brauche ich nicht an meinem Energiefeld herumzuexperimentieren, sondern ich arbeite mit den Inneren Personen, zu denen die energetische Haltung als eine ihrer fünf Ebenen gehört.

Wieder geben wir keinem der beiden Gegensätze den eindeutigen Vorzug, sondern wir versuchen herauszufinden, was die Vorteile und die Grenzen beider Möglichkeiten sind.

Ein zurückgezogenes Energiefeld kann hilfreich sein, wenn ich in Ruhe gelassen werden und bei mir bleiben will. Wenn dies ein Dauerzustand ist, kann es andere Menschen aber auch polarisieren. Sie werden dann aufdringlich und nachbohrend, weil sie mehr Kontakt wollen. Wenn man dann nur den Rückzug hat, um sich abzugrenzen, kann es schwierig werden, denn Rückzug schützt einen nicht vor denen, die einem folgen.

Ausgedehnte Energie bringt in der Regel Kontakt – außer, es wird der Umwelt zu viel und sie zieht sich ihrerseits zurück.

Wie bei den fünf Gegensatzpaaren zur Position im System können wir alle fünf Gegensatzpaare der energetischen Grundqualität miteinander kombinieren. Ich kann mich also fragen: Wie wirkt wohl ausgedehnte persönliche Energie? Kennen Sie jemanden, auf den diese Charakterisierung passen würde? So jemand wäre extrovertiert, leutselig, warm und gleichzeitig dominierend und Raum füllend.

Ausgedehnte unpersönliche Energie finden wir am ehesten bei Menschen in sehr machtvollen Positionen; zurückgezogene unpersönliche Energie bei verhaltenen, kontrollierten Menschen.

Noch einmal anders nehmen wir diese Menschen wahr, wenn wir das dritte Gegensatzpaar in unsere Betrachtungen mit einbeziehen:

Grundqualität 3: ja – nein

Ich hatte einmal einen Teilnehmer in einem meiner Seminare, der die ganzen drei Tage lang kein einziges Wort sprach. Der Mann saß immer am gleichen Platz, etwas abseits, und schaute einfach nur zu. Ich mochte diesen Mann und konnte ihn gut so lassen. Seine Grundenergie war zurückgezogen, unpersönlich – und »ja«. Wäre er zusätzlich zu seiner Zurückgezogenheit und Unpersönlichkeit energetisch in einem »Nein« gewesen, hätte er mich mit seiner Haltung wohl etwas nervös gemacht. Ich hätte ihn dann angesprochen, um herauszufinden, was mit ihm los ist. So aber entsprach seine Haltung einfach seiner Stimmung, und wir waren beide zufrieden damit.

»Ja« bedeutet also nicht unbedingt Begeisterung, Kommunikation, Offenheit. Das wäre ein Ja in Verbindung mit ausgedehnter und persönlicher Energie. Es kann genauso gut – wie bei diesem Mann – stille, zurückgezogene Zustimmung sein.

Es ist in der Arbeit mit Menschen sehr wichtig, »ja« und »nein« energetisch wahrnehmen und unterscheiden zu können. Wenn Klienten zu einer Sitzung kommen, denken sie meistens daran, was wohl der Inhalt der Sitzung sein wird, aber nicht, *ob* sie jetzt überhaupt eine Sitzung haben möchten oder nicht. Dadurch können sie leicht übersehen, dass eine oder mehrere ihrer Inneren Personen vielleicht gar keine Lust haben, jetzt eine Sitzung zu nehmen oder sich mit einem bestimmten Thema zu beschäftigen.

Man kann zwar nie davon ausgehen, dass *alle* Anteile der Psyche mit der gleichen Sache einverstanden sind. Wenn ein Nein aber stark ist und übersehen wird, kommt es zu einer merkwürdigen Situation: Der Fokus des Menschen ist bei den Seiten, die »ja« sagen. Sie beschäftigen sich intensiv mit dem Thema, das sie bearbeiten wollen. Andere Seiten, in der Peripherie, sagen aber gleichzeitig »nein«. Es ist, als würde man Gas geben und gleichzeitig bremsen. So eine Fahrt kann sehr anstrengend werden – und man kommt trotzdem nicht weit. Besser, man hält an und untersucht, wer bremst und warum das so ist.

Das Nein wird von der Psyche oft versteckt. Offener Kampf ist relativ selten. Wenn man durch offenen Kampf etwas bewirken will, muss man sicher sein, dass man der Stärkere ist oder dass man in seiner gegnerischen Haltung respektiert wird. Sonst bietet man so viel Angriffsfläche und macht sich in seinen Zielen so eindeutig sichtbar und berechenbar, dass der Gegner, wenn er selbst stärker ist oder etwas raffinierter agiert, leichtes Spiel hat.

Jedes Kind durchläuft in seiner Entwicklung eine Phase, in der es offen rebelliert und versucht, seinen Willen durchzusetzen (wenn es sich nicht vorher schon zurückgezogen hat). Man nennt diese Phase auch »Trotzphase«. Das Kind kämpft aber nicht aus purem Trotz. Es ist in dieser Phase noch stark mit seinem inneren Wesen verbunden und hat zum ersten Mal in seinem Leben die Möglichkeit, dieses Wesen in die Welt zu bringen und in der Welt zu behaupten. Es kämpft also nicht nur um unwesentliche Dinge, auch wenn es auf den ersten Blick vielleicht so scheinen mag. Es kämpft um die Unversehrtheit und Integrität seines So-Seins.

Macht das Kind in dieser Phase die Erfahrung, dass sein Wille respektiert wird, auch wenn er im Gegensatz zum Willen der anderen steht, kann es die Inneren Personen integrieren, die die Fähigkeit besitzen, seine Individualität kraftvoll und mit Gewicht in der Welt zu vertreten.

Stößt das Kind dabei auf großen Widerstand, gegen den es seinen Willen trotzdem immer wieder mit großer Anstrengung durchsetzen kann, identifiziert es sich mit den Kämpferseiten. Sie werden zu seinen Hauptstimmen. Es *muss* dann – vielleicht ein Leben lang – kämpfen, wo immer es Ungerechtigkeit, Unterdrückung und Manipulation sieht.

Die meisten Kinder lernen in dieser Zeit aber die Lektion,

dass sich offener Widerstand nicht lohnt. Also entwickelt die Psyche Strategien, die den Willen verstecken – oft so gut, dass die Person selbst ihn nicht mehr spürt. Folgende Möglichkeiten des »Nein-ohne-Kampf« sind sehr beliebt:

- Stiller Widerstand
- Anpassung
- Rückzug
- Sabotage

Im *stillen Widerstand* sieht man das Nein nicht mehr. Aber die Schicht von »ja«, die es verdeckt, ist nur hauchdünn. Dahinter steht ein ungebrochener Wille, der zu sagen scheint: »Ich mache zwar, was ihr wollt, aber nur, damit ihr mich in Ruhe lasst.« Oft ist der Person das Nein, das hinter dem dünnen Ja liegt, ganz unbewusst.

Noch schwerer zu finden ist das Nein, wenn es sich hinter einem System von *Anpassung* verbirgt, das eine Konfrontation vermeidet, bevor sie überhaupt entstehen kann. Die Hauptstimme, die hier aktiv wird, liefert immer genau das, was erwartet wird. Weil das potenziell alles sein kann, ist auch die Hauptstimme, zumindest was ihren Inhalt betrifft, ein Alleskönner. Sie kann jede Position verstehen, jede Meinung nachvollziehen, jedes Argument aufgreifen und sich zu Eigen machen. Auf den ersten Blick ähnelt so eine Stimme einem sehr entwickelten Bewussten Ich. Auf den zweiten Blick fällt auf, dass die verschiedenen Standpunkte, die der Mensch einnehmen kann, alle eine ähnliche Schwingung haben. Und dann merkt man: Sie werden alle von der gleichen Inneren Person »produziert«. In ihrer Essenz, in ihrer Grundhaltung sagt die Innere Person immer das Gleiche: »Ich kann dich verstehen; wir müssen nicht kämpfen.« Und doch liegt in dieser Haltung letztlich ein Nein, ein »Ihr kriegt mich nicht«. Dieses Nein weicht so geschickt aus, dass man es fast nicht sieht.

Die dritte Möglichkeit, ein Nein auszudrücken, ohne deshalb gleich kämpfen zu müssen, ist der *Rückzug*. Rückzug muss nicht unbedingt »nein« heißen, wie wir oben gesehen haben. Auch zurückgezogene Ja-Energie ist möglich. Denken Sie an eine schüchterne, aber gleichzeitig freundliche und offene Person.

Zurückgezogene Nein-Energie kommt jedoch oft vor. Vielleicht erinnern Sie sich noch an das erste Beispiel einer Voice-Dialogue-Sitzung in diesem Buch, wo Hal Stone mit dem Wächter seines Klienten Frank arbeitet (vgl. Kapitel »Der Wächter, das Kind und die Tür«, Seite 29 ff.). Dieser Wächter war in einer eindeutig zurückgezogenen Nein-Energie. So einen Zustand kennt jeder, der einmal in einer längeren intimen Beziehung war: Es ist gerade die Nähe in einer Beziehung, die den Rückzug von Zeit zu Zeit provoziert – ausgelöst durch eine Verletzung, ein unbedachtes Wort oder einfach nur durch das Bedürfnis der eigenen Hauptstimmen, den Zustand der Offenheit – und damit Verletzlichkeit – zu unterbrechen.

Wenn jemand früh in seinem Leben tief verletzt oder enttäuscht wurde, kann es sein, dass er sich mit Hauptstimmen identifiziert, die dafür sorgen, dass er sich für den Rest seines Lebens hauptsächlich in einer zurückgezogenen Nein-Energie bewegt. Die Sicherheit, die diese Einstellung dem verletzten Teil gibt, ist der Psyche im Zweifelsfalle wichtiger als die Lebendigkeit, die dadurch verloren geht.

Die vierte Möglichkeit des »Nein-ohne-Kampf« ist die *Sabotage*. Ich sage: »Ja! Natürlich helfe ich gerne in der Küche!« Dass mir dabei leider der ganze Stapel Teller herunterfällt und zerbricht, tut mir schrecklich Leid. Aber ich helfe gern, alles wieder sauber zu machen. Dumm, dass mir dabei der Eimer mit dem Wasser umfällt und alles überschwemmt. Wenigstens kann ich alles wieder gutmachen, wenn ich losziehe und neue Teller besorge. Leider gab es aber nur noch die ganz teuren mit dem schrecklichen Muster, das überhaupt nicht zum restlichen Geschirr passt. Usw.

Erinnert Sie das an das Beispiel mit Klaus aus dem Abschnitt »Geheime Hauptstimmen« (dort auf den Seiten 166 ff.)? Die Machtseite, die »nein« sagen möchte, hat sich in der Peripherie versteckt, so dass Klaus selbst sie nicht mehr spürt. Sie hat ein ganzes Arsenal von Möglichkeiten entwickelt, Dinge scheitern zu lassen, ohne dass man Klaus dafür zur Verantwortung ziehen könnte.

Das heißt nun aber noch lange nicht, dass Ja-Energie immer besser wäre als Nein-Energie! Zunächst einmal kann einem ein Mensch, der immer im Ja ist, vor allem, wenn es ein persönliches Ja ist (immer optimistisch, immer fröhlich, immer offen), ganz schön auf die Nerven gehen. Des Weiteren kann so eine Haltung reichlich naiv sein, wenn das Gegenüber nicht so offen ist. Und schließlich muss so jemand die Kräfte in sich verdrängen, die »nein« sagen können und *wollen* und die ihn mit der Kraft ihres Neins gerne beschützen und abgrenzen würden.

Sowohl Ja- als auch Nein-Energie lassen sich wieder beliebig mit den anderen Grundenergien kombinieren: Sie können sich persönlich oder unpersönlich, ausgedehnt oder zurückgezogen, im Tun oder im Sein und kompensiert oder resigniert äußern.

Die beiden letzten Gegensatzpaare müssen wir noch genauer untersuchen. Beginnen wir mit dem Tun und Sein!

Grundqualität 4: tun – sein

Vergleichen Sie bitte einmal die beiden folgenden Bilder.

Bild 1: Ein Manager mit Handy, Laptop, Zeitung und Aktentasche eilt zum Flugzeug, um eine Konferenz in einer anderen Stadt zu erreichen. Am Abend muss er zurück sein, weil er mit seiner Frau ein Konzert besuchen will. Er ist sehr erfolgreich, aber er hat nie Zeit. Tun-Energie.

Bild 2: Ein Zen-Mönch sitzt vier Stunden am Stück in stiller Versenkung. Anschließend arbeitet er mit der gleichen inneren Haltung im Garten. Kein Ziel. Nur Da-Sein. Seins-Energie.

Tun-Energie will verändern. Etwas erreichen. Umsetzen. Bewirken. Es spielt keine Rolle, ob ein Mensch, der mit Tun-Energie identifiziert ist, etwas *macht* oder nur dasitzt. Schon seine Anwesenheit kann einen – je nach Situation – anregen oder nervös machen.

Seins-Energie will nirgendwohin. Sie *ist* einfach, hier, im Moment. Man kann in Seins-Energie auch handeln. Die Chinesen nannten das Wei Wu Wei: handeln, ohne zu tun. Ein Mensch in Seins-Energie kann einen – je nach Situation – beruhigen oder nervös machen.

Die westliche Kultur ist tief identifiziert mit Tun. Immer muss etwas erreicht, verbessert, vergrößert, verändert werden. Das Ergebnis sind eine phantastische technische Entwicklung und großer Wohlstand und Überfluss, nicht nur auf wirtschaftlichem Gebiet. Das Ergebnis sind aber auch: Umweltzerstörung, Herzinfarkte, ungezählte seelische Störungen und eine Beschleunigung des Lebens, von der letztlich niemand etwas hat. Trotzdem hat das Tun einen riesigen

Vorteil vor dem Sein: Es dient – erst einmal – dem Überleben. Wie groß der Hunger nach Sicherheit, also nach Überleben ist, kann man deutlich am Konsumverhalten und an der Beschleunigung der technischen Neuerungen sehen. Selbst in Gesellschaften, die schon lange im Überfluss leben, wirkt das Verhalten der Kunden in Läden und Einkaufszentren immer noch so, als gäbe es riesigen Nachholbedarf. Und die Industrie wirft ihre Neuerungen in immer kürzeren Abständen auf den Markt, als hinge unser Leben von dem schöneren Auto, dem schnelleren Computer, dem besseren Shampoo ab.

Sind wir alle verrückt? Oder warum handeln wir so? Das ist natürlich eine Frage, für deren umfassende Beantwortung noch ein weiteres ganzes Buch zu wenig wäre. Aber wir können dennoch drei Wurzeln dieser Entwicklung ausmachen. Die erste davon ist: Die westliche Zivilisation hat nie eine Kultur der Stille, das heißt der Seins-Energie entwickelt, wie wir sie in vielen östlichen Gesellschaften finden. Eine solche Kultur könnte ein ausgleichendes Gegengewicht zu unserer Tun-Hysterie bilden.

Weiterhin gilt: Die technischen Errungenschaften, die nur durch konsequentes Tun erreicht werden können, haben eine immense psychologische Bedeutung für das subjektive Gefühl der Sicherheit des inneren Kindes. Allein die Möglichkeit, in einer beheizbaren Wohnung mit fließendem kalten und warmen Wasser zu leben, sich vom Fernseher unterhalten zu lassen und im Supermarkt um die Ecke alles Nötige und Unnötige holen zu können, bedeutet eine enorme Erleichterung für das ängstliche und bedürftige Kind in jedem von uns. Weil dieses Kind aber fast immer in der Peripherie unseres Bewusstseins lebt – so dass wir es unter normalen Umständen gar nicht wahrnehmen –, bleibt uns auch dieser

Zusammenhang unbewusst, und wir wundern uns darüber, dass wir, bei allem Überangebot, doch irgendwie unzufrieden bleiben.

Und schließlich: Die Hauptstimmen, die für diese Sicherheit sorgen und die zwangsläufig alle mit Tun-Energie »laufen« (der Antreiber, der Forscher, der Denker usw.), werden mit jeder erfolgreichen (und oft genug nur vermeintlichen) Schmerzvermeidung, die sie für das innere Kind erreichen, ein Stückchen fetter, selbstzufriedener und stärker. Sie breiten sich noch mehr aus und machen immer bessere Vorschläge, wie man das Leben noch sicherer und bequemer machen könnte.

Man könnte sagen, die gesamte moderne Welt befindet sich in einer kollektiven Identifikation mit Tun-Energien, die sich verselbständigt haben. Da ist niemand, der diesen Energien auf die Schulter klopft und sie fragt: »Entschuldigung, aber was machen Sie da eigentlich?«, um sie dann tiefer und auf allen fünf Ebenen bis in ihre Wurzeln zu erforschen.

Das größte Geschenk, das uns Seins-Energie geben kann, ist *Zufriedenheit ohne äußeren Grund.* Wer die tiefe Stille, Entspanntheit und Freude des Einfach-nur-da-Seins selbst erfahren hat, weiß, dass man diesen inneren Frieden mit keiner Aktion, keinem Einkauf, keinem Erfolg im Außen ersetzen kann. Seins-Energie bedeutet, in Kontakt mit sich selbst zu sein. Dieser Kontakt ist »Nahrung« für wichtige Anteile unserer Psyche und, auf einer noch tieferen Ebene, für unsere Seele.

Uns fehlen also Seins-Energie und ein Bewusstes Ich, das zwischen beiden Polen bewusst wechseln kann. – Denn Seins-Energie allein macht auch nicht glücklich. Wer die Auswirkungen einer kollektiven Identifikation mit Seins-

Energie erfahren möchte, sollte nach Indien reisen. Dort werden ihn die freundliche Gelassenheit der Menschen auf der einen Seite *und* die Armut und der Schmutz auf der anderen gleichermaßen beeindrucken.

Die Vision einer Gesellschaft, die genauso in Kontakt mit Tun- wie mit Seins-Energien ist, hat etwas Vielversprechendes. Es wäre eine Gesellschaft, die ihren materiellen und geistigen Hunger stillt – und gleichzeitig die Früchte von Gelassenheit, Stille, Nähe und Tiefe erntet.

Natürlich kann ein Bewusstes Ich nicht kollektiv entstehen. Es entsteht nur im Individuum, das sich die Mühe macht, seine Identifikationen zu suchen und zu erlösen.

Grundqualität 5: kompensiert – resigniert

Kompensiert heißt: »Wenn ich mich nur genügend anstrenge, schaff ich das schon!« Resigniert heißt: »Ich kann das nicht!«

Kompensation und Resignation sind zwei Ur-Erfahrungen, die jeder Mensch im Laufe seines Lebens macht. Wir machen diese Erfahrungen immer dann, wenn wir uns vor eine Aufgabe oder vor eine notwendige Entwicklungsstufe gestellt sehen. Wenn uns die Lösung der Aufgabe oder des Entwicklungsschrittes relativ leicht gelingt, gehen wir gestärkt daraus hervor. Die Frage nach Kompensation oder Resignation stellt sich nicht. Wenn wir aber an der Aufgabe zu scheitern drohen, weil sie unsere alters- und entwicklungsgemäßen Kräfte und Fähigkeiten übersteigt, dann müssen wir uns entweder zusammenreißen, alle Energien auf die Lösung konzentrieren, Empfindsamkeit, Bedürftigkeit sowie Angst verdrängen und mit aller Kraft die Hürde nehmen. Oder wir brechen zusammen, kapitulieren und richten uns damit ein, dass dieser Schritt für uns nicht möglich ist.

Lassen Sie uns dies am Beispiel eines kleinen Kindes betrachten. Das Kind ist ungefähr ein halbes bis ein ganzes Jahr alt und noch ganz von der Zuwendung der Mutter (oder einer anderen Kontaktperson) abhängig. Es hat Grundbedürfnisse, die von außen befriedigt werden müssen. Dazu gehört vor allem die Nahrung – und zwar die leibliche wie auch die emotionale und seelische. Das Kind sehnt sich nach Liebe und Zuwendung. Es liegt im Bettchen und schreit. Kommt die Mutter in angemessener Zeit, erlebt das Kind sein Schreien als wirkungsvolle Kraft, die seinen Schmerz zu lindern hilft. Es muss jetzt weder sein Bedürfnis nach Nähe unterdrücken, noch muss es an der Wirkung seiner Anstrengungen zweifeln.

Wir nehmen aber einmal an, die Mutter kommt nicht. Das kann die unterschiedlichsten Gründe haben – die für das Kind aber irrelevant sind, weil es die Gründe sowieso nicht verstehen kann. Es schreit, bis es nicht mehr kann. Dann schreit es wieder. Es hilft nichts. Es bleibt allein, hungrig, ängstlich – verloren. Es schreit immer wieder, aber ohne Erfolg.

Und jetzt kommt es auf das Kind an, in welche Richtung die Entwicklung geht: Ist das Kind schon ein bisschen älter, ist es robust, hat es einen starken Willen? Dann wird eine Kraft in ihm wach, die ihm »sagt«: »Hör auf zu schreien. Da kommt niemand. Wir müssen allein zurechtkommen, und das werden wir auch. Wir schaffen das aus eigener Kraft. Wir dürfen nicht aufgeben.« Das Kind wird aktiv. Es beginnt sich die Zeit zu vertreiben. Es beschäftigt sich selbst. Es lernt früh

laufen und wird schnell selbständig. Es ist erstaunlich bedürf-
nislos, ja, es sorgt sogar freiwillig für andere mit. Mit jedem
Mal, da es den Kräften in ihm gelingt, die Gefühle von Hunger, Trauer, Angst und Verlorenheit zu vertreiben, indem sie
dafür sorgen, dass das Kind selbst aktiv wird, haben sie den
Kampf gegen einen großen Schmerz gewonnen und werden
sich darüber freuen. Ganz tief in der Psyche des Kindes ist für
immer die Erfahrung verankert: »Du kannst es allein. Du
musst nur in Bewegung bleiben.« Und so bleibt es in Bewegung, ein Leben lang, selbst wenn das gar nicht mehr nötig
ist. Die Person weiß nicht, warum sie immer mehr arbeitet, als
sie müsste, warum sie so begeistert ist, wenn sie ein gutes Son-
derangebot findet, und warum sie so einen Spaß am Sammeln
hat – an Wissen, Geld, Erfahrungen, Bekanntschaften oder
Dingen.

Aber noch tiefer in der Psyche lebt das Kind weiter, das eigentlich jemanden gebraucht hätte. Das sich verloren und allein fühlt. Dieses Kind ist resigniert, aber die Hauptstimmen
über ihm sind kompensiert. Und diese Hauptstimmen sind im
Fokus und an der Oberfläche. Aus ihren Augen blickt der
Mensch in die Welt. So wie sie sind, erlebt er sich selbst, und
so wird er auch von der Welt erlebt.

Aber was passiert, wenn die Hauptstimmen noch zu
schwach sind, um dem Kind zu helfen? Wenn sie einfach nur
verzweifeln und aufgeben? Dann entsteht Raum für ganz andere Hauptstimmen. Im Zentrum des Fokus sitzt dann keine
machtvolle Seite, sondern das hungrige, verlassene Kind. Es
weiß aus ureigenster Erfahrung, dass diese Welt ein öder Platz
ist, auf dem man nie glücklich und zufrieden werden kann.

Auch dieses Kind ist umgeben von Machtseiten, die es beschützen. Aber sie versuchen nicht, das Kind zur Selbsthilfe

anzutreiben, sondern sie blicken vorwurfsvoll um sich, sehen den Erfolg der anderen und fragen sich, warum sie ihnen nichts davon abgeben. Entsteht ein Impuls, die Dinge selbst in die Hand zu nehmen, raten sie sofort ab: »Das schaffst du nicht; es hat keinen Sinn; probier's erst gar nicht.« Die chronische Hoffnungslosigkeit des Kindes gibt ihnen Recht.

Diese Hauptstimmen können in ihren Überzeugungen genauso machtvoll sein wie die der kompensierten Person, aber sie arbeiten genau in die entgegengesetzte Richtung. Will man der Person nun helfen, weil sie so verloren und bedürftig wirkt, macht man nach einiger Zeit die überraschende Entdeckung, dass sie auf ihrer Hilflosigkeit und ihrem Hunger förmlich zu bestehen scheint: Es wird trotz aller Unterstützung nicht besser. – Kein Wunder: Sind ihre Hauptstimmen doch Spezialisten für das Überleben in einer trostlosen und öden Welt. Solange sie die Umwelt von der Hilflosigkeit und Bedürftigkeit der Person überzeugen können, sind sie zufrieden. Eine positive Veränderung würde sie nur arbeitslos machen. Sie brauchen das Elend der Person, um erfolgreich zu sein.

Natürlich gilt der Gegensatz kompensiert – resigniert nicht nur für das Thema »Nahrung und Liebe«, sondern für alle großen Themen der menschlichen Entwicklung: Vertrauen ins Leben, Respekt vor der Entfaltung des Individuums, die Würde des eigenen Willens und die Fähigkeit, einen eigenen Beitrag zu leisten.

Es ist dabei immer wichtig, im Auge zu behalten, dass die Menschen auf der resignierten Seite nicht nur ohnmächtig sind und die auf der kompensierten Seite nicht nur erfolgreich.

Die Resignierten haben gelernt, mit ihrem Scheitern zu leben. Sie haben sich, so gut es geht, damit eingerichtet und ziehen manchmal sogar noch Profit daraus. Die Kompensierten *müssen* sich ihres Erfolges ständig neu vergewissern. Es ist wie mit einem Fahrradfahrer, der weiß, dass er umfällt, wenn er aufhört zu strampeln. Die Hauptstimmen der kompensierten Person wissen in ihrer Tiefe, dass die Resignation nicht weit entfernt ist. Ihre größte Angst ist, dass die Person dekompensieren könnte und dann für immer in Resignation versinkt.

Dabei ist die Entspannung in die Resignation oft die Erlösung der kompensierten Struktur. Die Person entdeckt, dass sie loslassen kann, ohne zu sterben. Trotzdem ist dieser Prozess oft sehr schmerzhaft, und die Person meint subjektiv, dem Tode nahe zu sein.

Umgekehrt ist das Entdecken der kompensierenden Kräfte die Erlösung der resignierten Person. Auch sie muss eine liebe Gewohnheit, nämlich die Überzeugung, nur andere könnten für sie sorgen, aufgeben, und sie muss anfangen, ihre eigenen Impulse zu leben.

Kompensation und Resignation sind keine absoluten Größen – obwohl die meisten Menschen eher zur einen oder zur anderen Seite neigen. Man kann – wie bei den anderen Gegensätzen auch – in Bezug auf verschiedene Themen durchaus verschieden gepolt sein: zum Beispiel kompensiert, was den Beruf anbelangt, und resigniert in persönlichen Beziehungen. Jeder Mensch trägt kompensierte und resignierte Kräfte in sich. Sind die kompensierten Kräfte alle an der Oberfläche, wirkt die Person erfolgreich und dabei eher hart. Die resignierten Seiten verleihen der Persönlichkeit eine gewisse Milde, weil sie um den Schmerz und die Vergeblichkeit wissen, die allem Menschlichen innewohnen.

Zusammenfassung

Wenn man sieht, aus welchem *Kontinent* eine Innere Person kommt, welche Mischung der *Grundqualitäten* sie besitzt und welche *Position im System* sie einnimmt, hat man sie auf einer tiefen Ebene »erkannt«, ohne dass man besonders viele Inhalte von ihr kennen muss. Je präziser dieses Erkennen ist, desto leichter kann sich die Innere Person öffnen und dem Prozess der Bewusstwerdung hingeben – denn sie fühlt sich verstanden und damit sicher.

Die Parameter aus den Bereichen Position, Kontinent und Grundqualität sind auch die Voraussetzung, um nicht nur die einzelne Innere Person, sondern das *ganze* psychische System umfassend zu beschreiben und zu verstehen, denn aus ihnen ergibt sich die *Dynamik* der Psyche, die, wie jedes Fließsystem, einem ständigen Wandel unterworfen ist. Die Inneren Personen tun sich in Gruppen zusammen, sie bilden Koalitionen und sie ringen um die Vorherrschaft in der Psyche. Dieser Prozess erzeugt *auch* stabile Systeme, die ein ganzes Leben lang halten können – vor allem dann, wenn auch die äußeren Umstände und Werteordnungen stabil bleiben. Oft aber zerfällt die fest gefügte Ordnung und weicht einer Phase der Instabilität und Neuordnung, auf die wiederum eine Phase relativer Stabilität folgt.

Für eine Psychologie, die die menschliche Psyche als sinnvolles lebendiges System versteht, schlage ich den Begriff **Individual-Systemik** vor. Die Individual-Systemik hat die Aufgabe, die individuelle Psyche systemisch zu verstehen und darzustellen – sei es in der Theorie oder in der praktischen Erforschung. Welche Form der Arbeit man dabei einsetzt, ist eigentlich zweitrangig. Im Grunde können alle bestehenden Methoden ihren Beitrag zu einem systemischen Verständnis des Menschen leisten.

Wir werden nie in der Lage sein, die Bewegungen eines psychischen Systems genau vorauszuberechnen. Aber wir können ein Verständnis entwickeln für die Möglichkeiten und die Wahrscheinlichkeiten, die wir unter bestimmten Bedingungen erwarten dürfen. Und das wäre mehr als genug, denn es gäbe uns ein Verständnis für die Dynamik menschlicher Entwicklung, ohne uns die Würde und den Zauber des immer Neuen, Einzigartigen und Überraschenden zu nehmen.

Chaos und Ordnung: Der ewige Tanz der Natur

Chaos und Ordnung sind die beiden Pole, zwischen denen jedes natürliche System hin- und herschwingt. Wieder müssen wir uns die beiden Pole als die zwei Enden eines Kontinuums denken, auf dem unendlich viele Variationen und Abstufungen möglich sind:

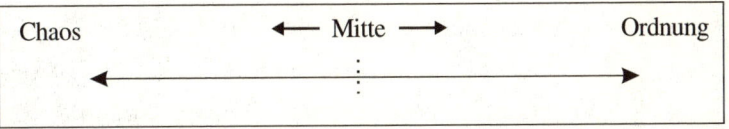

Wir finden nirgendwo in der Natur absolutes Chaos und genauso wenig absolute Ordnung. Wir finden immer eine Mischung aus beiden, die mal mehr zur einen, mal mehr zur anderen Seite tendiert. Chaos und Ordnung existieren immer gleichzeitig. Diese Gleichzeitigkeit ermöglicht erst, dass Leben existiert.

Leben im totalen Chaos wäre nicht denkbar, denn totales Chaos bedeutet Auflösung aller Strukturen. Jede Struktur ist aber schon ein Teil Ordnung. Auch Leben in totaler Ordnung ist nicht denkbar, denn totale Ordnung bedeutet Erstarrung der Strukturen. Es wäre keine Bewegung, keine Entwicklung, keine Lebendigkeit mehr möglich.

Das Leben braucht also beides: Chaos *und* Ordnung, Impuls *und* Struktur. Ordnung entsteht überall dort, wo sich *Einheiten* von Materie oder Energie bilden. Diese Einheiten selbst stellen schon die unterste Ebene von Ordnung dar.

Wenn sich diese Einheiten begegnen, reagieren sie miteinander oder aufeinander. Sie ziehen sich an und bilden größere Einheiten, oder sie stoßen sich gegenseitig ab; sie verdrängen oder sie zerstören einander, oder sie finden eine Möglichkeit, friedlich nebeneinander zu existieren. Diese Reaktionen bilden wieder neue Strukturen, neue Ordnungen, die sich im Laufe der Zeit immer mehr stabilisieren – wenn sie nicht durch unvorhergesehene Ereignisse gestört werden.

Bedenken Sie nur einmal, wie viele Faktoren unser Wetter beeinflussen. Zunächst der Abstand und die Achsenneigung der Erde zur Sonne. Dann die chemische Zusammensetzung der Atmosphäre; mit ihr eng verbunden die Verteilung der Ozeane und Landmassen auf der Erde. Die Verteilung der Vegetation und der Tiere. Die Entstehung von Wind und Wolken. Das Abregnen der Wolken. Der Verlauf von Meeresströmungen. Usw. Dieses unglaublich komplexe Zusammenspiel hat sich durch unentwegte Selbstregulation – also durch die ständige gegenseitige Beeinflussung seiner Teile – im Laufe von Jahrmillionen zu einem relativ stabilen System entwickelt. Gleichzeitig ist es so »chaotisch«, dass wir trotz modernster Messtechnik Mühe haben, das Wetter für drei Tage zuverlässig vorherzusagen. Und wie fragil dieses »Gleichgewicht« ist, sehen wir an den Wetteränderungen, die durch die Industrialisierung und die damit verbundene Erwärmung der Atmosphäre ausgelöst werden.

Die drei Stufen psychischer Ordnung

Eine ähnliche Selbstorganisation und Selbstregulierung finden wir in der Psyche – und mit ihr die Gleichzeitigkeit von Chaos und Ordnung, von Impuls und Struktur.

Die Bildung von Einheiten – die Inneren Personen – und die Verhaltensmuster, die sich aus ihrem Zusammenspiel ergeben, sind die *erste Stufe von Ordnung*, die die Psyche erzeugt.

In einer zweiten Stufe hat die Psyche Innere Personen entwickelt, die sich selbst mit Ordnung beschäftigen, die *Ordnung* zu ihrem vorrangigen *Inhalt* gemacht haben. Das sind all die Kräfte aus dem Kontinent Mann, die mit mathematisch-logischen Strukturen zu tun haben. Diese *zweite Stufe von Ordnung* ist völlig anders als die erste. Sie erzeugt Ordnung nicht aus dem zufälligen Zusammenspiel der Kräfte, sondern aus eigenem Willen. Diese Energien drängen auf dem Kontinuum Chaos – Ordnung mit großer Kraft in Richtung Ordnung; sie versuchen aus sich heraus, dem Zugriff des Chaos und des Zufalls zu entkommen und eine Welt der Sicherheit, Berechenbarkeit und immer größeren Ordnung zu schaffen. Dabei erzeugen sie Strukturen, wie sie in der Natur von allein fast nie vorkommen: gerade Linien, rechte Winkel, Kreise, vollkommen glatte Oberflächen, Motoren, Maschinen, in sich lineare Systeme.

Diese Kräfte haben sich in ihrem Wunsch, die Welt verständlicher, sicherer und berechenbarer zu machen, nicht mit der Materie zufrieden gegeben. Mit der gleichen Hingabe bauen sie an moralischen, religiösen, psychologischen und philosophischen Systemen, die dem Zweck dienen, die chaotischen, impulsiven und unberechenbaren Seiten unserer Natur in den Griff zu bekommen. Dazu zählen alle vier anderen Kontinente: Frau, Kind, Tier und Gott.

Der Siegeszug der »männlichen« Strukturkräfte beruht auf ihrer Fähigkeit, unsere übergroße Verletzlichkeit und Verlorenheit in dieser Welt zu lindern. Der archetypische Vertreter dieser Kräfte ist der innere Patriarch. Dialoge mit dieser Inneren Person gehören zu den eindrucksvollsten Aspekten der Voice-Dialogue-Arbeit.

Trifft man den Patriarchen zum ersten Mal, wird er sich in der Regel genau so zeigen, wie man ihn sich typischerweise vorstellt: machtvoll, unerschütterlich und überlegen bis zur Arroganz, die Gefühle und Äußerungen von Frauen und Kindern nachsichtig belächelnd oder verächtlich ablehnend, mit unumstößlichen Grundsätzen und Überzeugungen, wie »man« sich zu verhalten hat und worum es im Leben wirklich geht.

Es ist für die meisten Frauen ein ziemlicher Schock, wenn sie erleben, dass sie einen solchen Patriarchen in ihrem Hauptstimmen-System haben – selbst wenn sie gar nicht nach seinen Regeln leben.*

Aber wir wissen aus der Arbeit mit den anderen Inneren Personen, dass wir uns nicht mit der Oberfläche begnügen sollten. Wie die meisten unserer Hauptstimmen, so ist auch der innere Patriarch ein Selbstläufer geworden, der die Wurzeln, den tiefsten Antrieb für sein Tun, schon lange vergessen hat. Umso bewegender ist es, wenn man erlebt, wie sich dieser überhebliche, dominante Macho im Laufe der Arbeit seiner Wurzeln besinnt.

---

*Siehe dazu Sidra Stone: *Es ist Zeit, dass du gehst. Frauen befreien sich vom Inneren Patriarchen*, München: Kösel 1997.

Der tiefste Antrieb des Patriarchen ist die Sorge um das Überleben der ganzen Art. Für dieses Ziel ist er bereit, das Individuum zu opfern. Das kann er nur, wenn er die persönliche Bindung als zweitrangig betrachtet. Aus einer unpersönlichen – oft als kalt erlebten – Haltung heraus versucht er, Überblick zu gewinnen und herauszufinden, was zu tun ist, damit die Sippe, der Clan, die Familie überlebt. So macht er Erfindungen, die das Leben auf lange Sicht erleichtern. Er entwickelt Techniken, die immer mehr Schutz und Erleichterung bieten gegen die Härten der Natur. Das Gefühl, ohne seinen Schutz würden die Frauen und Kinder nicht überleben, gibt ihm subjektiv die tiefste nur denkbare Berechtigung, das Kommando zu übernehmen und über Frauen und Kinder zu bestimmen.

Kommt er wieder in Kontakt mit seinen Wurzeln, wird eine tiefe Liebe sichtbar, die dem Leben, dem Überleben selbst gilt: Er würde *alles* tun, um das menschliche Leben auf dem Planeten Erde zu sichern – und wenn er selbst dafür sterben müsste. Natürlich finden wir kaum einen Patriarchen, der in bewusstem Kontakt mit dieser Liebe ist. Anstatt den Impulskräften einen Tempel zu bauen, in dem sie sich sicher und frei entfalten können, schießen die männlichen Strukturkräfte, die im Dienste des Patriarchen stehen, über das Ziel hinaus und bauen so lange weiter, bis ihr Gebäude zum Gefängnis ebendieser Kräfte wird. In diesem blinden Weiterlaufen offenbaren sie ihre grundsätzliche Zugehörigkeit zu einem natürlichen, chaotischen System, in dem alle Kräfte, haben sie nur die Möglichkeit dazu, Selbstläufer werden und so lange weitermachen, wie es nur geht.

Aber je mehr wir uns auf dem Kontinuum Chaos – Ordnung in Richtung Ordnung bewegen, desto mehr verlieren wir die Geschenke des anderen Pols: Lebendigkeit, Tiefe, Intimität, Liebe – die Wunder des Lebens.

Solange wir die psychischen Kräfte ihrem blinden Zusammenspiel überlassen, wird ihr natürlicher Konkurrenzkampf Konflikt, Einseitigkeit und Unterdrückung hervorbringen. Die Kräfte können sich einfach nicht gegenseitig respektieren – und sie sollen es auch gar nicht.

Wir können nicht verlangen, dass unsere instinkthaft egoistischen Seiten aus dem Kontinent Tier sich mit den bedingungslos liebenden Seiten aus dem Kontinent Gott anfreunden. Oder dass das magische Kind in uns Gefallen an den mathematisch-logischen Seiten aus dem Kontinent Mann findet – und umgekehrt. Solch ein Anspruch würde zu unzähligen faulen Kompromissen zwischen den ebenso unzähligen Gegensätzen in unserer Psyche führen und uns der Kraft und Totalität der Gegensätze berauben.

Dass wir die Aufgabe, Ordnung in das Chaos zu bringen, auch nicht den »Männern« überlassen können, weil sie – ihrer Natur gemäß – die Geschenke der impulshaften Seiten nicht wirklich ehren können und ihr Schutz schnell zu deren Gefängnis wird, haben wir gerade besprochen.

Es ist deshalb nötig, eine *dritte Stufe von Ordnung* zu entwickeln, die über die Zufälligkeit der ersten und die Zwanghaftigkeit der zweiten Stufe hinausgeht: Eine Ordnung, die Chaos und Ordnung, Struktur und Impuls bewusst verbindet, weil sie um die Notwendigkeit und um die Geschenke von beiden weiß. Eine Ordnung, die alle fünf Kontinente und alle zehn Grundqualitäten mit einschließt.

Führen wir uns noch einmal kurz die wesentlichen Eigenschaften der fünf Kontinente vor Augen: Der Kontinent Frau sorgt mit seinen weiblichen und mütterlichen Kräften ganz unmittelbar dafür, dass Leben auf der Erde möglich und erträglich ist. Der Kontinent Mann versucht das Leben zu schützen, indem er übergreifende Zusammenhänge erkennt und nutzt. Der Kontinent Kind schenkt uns mit seiner Empfindsamkeit und Unschuld tiefe Intimität, Liebe und Staunen über die Welt. Der Kontinent Tier schenkt uns den unbedingten Willen zum Überleben und die ungebremste Kraft der instinkthaften Kräfte von Sexualität und Selbstbehauptung. Der Kontinent Gott schenkt uns die unmittelbare Erfahrung, dass wir als Person angeschlossen sind an etwas, das viel größer und gewaltiger ist als wir selbst.

Eine neue Ordnung, die nicht darauf beruht, dass einzelne Kräfte ihre Vorherrschaft auf Kosten der anderen ausüben, kann nur von einem Bewusstsein geschaffen werden, das die Vertreter aller fünf Kontinente selbst tief erfahren hat, das um ihre Geschenke und um ihre Begrenzungen weiß und das bereit ist, sich immer wieder auf neue Erfahrungen einzulassen und zu wachsen. Dieses Bewusstsein ist kein fertiges »Ding«, sondern ein niemals endender Prozess der Loslösung aus Identifikation und der Vertiefung und Erweiterung der Erfahrung der unterschiedlichen Inneren Personen. Diesen Prozess nennen wir das Bewusste Ich.

Die Vision einer solchen neuen, integrativen Ordnung hat eine radikale Konsequenz: Sie bedeutet den Abschied von unbewusster Identifikation und damit den Abschied von absoluten Werten. Wie man sich beim Wechsel von der Monarchie zur Demokratie daran gewöhnen muss, dass es keinen König mehr gibt, der im Zweifel das letzte Wort hat, so muss man sich bei diesem Modell an den Gedanken gewöhnen, dass es keine Innere Person und keine Überzeugung mehr gibt, die die endgültige und absolute Wahrheit ausdrücken.

Es kann zwar Innere Personen geben – und es gibt sie in jedem Menschen –, die ihre Wahrheit als die eigentliche und endgültige betrachten – so wie es in jeder Gruppe von Menschen immer einige gibt, die fest daran glauben, dass man *sie* nur machen lassen müsste, und alles werde gut. Diese Seiten haben genau wie alle anderen ein Recht zu existieren. Gleichzeitig gibt es ein Bewusstes Ich, einen Platz, von dem aus ich erkennen kann: Auch sie sind nur Teile des Ganzen, nur eine Stimme im großen Chor.

Das alles ist viel leichter gesagt als getan, denn die Inneren Personen sind uns, zumindest in ihrer Tiefe, zum großen Teil nicht bewusst. Das gilt im besonderen Maße für die Inneren Personen, die unsere tiefsten Überzeugungen tragen, seien sie religiöser, weltanschaulicher oder persönlicher Natur.

Der Prozess des Bewussten Ichs bedeutet Arbeit – Arbeit, die oft mühsam und unangenehm ist. Aber auch Arbeit, die uns so reich belohnt, wie nur wenige andere Anstrengungen auf dieser Welt: mit tiefem Kontakt zu uns selbst, mit der Erfahrung unseres inneren Reichtums, einem Gefühl der Zufriedenheit, mit dem Abenteuer der eigenen Entwicklung und der Fähigkeit, den Herausforderungen des Lebens mit immer neuen Antworten begegnen zu können.

Wir sagen also, dass wir eine neue Art von Ordnung in der Psyche einführen wollen, eine, die nicht auf Zufälligkeit und nicht auf Zwang beruht. Wir sagen, dass jede Innere Person ganz grundsätzlich das Recht bekommen soll, zumindest angehört zu werden – und zwar von einem möglichst unabhängigen Bewussten Ich, das bereit ist, jede Innere Person vorurteilsfrei kennen zu lernen und ihre Geschenke und Grenzen auszuloten.

Dies könnte der Beginn einer Art »Charta der inneren Menschenrechte« sein, die jeder Inneren Person grundsätzlich die gleichen Chancen einräumt, egal, aus welchem Kontinent sie stammt, und egal, welchen Glaubens, Geschlechts und Alters sie auch sei.

Es besteht jetzt die Gefahr, dass sich eine unserer Hauptstimmen dieser Idee bemächtigt und flugs ein neues Ideal, einen neuen absoluten Wert aus ihr konstruiert. Vielleicht lebt ein Perfektionist in Ihrer Psyche, der jetzt ruft: »Genau, so sollten wir alles organisieren!« Und sein bester Freund, der innere Kritiker, wird fortan alles kritisieren, was seiner Meinung nach nicht dazu passt. Die »Männer« hätten wieder übernommen, diesmal im Namen der Integration.

Nein, wir wollen kein neues Programm aufstellen, nach dem wir leben sollten. Wir machen nur den Vorschlag, die Psyche aus einem neuen Blickwinkel zu betrachten, uns auf einen Prozess der Selbstwahrnehmung einzulassen, der uns von der Zufälligkeit und der Zwanghaftigkeit einer natürlich-chaotischen Selbstorganisation zur bewussten Gestaltung unserer Innen- und Außenwelt führt.

Alle Konflikte, die wir im Außen haben, sind letztlich Spiegel unserer inneren Kämpfe. Es ist an der Zeit, dass die Menschheit die Fähigkeit entwickelt, sich aus der Abhängigkeit von der eigenen Psyche zu emanzipieren. Dazu brauchen wir ein Modell der Psyche, das sie greifbar und nachvollziehbar macht, und Methoden, die uns erlauben, direkt mit der Psyche zu arbeiten – mit großem Respekt vor ihrer Zartheit, ihrer Wildheit, ihrer Kreativität, ihrer Ordnungskraft und ihrer Göttlichkeit.

Überleben oder Entfaltung

Wir haben gesehen, wie die Identifikation mit bestimmten Hauptstimmen und ihren Werten immer gekoppelt ist mit dem Schutz unserer Verletzlichkeit. Die Hauptstimmen sind Spezialisten für unser Überleben in einer bedrohlichen und verwirrenden Welt.

Bleiben sie unerkannt und unerlöst, fahren sie voller Überzeugung, das Beste für uns zu tun, immer weiter fort, selbst wenn es schon lange keinen Sinn mehr macht. Diese Dynamik im Inneren jedes einzelnen Menschen findet ihre genaue Entsprechung im Außen: Der größte Teil der menschlichen Energie geht in die ständige Verbesserung der äußeren Lebensumstände. Die Autos werden besser, die Computer schneller, die Landwirtschaft effektiver usw. Und so geht es immer weiter. Konsum wird zum Lebensinhalt, auch wenn alle Bedürfnisse längst gestillt sind. Das ist die Strategie des Überlebens, die direkt von unseren Hauptstimmen ausgeht.

Alle unsere Unternehmen, alle unsere Regierungen, alle unsere Schulen werden geleitet von Menschen, die mit überlebensorientierten Hauptstimmen identifiziert sind. Es sind genau diese Hauptstimmen, die uns sagen, wie wir leben sollen, was wir tun müssen, wo es hingeht. Die Hauptstimmen *müssen* so handeln. Sie haben keine Wahl.

Dass die Lust der Hauptstimmen im Überleben liegt, ist einer der Gründe, warum Menschen in ärmeren Ländern oft zufriedener sind als in reichen. Dort machen ihre Strategien wirklich Sinn. Aber wenn das Überleben gesichert ist, läuft die Anstrengung der Hauptstimmen ins Leere. Gleichzeitig hält uns die Identifikation mit ihnen vom direkten Kontakt mit dem ganzen Reichtum und der ganzen Tiefe unserer Existenz ab. Die anderen Kräfte in uns mögen vielleicht nicht überlebenswichtig sein. Aber sie tragen in sich das Versprechen von tiefer Erfüllung einer ganz anderen Art: die Erfüllung des Blühens und der Entfaltung des Lebens in all seinen Dimensionen.

Die Befreiung vom Diktat unserer Hauptstimmen bedeutet einen elementaren Schritt in der menschlichen Entwicklung: vom Überleben zur Entfaltung. *Überleben nimmt*, denn es hat immer das Gefühl des Mangels und der Bedrohung. *Entfaltung gibt*, denn sie lebt in der Erfahrung des Überflusses, des Beschenktwerdens.

Die Erde, die uns ermöglicht hat, auf der materiellen Ebene erwachsen zu werden, ist darauf angewiesen, dass wir für sie sorgen und ihr zurückgeben. Unsere Emanzipation von der Dynamik des Überlebens wird paradoxerweise eine Frage unseres Überlebens.

Ich halte es für unverzichtbar, dass die Menschen, die uns führen und die Entscheidungen mit globalen Auswirkungen treffen, anfangen, sich ihrer eigenen psychischen Strukturen bewusst zu werden. Jeder der Kontinente in unserer Psyche hat seine eigene Intelligenz, seine eigene Liebe, seine eigene Schönheit, seine eigenen Geschenke. Wir müssen uns diesen Reichtum erschließen, wenn wir diese Erde zu einem Platz machen wollen, auf dem wir nicht nur überleben, sondern auf dem wir das Leben in all seinen Farben feiern wollen.

Literaturhinweise

Berckhan, Barbara: *Die etwas gelassenere Art, sich durchzusetzen. Ein Selbstbehauptungstraining für Frauen*, München: Kösel, 15. Aufl. 1999

Breuer, Reinhard (Hrsg.): *Immer Ärger mit dem Urknall*, Reinbek: Rowohlt-TB 1993

Briggs, John: *Chaos. Neue Expeditionen in fraktale Welten*, München: Hanser 1993

Dalichow, Irene: *Krafttiere – Boten der Göttin. Mit Krafttieren zu Energie und Heilung*, München: Goldmann 1999

Davis, Paul: *Prinzip Chaos. Die neue Ordnung des Kosmos*, München: Goldmann 1988

Gleick, James: *Chaos – die Ordnung des Universums*, München: Knaur 1988

Horn, Klaus: *Die Erleuchtungsfalle. Vom Sinn und Unsinn spiritueller Suche*, Niedertaufkirchen: Connection 1997

Jung, C.G.: *Erinnerungen, Träume, Gedanken*, Zürich: Walter 1971

König, Barbara: *Die Personenperson*, Berlin: Ullstein 1981

Schulz von Thun, Friedemann: *Miteinander reden 3. Das »Innere Team« und situationsgerechte Kommunikation*, Reinbek: Rowohlt-TB 1998

Schwartz, Richard C.: *Systemische Therapie mit der inneren Familie*, Stuttgart: Klett-Cotta 1997

Stone, Hal u. Sidra: *Abenteuer Liebe – Lebendige Partnerschaft*, München: Kösel 1997

Dies.: *Du bist richtig. Mit der Voice-Dialogue-Methode den inneren Kritiker zum Freund gewinnen*, München: Heyne 1996

Dies.: *Du bist viele*, München: Heyne 1994

Stone, Sidra: *Es ist Zeit, dass du gehst. Frauen befreien sich vom Inneren Patriarchen*, München: Kösel 1997

Danksagung

Mein erster Dank gebührt meinen Lehrern Dr. Hal und Dr. Sidra Stone, den Begründern der Voice-Dialogue-Methode, die mir mit ihrem Wissen und ihrer Unterstützung so viele Türen – innen und außen – geöffnet haben.

Ich danke meiner Frau (und Kollegin) Veeta, die mit ihrer Klarheit, Tiefe und Einsicht viel zum Entstehen dieses Buches beigetragen hat.

Weiter danke ich für die Durchsicht des Manuskriptes und wertvolle Hinweise: Herrn Prof. Dr. Schulz von Thun, Hamburg; der Ärztin und Psychotherapeutin Monika Schneeweiß, Tutzing; Herrn Dipl.-Psych. Hugo Maier, München, und dem Regisseur Daniel Speck, München.

Schließlich möchte ich allen meinen Klienten und Seminarteilnehmern danken. Sie sind alle Mitautoren dieses Buches.

Literatur und Informationen zu Seminaren, Ausbildungen und Einzelsitzungen in Individual-Systemik und Voice Dialogue erhalten Sie beim:

Institut für IndividualSystemik
Postfach 40 19 66
80719 München
Tel./Fax: 0 82 54 / 99 71 77
E-Mail: wittemann@individualsystemik.de
Internet: www.individualsystemik.de